KANGZHANFENGHUO ZHONGDE XIAMENGDAXUE
抗战烽火中的厦门大学

石慧霞 著

河南大学出版社
·郑州·

图书在版编目(CIP)数据

抗战烽火中的厦门大学/石慧霞著.—郑州:河南大学出版社,2015.7
(弦歌不辍:抗战烽火中的中国大学)
ISBN 978-7-5649-2084-5

Ⅰ.①抗… Ⅱ.①石… Ⅲ.①厦门大学—校史—1937~1945
Ⅳ.①G649.285.73

中国版本图书馆CIP数据核字(2015)第182645号

责任编辑	程新晓
责任校对	任瑶瑶
封面设计	郭 灿

出 版	河南大学出版社		
	地址:郑州市郑东新区商务外环中华大厦2401号 邮编:450046		
	电话:0371—22864495 网址:www.hupress.com		
排 版	郑州市今日文教印制有限公司		
印 刷	虎彩印艺股份有限公司		
版 次	2015年9月第1版	印 次	2015年9月第1次印刷
开 本	787mm×1092mm 1/16	印 张	17.25
字 数	232千字	定 价	34.00元

(本书如有印装质量问题,请与河南大学出版社营销部联系调换)

总　序

刘海峰

在中国高等教育史上，抗日战争时期是一个非常特殊的时期。

抗日战争爆发后，中华民族处于生死存亡的危急关头，随着平、津、沪、宁相继陷落，华北、华东沦入敌掌，多数高校遭到日寇破坏，中国的高等教育在抗战烽火中遭到了严重的打击。日本侵略者深知大学对一个国家的重要作用，认识到"中国所有大学都是抗日基地"，所以，对占领地的中国大学肆意加以破坏，如摧毁南开大学、炸平厦门大学靠海的建筑等；对转移到后方的大学也不时进行轰炸。当时，多数高校被迫西迁，西北达陕甘，西南及云贵，中部溯江而上至四川各地，途中交通不便，加上敌机狂轰滥炸，许多高校一迁再迁，颠沛流离，历经磨难。

在中国高等教育事业备受摧残的情况下，教育工作者不辞千辛万苦，坚持办学，使抗战时期的中国高等教育不仅没有中断，而且还有发展。抱着抗战必胜的坚定信念，国民政府实行"平时作战时看，战时作平时看"的方针，大力保存和发展高等教育。据《第二次中国教育年鉴》所载历年度全国专科以上学校概况统计表，1936年之前，中国有高等学校108所，其中，大学及独立学院78所、专科学校30所，在校生41922人、毕业生9154人。到1937年，减少至91所，其中，大学及独立学院67所、专科学校24所，在校生31188人、毕业生5137人。而到1945年，竟然有高等学校141所，其中，大学及独立学院89所、专科学校52所，在校生83498人、毕业生14463人。也就是说，经过艰苦卓绝的八年抗战，中国的高等教育不仅没有衰败，反而得到了大发展，1945年比1937年的高等学校增加了50所，在校生数增加了1.68倍，毕业生数增加了1.82倍，比1936年也有很大的增加。在异常艰难的战争环境中，中国高等教育取得这样的发展，不能不说是教育史上的奇迹。

而且,在中华民国政府颁布的《总动员时督导教育工作办法纲领》和《战时各级教育实施方案纲要》等抗战时期教育政策的指导下,此一时期的大学国立化进程不仅没有受阻,反而在逆境中得到长足发展,抗战时期及抗战复员阶段设立的国立大学特别多。抗战时期新设或改为国立的大学有10所,抗战胜利当年和次年新设或改为国立的大学有6所。此时期的高校励精图治、人才辈出,对于国民教育的维持、传统文化的延续、现代知识的传授、人民素质的提高以及抗战所需的技术人才和建设人才的培养都起到了极大的作用。抗战时期绝大多数高校师生都有一种爱国自强奋发向上的精神,许多高校在艰苦的条件下卓绝奋斗、弦歌不辍,在中国高等教育历史上留下了光辉的篇章。在血与火的洗礼中,抗战时期的多数高校担负起了对文化传承负有的责任,树立起了大学精神的伟大丰碑。

抗战时期的中国大学都经历过特殊的磨难,都有一段传奇的历史,在风雨如晦的岁月中,传承着民族文化的血脉与灵魂,表现出民族精神的不屈与奋进,谱写了可歌可泣的悲壮乐章。其故事值得传播,其精神值得弘扬。现今我们到一些相当僻远的战时西迁办学高校的遗址参观,往往会感叹,这些地方即使是现在也仍然交通不便,可以想见当年许多民族精英经过长途跋涉,多年僻居其中,生活会有多么艰辛。然而,当时大学师生物质生活虽然艰苦匮乏,精神生活却丰富多彩,在非常简陋的条件下,仍然创造出了辉煌的业绩。

今天,抗战的硝烟早已远去,但中国高校在抗战岁月中显现的大学精神和爱国情怀已经成为中国高等教育的宝贵精神财富,仍然在激励着当代中国教育工作者。为纪念中国人民抗日战争胜利70周年,河南大学出版社策划出版了这套"弦歌不辍——抗战烽火中的中国大学"系列图书,我认为很有价值,很有意义。作为中国高等教育史的研究者,愿共襄盛举,故草数语,以为书系之引。

2015年7月29日

序

潘懋元

作为一种共同理念和文化心理,大学认同是大学成员对所在大学的自豪感和对大学发展的信心以及在此基础上形成的对特定学校的心理依恋感和文化归属感。大学认同是大学办学成功的重要标志。

以爱国华侨陈嘉庚精神办学的厦门大学,其成员群体由于对陈嘉庚的景仰与感恩,认同度较高,尤其是在民族危机的抗战时期,在校师生、校友的认同度更高。我是当年的在读学生,家在沦陷区,四年寒暑,都生活在校园中,厦大于我,既是国的具体化,又有家的温馨感。

本书作者石慧霞博士,对厦大历史研究有素,与历届毕业校友有着广泛联系,尤其是对抗战时期的厦大历史和当年的校友,情有独钟。她用力发掘并精心整理了这段时期大量的原始档案资料,对当年的毕业校友进行了深度访谈,深入研究了校长、教师、学生、校友等不同主体对厦大认同的历史过程及内在机理,并将这所学校的历史置于中国近代社会变迁的宏大背景下进行考察。书中多处体现了她对大学认同的特点、路径的思考,渗透了她对民族危机与大学认同的理解,完成了她的高等教育学博士学位论文,于 2010 年 12 月以优异的成绩通过答辩。答辩委员会认为:"论文选题视角新颖、独特,具有学科前沿性、开创性,具有重要的理论意义及现实价值。论文框架结构清晰,史料工作扎实,立论深入浅出,文笔简洁流畅,反映了作者掌握了较为扎实、宽广、系统的教育基础理论和全面、深入的专业知识,学术视野开阔,理论功底深厚,是一篇情理交融的学术著作。"本书是著者在其博士学位论文的基础上又经过一年多的反复切磋、研磨修改而成的。

作为抗战时期厦门大学的历史见证人和作者的博士论文导师,我很高兴这样一部对大学文化有价值的研究专著获得丛书评委的一致好评,得以资助出版,特此推荐并为之序。

2012年1月

目 录

导论 …………………………………………………………（ 1 ）

第一章 抗战前厦门大学认同历史回顾 …………………（ 25 ）

    第一节 陈嘉庚"虔诚"兴办厦大 ………………………（ 26 ）

    第二节 大学认同危机 …………………………………（ 31 ）

    第三节 大学认同危机的化解 …………………………（ 38 ）

第二章 萨本栋：民族危机中的大学校长 ………………（ 50 ）

    第一节 人格魅力 ………………………………………（ 51 ）

    第二节 选址长汀 ………………………………………（ 62 ）

    第三节 制度认同的建构：以108次校务会议记录分析为中心

        ………………………………………………………（ 72 ）

    第四节 学科认同的建构 ………………………………（ 83 ）

    第五节 大学共同体的象征 ……………………………（ 88 ）

第三章 战火中的教师生态：热爱与坚守 ………………（ 94 ）

    第一节 教师概况 ………………………………………（ 94 ）

    第二节 在教书育人中认同大学 ………………………（107）

    第三节 在文化体验中认同大学 ………………………（117）

    第四节 在迁徙流转中认同大学 ………………………（123）

第四章　清寒学生的幸福生活 …………………………………（126）

　　第一节　学生求学背景 ……………………………………（127）
　　第二节　润物无声的人文关怀 ……………………………（134）
　　第三节　严谨活泼的学风熏陶 ……………………………（139）
　　第四节　爱国爱校的家国情怀 ……………………………（147）
　　第五节　激情浪漫的课余生活 ……………………………（150）

第五章　患难与共：校友与母校在一起 ……………………（155）

　　第一节　校友认同表征：以《厦大通讯》词频统计为例……（156）
　　第二节　校友大学认同的阶段分析 ………………………（169）
　　第三节　校友在大学发展中的作用 ………………………（174）
　　第四节　大学认同促进校友成才 …………………………（181）
　　第五节　传承认同"反哺"大学 ……………………………（197）

第六章　民族危机中的大学认同之省思 ……………………（201）

附录 …………………………………………………………………（210）

　　附录一　长汀厦大学生档案图例 …………………………（210）
　　附录二　学生口述抗战中的厦门大学 ……………………（217）

参考文献 ……………………………………………………………（238）
后记 …………………………………………………………………（263）
再版说明 ……………………………………………………………（267）

导　论

一、研究缘起

认同是关涉个人与组织(群体)隶属关系的一个概念,是任何一个组织获得成功的基础,大学也不例外。大学认同是指大学成员在心理与行为方面与其所在的大学具有一致性,并且成员觉得自己对大学既有理性的契约感和责任感,也有非理性的归属感和依赖感,以及在这种心理基础上表现出对大学发展尽心尽力的结果。大学认同是大学的一个重要特征,是大学保持长久和旺盛生命力的重要因素。在过去的几百年里,为什么有的大学悄然消失,而有的大学则充满生机与活力?中世纪欧洲最早创办大学时,"面临的中心问题是为什么意大利北部的博洛尼亚及其模仿者幸存下来,而在萨莱诺的更早的和同样有前途的努力却消失了。"英国历史学家科班指出:"萨莱诺的主要弱点在于它没有发展一个保护性的有凝聚力的组织以维持它的智力活动的发展。"①当时大学已认识到在与教会、市民的斗争中,在争取权利的斗争中,团结起来的力量之重要。大学通过各种仪式强化人们对大学的认同感,无论是初入大学还是授予文凭,都有相对应的仪式。大学通过

---

① 伯顿·R.克拉克:《高等教育系统－学术组织的跨国研究》,杭州大学出版社,1994年版,第4页。

认同感的强化,建构集体的力量,以承受和应对外界的压迫,保持大学社团的团结和独立。总而言之,中世纪大学是自治的、在内部有认同感、外部被承认的、以校长为法人代表的从事普遍学问研究的学术性机构。①

中国现代意义上的大学,从产生发展到成员归属感、认同感的形成,始终伴随着知识分子的民族使命感和责任感,他们抵御外侮、救国图存的努力融入到其大学价值观和教书育人当中。事实上,修身齐家治国平天下,这是中国读书人几千年来最大的使命。特别是抗日战争时期,大学的建设与发展事关国家民族的命运,大学人渴望实现民族振兴、以天下国家为己任的强烈责任感和使命感,令他们在艰苦卓绝的条件下,发扬坚韧不拔的意志和团结奋斗的精神。

进入现代社会,大学具有了相对稳定的外部环境、相对充足的办学资源和较为优越的办学条件。但不能否认的是,大学认同也陷入危机之中:师生间充满情感的对话和交流越来越多地被客套的、彬彬有礼的契约关系而取代;神圣的学术殿堂内学术权力和行政权力冲突不断;多元化的教育氛围中缺少共享的情感体验和共同的价值追求。大学目标模糊,瓦解学校组织的因素越来越多,学校组织的向心力越来越弱。

回顾历史,同样是在民族危难时期,有的学校由于认同度低被迫解散,如西北联合大学联合不到半年就解散了;有的学校接连爆发师生驱逐在任校长的风波②。这一时期的大学史,吸引了一批学者进行长期深入的研究,然而,其重点对象主要集中在西南联大,成果可谓卷帙浩繁,但迄今为止对同一历史时期其他著名大学的关注并不多。③ 厦

---

① 参见李秉忠:《中世纪大学的社团性结构》,引自侯建新主编,《经济—社会史评论》(第三辑),生活·读书·新知三联书店,2007年版,第64页。
② 苏云峰:《从清华学堂到清华大学》,生活·读书·新知三联书店,2001年版,第31页。
③ 潘懋元、石慧霞:《长汀厦大与西南联大之比较》,《厦门大学学报》,2008年第5期。

门大学作为中国第一所华侨独资创办的大学,战时独避闽西长汀,尽管当时刚转为国立的厦门大学经费最少,但师生协同共进,形成强大合力,为维持和发展东南半壁的高等教育做出了历史性贡献。现有的研究对这段历史并没有给予足够的重视。

1937年,陈嘉庚企业收盘,系科紧缩、风雨飘摇中的私立厦门大学转为国立,在国立首任校长萨本栋的领导下,全校师生举校内迁闽西长汀办学八年,校史一般称这一时期为"长汀时期",与本研究中"抗战时期的厦门大学"基本是同一历史时期①。其时的厦门大学,"各部分办事精神连贯,通力合作",②众志成城、患难与共,形成了充满生机与活力的组织向心力,学校像一个其乐融融的大家庭,大学成员同舟共济、齐心协力,培养出一批杰出人才,使得大学声誉大振。战时厦大被国民政府称为"国内最完备的大学之一"③,并被学者誉为"加尔各答以东最好的大学"④。厦大从迁校时的文、理、商学院9个系到1945年增至文、理工、法、商学院15个系,学生从内迁时196人,到1945年时发展成为1044人。⑤ 与战时集聚西南大后方的高校不同的是,厦门大学始终在东南一隅办学,没有并校、没有改名,始终保持了组织机体的完整和独立。战争条件下,办大学之艰苦难以想象,更难的是大学成员

---

① 以严格的历史时间计算,抗战时期的厦门大学与厦门大学长汀时期略有出入:抗战时期的厦门大学是从1937年卢沟桥事变爆发至1945年8月日本无条件投降。而厦门大学长汀时期是指1938年1月厦门大学举校迁至长汀,1946年12月迁回厦门时期。因抗战爆发与厦大内迁长汀存在因果关系,厦大师生及校友一般将这两个时期等同视之,并习惯以"长汀厦大"简称。为了对抗战时期厦门大学的大学认同进行更清晰的说明,笔者在研究过程中将向前进行必要的追溯,也将向后作必要的延伸。

② 《教育部令奖母校教学认真学风纯正》,《厦大通讯》第四卷第五、六期,1942年6月30日。

③ 厦门大学校史编写组:《厦门大学校史纲要》(上编),1986年版,第12页。

④ 1944年3月,美国地质地理学家葛德石造访长汀厦大,曾作公开演讲,并为选修经济地理学课程同学讲学。葛氏参观厦大后"称赞不置",谓"厦大为加尔各答以东之第一个大学"。参见《厦大通讯》六卷三期,1944年3月31日。

⑤ 洪永宏编著:《厦门大学校史》第一卷(1921—1949),厦门大学出版社,1990年版,第221页。

同舟共济、共同应对危机。引起笔者进一步思考的是,"战时厦大成员拧成一股绳,形成了高度的大学认同"的主要影响因素是什么?大学认同的具体表现如何?体现在不同主体身上如校长、教师、学生、校友与大学的关系如何?这种关系在大学发展中起到了什么作用?现实是历史的延续,对这一系列问题的探究,无疑对于进一步丰富抗战时期中国大学办学历史和特色的研究,对于大学组织文化特色的理解,对于现代大学认同的建构具有重要的启示和借鉴意义。

引发笔者研究抗战时期厦门大学认同的另一个重要缘由、也可以说是情感根源是:笔者的思想和生命轨迹,深受抗战时期厦大成员对这所大学情感和精神的渗透和影响,使我对这段历史产生了浓厚的兴趣和由衷的敬意,进而萌生强烈的研究冲动。

对这段历史的关注,始于 1997 年。当时笔者刚从厦门大学本科毕业,留校从事校友联络工作,接触了许多自称为"老长汀"的厦大校友。他们大多出生于 20 世纪 20 年代,均已过花甲之年。因工作关系,我经常参加他们的返校聚会活动,为他们在母校捐建楼堂馆所、设立奖助学金"跑腿"。其间,常常听他们忆起大学时的校长、老师、同学。刚开始,觉得是遥远、新奇的"故事"。耳濡目染,2001 年校庆,笔者因遇到一点小挫折,情绪不佳,刚巧被回厦大参加校庆的一位"老长汀"发现,他细心和真诚的引导化解了我的烦恼。不知为什么,那一刻,我突然感觉自己与这些"老长汀"不再有距离感,甚至他们当年的所有经历和故事,于我而言,有了特殊的亲切感。2002 年夏,厦大举行纪念萨本栋校长百年诞辰,曾化解我烦恼的学长因病无法回母校,他在病床上写了《永怀恩师,萨公本栋校长》一文,打越洋电话过来,请我帮他打印成电子文稿。过了几个月,传来他病逝的消息。笔者与"老长汀"的接触越多,越深切地感受到他们身上所体现的强大的师生凝聚力和爱校热情,也使我萌生了探究"他们为何如此热爱和忠诚于母校""高度一致的大学认同是怎么形成的"等问题。正是带着对"老长汀"的敬意和对这些问题的探究,我开始了自己的博士生生活。

一般来说,大学认同是大学内外部因素综合作用的结果。对于这个问题的研究，一方面要从宏观上研究时代背景、社会因素对大学认同的影响，另一方面要深入到大学内部，从微观上分析大学认同形成的内在机理和互动机制。相比于宏观分析，微观研究可以具体考察大学文化传统、特色对认同的影响，可以观照到大学内部不同主体的思想、心理活动、日常行为和习惯、生活体验等，能够从动态上来看待大学认同的形成过程，洞悉大学认同体现在不同成员身上的特点和规律等。令笔者有信心从微观视野推进研究的一个重要原因是，由于工作之便，笔者收集了大量抗战时期厦大的相关史料、校友回忆录、校友访谈笔记。特别是2009年暑假，笔者在厦门大学档案馆查阅抗战时期厦大的档案文献①，发现大量的原始文献，而相比之下，已有的研究分析却比较匮乏，然而，这正是研究者最感幸运的事。笔者相信，学问不是一种神秘的彼岸言说，它就是此在，是此在的种种生活；我一直渴望能够力求沟通学术与生活，我相信即使是历史研究，如果在研究中，看不到研究者的语言和思想，看不到研究者的情感与心灵，看不到研究者的生活史和风格，这样的研究对于研究者，不能不说是最大的遗憾。基于个人的浓厚兴趣和对"我的母校"这段历史的尊重和敬意，笔者下定决心选择以此作为自己的博士论文选题，并深信，把理论和史实的探讨与切身感受和经验分析融合在一起，将使学习过程变成生命体验的过程，将使学习成为真实美好的生活。

---

① 抗战时期厦大内迁长汀的原始档案资料保存较为完整，原始档案资料包括历年概况介绍、教师统计、学生个人档案、萨本栋校长个人信件往来、历次校务会议记录、训导会议记录、教务会议记录、大事记记录、1938—1945学校所发布告、厦大通讯、厦大学报等等。卷宗号详见参考文献（一）。

二、大学认同研究综述

（一）认同的内涵

认同指的是个人以群体（或组织）中的一分子的身份来界定自己。① 认同一词起源于拉丁文 idem（即相同, the same）。② 关于认同的研究多见于心理学、社会学理论大家的著述中。弗洛伊德和米德是从微观的个体心理学方面认识认同问题的。弗洛伊德于 1915 年,在《悲哀和抑郁症》(Mourning and Melancholia)这篇论文中,第一次提出"认同"这个术语。弗洛伊德最初的关注点是抑郁症这种特殊的病理状态的关键机制,只是随后他才把"认同"的提出看作是重要的。在这篇论文中,"认同"替代了个体投入力比多(libidinal)能量(性本能,athexis)的一个对象。认同被看作是在自我设法"吞没"(devoul)客体的过程中的一个初步阶段。米德认为,"自我具有这样的特征,它是它自己的一个对象,并且这一特征把它与其他对象区分开来"。因而,自我既是"主体也是客体"。然而,随之而来的核心问题是自我作为一个心理建构是如何产生的。米德从"主我"和"客我"的分析中,认为"主我"在对"客我"的吸纳与认同中构建了一个社会的自我。弗洛伊德和米德的研究主要都在微观心理学层面上,其对认同的研究也主要属于"自我认同"。

心理学家埃里克森对认同问题做了更进一步的探究,并且把这个术语带到公共使用的范围中,尤其是与认同危机这个术语联系在一起。他认为,认同并不是一个可由观察者做出客观估价的存在状态,

---

① 梁丽萍:《中国人的宗教心理》,社会科学文献出版社,2004 年版,第 11 页。
② 张向东:《认同的概念辨析》,《湖南社会科学》,2006 年第 3 期,第 78—80 页。

认同感是一种社会心理稳定感，它明显的伴随物是身体的无拘束感，一种知道自己正在向何处去的感觉，以及对预期将获得那些重要人物承认的内在信心。个人的认同包含一个主体不断地延续自我的一种感觉，此延续的过程也就是认同不断改变的过程。一个成熟的心理认同的渐进发展是以人所属的团体为条件的，而团体的传统价值对个人的成长意义非常。当个人与一个团体认同时，他会接受此团体的价值与规范以影响自己的行为和态度。

社会心理学对认同的基本解释是将认同看成群体关系的系统。每个人属于不同的群体，而每个群体作为一种社会认同标识代表着个人意识。社会存在着不同的群体，属于这些群体的个人经常以这些群体成员的一份子来界定自己的身份。这样的自我界定和归属，是形成个人社会态度的重要基础之一。因此，心理学家米勒指出认同的本质不但是"心理"的，它也包含"群体"的概念，是一项"自我的延伸，是将自我视为一个群体的一部分"[1]。这是认同的核心。乔治·米德则强调了认同的社会制约性——在他看来，社会的我具有双重的特性，是个人行为和团体行为二者的结晶体，自我与社会不能分离，经由与他者的互动以及规范性的影响，自我乃由社会所建构[2]。也就是说，在米德看来，认同是主体选择性与社会关系的互动过程，个体只有融入社会团体并与该团体的其他成员进行交往，才能实现个人的认同。社会学家彼得·伯格则认为认同是社会给予、社会维系和社会传递。他指出："每一个社会都具有一种认同的保留，这种认同是社会成员客观知识的一部分。正如个体社会化一样，这些认同也被内化。他们不仅仅被认为是客观现实的组成部分，而且是个人自我意识不可或缺的部分。被社会定义的客观现实却被主观地占有了。换言之，社会化带来了主、客体现实之间以及主、客观认同之间的对称。伴随着心理现实的

---

[1] Miller, warren E. and J. Merrill Shanks. *The New American Voters* [M]. Harvard University Press, Nathan, James A. and Richard C. Remy, 1996。

[2] 孟樊：《后现代的认同政治》，台湾，杨智文化事业出版公司，2001年版，第312页。

附属物的认同总是特定社会结构世界的认同。一个人认同自己,也就是处于一个平凡世界被别人认同"①。这里,伯格强调个人通过一种相互影响的过程构造了社会,并为他们自己的行动筹划赋予了有效的意义。社会学家帕森斯则把认同定义为"个性模式保持代码系统"②,按照这个定义,认同通过相连贯的组织内有关个体的信息来维持个体的连续性。而社会学家汉斯·摩尔认为:以个人层次而言,认同是一个人在混沌环境中所占据的稳固方位,个人能够据之对外在环境做出积极的防御;在社会层次而言,认同是一个基本的及普遍拥有的信仰、模范及价值之综合,它能抵抗外在事物对本身环境与成员的威胁及维续自身③。所以,在摩尔看来,认同不但是一种"意识",更是一种"边界"。在哈贝马斯那里,他提出满意的群体认同是一个有凝聚力的社会制度的基本前提。哈贝马斯关于认同的研究走向了宏观,认同成了一个关系社会秩序的问题④。

  认同问题在后现代研究的框架中是重要且时髦的课题,众多学者不仅从理论,而且从现实的层面上探求其发展的脉络与底蕴。后现代学者韦克斯(Jeffrey weeks)这样描述认同:"认同乃有关于隶属(belonging),即关于你和一些人有何共同之处,以及关于你和他者(others)有何区别之处。从它的最基本处来说,认同给你一种个人的所在感(a sense of personal location),给你的个体性(individuality)以稳固的核心。认同也是有关于你的社会关系,你与他者复杂的牵连"⑤。

  从以上关于认同内涵的探讨中,可以看到,不论是早期心理学还是

---

  ① Beit-Hallahwi. B. *Cnolegomena to the Psychological Study of Religion*. London, England: Associated University, 1989, P94。

  ② Beit-Hallahwi. B. *Cnolegomena to the Psychological Study of Religion*. London, England: Associated University, 1989, P95。

  ③ Hans J, Mol. *Identity and the Sacred*. The Free Press, N. Y. , 1977。

  ④ 梁丽萍:《中国人的宗教心理》,社会科学文献出版社,2004年版,第14页。

  ⑤ Weeks, Jeffrey. The Value of Difference, in Jonathan Rutherford(ed) dentity: Community, Identity Culture, Difference. London: Lawrence & ishart, 1999, p88。

社会心理学、社会学及后现代关于认同的研究,都凸显出认同是关涉个人与群体(或组织)隶属关系的一个概念。因此,认同首先是个体对某种意义上的身份的一种心理肯定,认同给予个人以"所在感",给人的"个体性以稳固的核心"。同时,认同还意味着心理依附,因为,认同不仅有时间的向度,是指较长时期的态度;而且还有群体(或组织)的向度,是指个人对群体(或组织)具有比较稳定的归属感。

(二) 大学认同的研究

国外学者较早开始研究大学认同,伯顿·克拉克是主要代表之一。20世纪70年代,他通过对美国三所文理学院办学特色的研究,提出了"组织传奇"(organization saga)的概念,并分析了传奇形成和实现过程。他将"传奇"定义为英雄业绩的记述和导致信奉者群体产生的特殊发展过程。他指出,传奇是在参与者中形成团结力量的强有力工具,因此,它对于大学来讲是一种有价值的资源①。伯顿·克拉克认为,有四个因素影响着大学认同的强度。首先是大学组织规模,规模越小,文化强度越大,大学认同度越高;其次是大学组织的紧密度,单元之间的依存度越高,大学认同的强度也越大;第三是组织的历史,组织成立的时间越长,大学认同的强度越大;第四是组织建立时的情形对大学认同具有一定的影响,组织在建立之初或转型时遇到挫折,容易形成一种较强的文化和组织认同,以扭转大学的不利局面。②

早在1966年,伯顿·克拉克和马丁·特罗以大学生对所属大学的认同及学生对知识学习的关心程度为两维,把大学生的文化分为四类:(1)社团型:喜爱体育运动、约会、娱乐和男女生联谊会,经济比较宽裕;(2)职业型:倾向于为工作做准备,经济欠宽裕,常常打工;(3)学术型:重知识,大部分时间是在图书馆或实验室中度过的,具有强烈的

---

① Burton R. clark. The Organizational Saga in Higher Education. in M. Christopher Brown II(ed.) *Organization and Governance in Higher Education* P153, fifth edition, ASHE Reader Series, MA: Pearson Custom Publishing, 2000。

② 同①。

学业深造和专业训练意识;(4)不落俗套型:激进的知识分子,追求个人身份,勇于造反。①

教师的大学认同作为一个单独领域展开研究是近20年内的事。主要的研究结论是,教师的大学认同是建立在教师职业认同的基础之上②。詹姆斯·杜德斯达认为,研究型大学实际上已经成了"科研控股公司",教师为其研究项目吸引资金的能力,已经成了职称晋升和薪水高低的决定因素。施加在教师身上的事业成功及获得同行认可的压力使研究型大学的文化及管理发生了重大的变革。这种体制培育出激烈的竞争,强加给人们难以处理的工作安排,同时也导致共同目标和同事关系的丧失。许多教授极少表现出对自己所在大学的认同或忠诚,相反把他们的研究工作视为自由市场经济的一部分③。分析享乐主义、实用主义等思潮对大学认同的影响,以及大学形象标识、橄榄球比赛等在大学认同中的作用和影响也是国外大学认同研究较多涉及的领域。

相比而言,国内学者对于大学认同的系统和专门研究近年来才开始出现,相关研究散见于教育社会学、大学文化或大学组织冲突等方面的研究专著中,分别从教育社会学、文化学、组织学等视角对大学认同进行了各自的界定。如:邓和平④认为,大学认同是大学秩序的社会心理基础,是大学存在与发展的根基。认同性是大学文化的属性依据,并使得大学文化的形成成为可能。他从教育社会学的视角从三方面具体阐释了什么是大学认同及大学认同的重要性。(1)从社会存在论看,大学认同是大学成员对大学与个人、大学与社会等学校社会关系、社会存在的集中反映与观念凝结。大学认同的实体对象是大学社

---

① [美]珍妮·H.巴兰坦,刘慧珍等译:《美国教育社会学》,春秋出版社,1989年版,第295—296页。

② 沈之菲:《近十年西方教师认同问题研究及启示》,《上海教育科研》,2005年第11期。

③ [美]詹姆斯·杜德斯达,刘彤等译:《21世纪的大学》,北京大学出版社,2005年版,第96页。

④ 邓和平:《教育社会学研究》,湖北人民出版社,2006年版,第351页。

会关系、社会存在；大学社会关系的发展水平、历史转换，从本体论上决定大学认同的水平与转换，紧密型社会关系产生整合度高的大学认同，松散性社会关系决定整合性弱的大学认同。(2)从社会认识论看，作为一种共同意志、文化心理和共同知识，大学认同是大学成员对特定学校的心理依恋感和文化归属感。大学认同既表现为一种社会心理，即人们对作为一所大学成员所具有的自豪感，对所在大学发展所具有的信心；也表现为一种社会理论与公共理性，即为大学成员自觉遵守、共同维护的大学文化、大学精神与大学规则。对不同大学而言，其学校认同的内容、特点，因历史文化传统、教学科研生活方式、成员综合素质的差异而互有不同。不同大学应根据自身的特点，提炼、完善既有共性又有个性的大学文化认同。(3)从社会行为论看，作为一种"反思的学府性"，大学认同是人们对学府性、学府本质的观念反思、行为融入。"学府性"也就是大学特质、大学本质、大学价值；"学府"具有不同于任何其他社会机构的独特生活方式、文化气质，大学的诸多特有价值构成"学府性"。大学认同正是对大学独特价值、特有生活方式、文化气质的体悟、反思、模仿、内化。大学认同水平以融入学府生活，形成符合大学存在结构、节奏的生活习俗、行为习惯为重要标志。对大学的深层认同，是对合理学府生活的融入。

  石中英[①]认为，学校认同是集体认同的一种，指学校师生员工在心理上对学校文化的接纳、肯定和欣赏，从反映学校办学理念和价值取向的校训到规范学校各种行为的规章制度一直到学校的环境建设与利用等等。他说，对于每一位具体的师生员工来说，学校认同并不是生来就有的，而是在学校生活中逐渐产生的。但值得注意的是，师生员工在学校中生活，并不必然地产生学校认同。有的校领导、教师或学生尽管在一个学校生活了不短的时间，还是不能产生对这个学校的认同。他们不仅在观念上缺乏对学校的正确了解与认识，在态度、感情

---

① 石中英：《学校文化、学校认同与学校发展》，《中国教师》，2006年第12期。

上则更缺少一种肯定、接纳与欣赏,其行为上也会不断出现一些偏离学校文化特别是学校价值观要求的现象。有的师生尽管有了一些学校认同,但是这种认同可能并不强烈,或者不是对于学校核心价值的认同,只是对于学校文化的外在部分如环境文化的认同。他在《学校文化、学校认同与学校发展》一文中对三者关系进行了辨析:学校文化对于每一位师生员工产生的熏陶、约束和教化作用其目的就在于产生、促进和加强师生员工的学校认同;加强学校文化建设、促进广大师生员工的学校认同,其根本目的在于促进学校发展。学校认同与学校发展之间有着直接的内在联系:这一方面是因为,对于学校的师生员工来说,强烈的学校认同会产生一种"我是某某学校人"的共同归属感、自豪感和荣誉感,会由此产生一种自觉的、积极的和高度的责任感,从而形成他们各自勤奋工作与学习的强大动力,为学校发展创造了良好的思想基础与文化氛围;另一方面是因为,高度的学校认同还会增加师生员工彼此之间的信任度,降低他们彼此之间进行交流和沟通的心理与时间成本,激发他们以主体的姿态参与到学校各项事业中去,使得学校发展事实上不仅是校长和管理人员的事情,也是全体师生员工的事情。大量的学校管理经验表明,学校认同构成了影响学校发展的一个相对独立因素,而积极的、自觉的和高度的学校认同构成了学校发展的重要条件。

张建新、董云川①从文化学的视角把大学认同分为"精神文化的认同""物质环境文化的认同""管理制度文化的认同"三个因子。认为,大学认同的核心是文化认同,文化认同是在出发文化的文化因子在被引入目标文化之后,安全度过排异期,最终被目标文化所吸收②,因此,大学认同就是大学文化的文化因子被目标文化主体(大学成员)所吸

---

① 张建新,董云川:《大学文化的传承与创新:云南大学个案研究》,云南大学出版社,2006年版。

② 王东风:《文化认同机制假说与外来概念引进》,《中国翻译》,2002年第7期,转引自张建新,董云川:《大学文化的传承与创新:云南大学个案研究》,云南大学出版社,2006年版。

收和吸收的程度。

周海涛①从组织学的视角研究大学认同,认为大学认同是组织认同的一种具体形式。他认为,大学生对大学的认同由三个层次展开,即从群体认同经过社会认同到自我认同②。大学生对大学认同的成因可以概括为大学的组织特性、环境特性、个体特性三大类③。大学生对大学认同的状况,呈现出正面、负面两种结果④。

张文显⑤从管理学的视角分析,认为大学认同分为以下五个方面:(1)集体认同。大学是师生的共同体,是一个具有完全法人资格的实体,而不是各个院系的简单组合和凑合,全校师生要有共同的奋斗目标,共同的根本利益,共同的组织体系,共同的行为规范。全校师生都要象爱护自己的眼睛一样爱护学校的声誉,维护学校的利益,促进学校的和谐。(2)制度认同。制度认同包括对学校治理结构、管理体制、基本规章制度及行为规范的认同,属于政治认同的范畴。只有从制度

---

① 周海涛:《大学生对大学认同与满意度的同一性》,《大学·研究与评价》,2008年第7—8期合刊。

② 文中认为"大学生个体先从所在大学生群体中获得一种归属感、信念系统,通过这个所在的群体参与社会并得到某种社会认同感,进而在获得某种社会认同之后,对自我认同产生内在动力,并直接影响到个人的自我意识、自我定位、自我参与、自我表现"。

③ 文中认为"组织特性包括大学形象、大学氛围、教学特性和文化特性,环境特性指不同大学之间的差异和竞争,个体特性指不同的大学生的年龄、入学年限、满意度和性格等,这些都会对大学认同产生显著影响"。

④ 文中认为:"如果大学生对在读大学高度认同,则把自己与大学紧密联系在一起,组成一个命运共同体,产生强烈的向心力;自觉把自己当成大学的代表,把群体利益作为自己首要的考虑因素;对大学具有高满意度,自愿保持一种合作、积极的心态,也愿意付出自己的努力(努力付出程度随认同感的强弱大小而定),即使在没有监督的情况下也能做出符合学校目标、校规校纪的行为。进而与大学教职员工同心协力,打造学校的核心竞争力,争得应有的社会认同;与此相反,如果大学生对在读大学缺乏认同,则在评价、认知、体验、行为等方面与学校发生多重冲突,会感到迷茫、忧虑,甚至对学校的目标、决策、规章制度等产生排异、抵触情绪和抵制行动"。

⑤ 参见张文显:《构建和谐大学的关键要素》,《高等教育评估》,2006年第1期和张文显:《公正、民主、诚信、认同、和睦——谈构建和谐校园的价值基础》,《中国高等教育》,2005年第21期。

上认同,才能认真对待制度,形成对制度的义务、忠诚和依赖。(3)文化认同。文化具有超时空的稳定性和极强的凝聚力,一个学校的文化传统一旦形成,必然会持久地支配每个师生的思想和行为,塑造某种共同的行为模式、心理倾向和精神结构,并表现为某种共同的个性。(4)学术认同。大学本质上是一个传播知识、创造知识、培养人才、服务社会的学术机构。师生们对学校的认同应建立在学术认同的基础上,如果未能建立在学术认同的基础上,就意味着学术精神的衰败,也意味着学校的异化和堕落。(5)互相认同。除了对学校作为整体的认同之外,也要强调各个学院、各个学科之间的互相认同,这也是构建和谐校园所必需的条件。互相认同就是互相尊重历史和传统,互相承认其价值。互相认同的初级形态是相互之间对传统和价值的彼此尊重和承认,高级形态则是情感认同。

杨全印[①]从组织文化学的视角,以某大学作为自己的考察对象,通过研究学校文化及其建设的历程,反映了学校文化在学校认同当中的重大作用:使学校的师生员工重新团聚在一起,使他们的学校生活充满意义,并使学校获得持续不断的发展。根据组织认同理论研究相关成果,组织认同的形成受到组织内外相关因素的影响,外部因素包括社会经济制度环境、组织生存的竞争性环境;内部因素包括组织资源和组织结构特点、组织内部成员关系及其特点、组织文化与发展目标特点;个人因素包括利益需求及其期望特点、资源拥有及其自我评价特点、价值目标及其追求特点等。

国内对不同主体大学认同的系统研究较为少见,总的来看,对学生的大学认同研究较多。周海涛[②]对大学生的大学认同与满意度关系进行了专门研究,认为二者概念虽然不同,但存在明显的内在相关性,即都是大学生对大学价值、特色、个人行为的一种认知、感受和体验。大

---

① 杨全印:《学校文化建设:组织文化的视角》,华东师范大学 2005 届博士学位论文。

② 周海涛:《大学生对大学认同与满意度的同一性》,《大学·研究与评价》,2008 年第 7-8 期合刊。

学生对大学认同与满意度在内涵、成因、结果上显示了明显的同一性。他的主要观点是:"从认知角度看,大学生对大学认同是大学生个人对作为大学成员之一的归属感的认知过程,体现了个人与大学在价值观上的一致性。从情感角度上看,大学生对大学的认同表现为,大学生带着个人对大学的预期而在情感上对大学持有的忠诚度和自豪感。从行为角度看,大学生对大学的认同表现为大学生个人对所在大学价值观的认同及形成相应言行的过程。"翟晓磊[1]认为,学生对学校的认同感就是指学生对所在学校的核心价值观、学校精神及文化传统的承认和接受并产生的归属感。认同感的形成有助于增加对学校环境的适应性,积极地影响学生的自信、自尊、自我控制能力及责任感。张昕[2]通过运用横向和纵向研究毕业生毕业与情绪波动之间的关系,认为即将毕业的学生比低年级的学生情绪波动更为激烈,但大学认同和情感控制能力能够淡化学生的激烈情绪,具有较高层次大学认同和较低水平情绪控制的学生临近毕业时都会有较为强烈的情绪波动。以上观点对于本文在分析抗战时期厦大学生的大学认同,有重要的参考价值。

综合以上研究成果,本研究认为,大学认同具有三个特性:(1)学术性。大学本质上是一个传播知识、创造知识、培养人才、服务社会的学术机构。大学认同的基础是学术认同,是对以学术为核心的大学活动的共同追求和体认。如果一所大学没有建立学术认同,就意味着大学灵魂的缺失,也就不可能形成持久的组织凝聚力。(2)文化性。大学具有不同于任何其他社会机构的独特生活方式、文化气质,大学的本真样态是文化性的,因此,大学认同就是对大学独特价值、特有生活方式、文化气质的体悟、反思、模仿、内化。大学认同形成的标志是大学成员形成符合大学存在结构、节奏的生活习俗、行为习惯。(3)学科

---

[1] 翟晓磊:《解析学校认同感与学生自我管理能力的互动关系》,《山东省团校学报》,2009年第4期。

[2] Zhangxin. Does graduation give rise to increased poignancy? Moderation roles of university identity and emotion regulation, *Personality & Individual Differences*, Nov. 2009, Vol. 47 Issue 7, p722—727。

性。大学是一个多学科交错的集合体,不同学科、不同院系成员对学校整体的认同是建立在对本学科的归属感和责任意识之上,没有建立对本学科负责任的思考和对学科发展的共同认识,所谓的大学认同就成为无源之水、无本之木。换句话说,学科性正是表现于大学认同不强求统一,崇尚自由思想、互相尊重、求同存异、相得益彰的内在生命力之中。考虑到本文重点不在深入探究大学认同的基本理论,因此,在后文中,将笼统地以学术认同作为大学认同的基本特征。

本文对大学认同的定义是:大学认同是指大学成员在心理与行为方面与其所在的大学具有一致性,并且成员觉得自己在其中对大学既有理性的契约感和责任感,也有非理性的归属感和依赖感,以及在这种心理基础上表现出的为大学发展而尽心尽力的结果。

毋庸讳言,现有大学认同的研究为本文奠定了扎实的理论基础,但也存在以下不足:第一,对大学认同形成的内在机理、互动机制缺少深入分析;第二,对不同主体大学认同形成的原因和特点没有进行比较研究;第三,对大学认同的研究多从理论和逻辑推导着手,较少历史和实证的研究。本论文的研究旨趣恰在于通过整理和爬梳抗战时期厦大历史,"进入历史现场",展现并阐释厦大大学认同的历史背景、不同主体大学认同的互动机制、影响因素等,以期对这一段具有特殊意义和价值的大学史多一份理解和"认同",并期待能对大学认同的深入研究起到抛砖引玉的作用。

三、民族危机中大学认同的分析框架

中国现代大学制度虽然是从西方的大学制度衍生而来的,但是,中国大学认同的形成过程,却与西方大学有很大差异。西方大学主要是为了保证大学的自治和独立、为了对抗外部的竞争和压力自然而形成大学认同。如中世纪大学的大学认同的形成过程中曾面临的问题是,加入大学的修士(教师),一度更认同的是教会而不是大学,只是后来,修士(教师)才接受了大学要求他们服从的宣誓,逐渐产生了对所在大学的认同感。以巴黎大学为例,师生认识到在与教会、市民的斗争中,在争取权利的斗争中团结起来的力量之重要,因而在1281年全校师生大会上,全校师生集体庄严宣誓遵守大学的章程。在每年的万圣节(11月2日),向新来的学者宣读巴黎大学的章程,使学者们明白他们的权利和义务。并且在次年2月还要进行一次宣读,这一点在校历上有专门的说明:"在圣灰节前的星期日,校长助理要向新来的学者宣读他们的权利,之后是校长的布道。"① 在此现实需要的基础上,大学认同得以逐步形成。

"修身齐家治国平天下""先天下之忧而忧,后天下之乐而乐",这本是中国读书人几千年来最大的使命。中国现代意义上的大学形成之初,大学人渴望实现民族振兴、以天下国家为己任的强烈责任感和使命感,是他们齐心协力克服困难、团结奋进共渡难关的重要动力。抗日战争爆发,国家处于生死存亡的关头,所有国民都会感受到民族危机的强大压力,并从国民的角度共赴国难,尽国民救国的责任。在艰苦卓绝的条件下,大学的建设与发展,事关国家民族的命运。知识分子的民族责任和民族意识在民族危机的激发下强烈而集中地表现出来,民族认同②成为大学认同的催化剂。民族认同是一个具有主观性的情感价值概念,用美国学者本尼迪克特·安德森的对民族的界定:它是一种想象的政治共同体。③ 大学师生在民族认同的激发下,从知识分子的立场上着眼于国家民族的长远利益,维系民族文化的血脉,他们把教学、科研等学术活动当作维系民族文化血脉、振兴民族精神

---

① 李秉忠:《中世纪大学的社团性结构》,引自侯建新主编:《经济—社会史评论》(第三辑),生活·读书·新知三联书店,2007年版,第65页。

② 民族认同是指一个国家或民族成员通过其语言、伦理、传统、精神价值等的认同来形成国家与民族自觉,从而将个人与其国家或民族连接起来。有关理论参见沙莲香主编:《社会心理学》,中国人民大学出版社,1987年版。

③ 本尼迪克特·安德森:《想象的共同体》,上海世纪出版社,2005年版,第6页。

的途径,并以此为其安身立命之所在。

抗战时期民族危机对大学认同的影响主要表现在以下两方面:

第一,大学认同是战胜民族危机、实现民族振兴的需要。

对于中国近代大学,从某种意义上说,特别是抗日战争爆发后,中华民族与日本帝国主义的矛盾上升为第一位的矛盾,为了民族的生存与胜利,全民族必须团结一致,同仇敌忾,全民族都要服从于抵抗和战胜日本帝国主义这个大局。"教育救国"、"教育图存"是大学办学立教的最高准则。战时的大学要做到以学术救国、以文化振兴民族,大学成员就必须团结起来,众志成城、患难与共,一切从学校大局出发。当时许多大学把团结合作、凝聚共识看成是办学成功的一个非常重要的因素。曾任西南联大总务长的历史教授郑天挺认为,"西南联大的八年,最可宝贵的是友爱和团结"①。在特殊的时代背景下,大学认同就是民族认同,热爱民族、国家就集中体现为大学认同,大学认同与民族认同同源同构。

第二,危机中生死与共的生存状态,密切了成员与大学的关系。

一位长汀厦大校友回忆道:"教师和学生对厦大有深厚的感情,这与抗战有关。警报一响,大家一起跑出去,敌机飞到头上,一起趴下,过后学生抬头一看,旁边原来是某某老师,相视一笑。令人感动的是,萨校长总是最后一个进防空洞,敌机过后,又是第一个出去察检情况。学校领导、教师、学生风雨同舟,患难与共。"旅美画家、1943级②校友朱一雄接受笔者访谈时说,"长汀厦大使我终生难忘的事真是太多啦,说不尽写不完的。我最难忘的是王梦鸥老师,他批评我画的竹叶像柳叶,非常软弱。他说,喜气画兰,怒气画竹。你还是画洋画得好。冬天的夜晚,长汀是很冷的。我记得在他床舍之前,生了一个小火炉,他让

---

① 封海清:《西南联大的文化选择与文化精神》,云南人民出版社,2006年版,第139页。

② 1949年以前学生习惯以"级"标明毕业届次,本文中引用部分保留此惯例。在正文中,为便于理解,统一采用现在对"级"、"届"的含义,即"**级"标明学生入学级别,"**届"指毕业届次。

我煮他最心爱的五花肉。他把棉被卷在身上,跟我谈诗论画,一直到午夜,甚至到天亮。"①战争,反而拉近了教师与学生之间的距离;危机,更强化了他们与组织之间的依存关系。在日军空袭下的弦歌不辍、共同面对战时艰难生活时的相互扶持,将战前知识分子的个体生产式的生存方式改变成了集体聚落式的生存方式,打破了校领导与师生之间的心理墙垣。而校友对大学的无私帮助,更如同"雪中送炭",这一切使得大学成员之间的关系较之战前格外密切。然而,抗战时期,并非每所大学都"众志成城、患难与共",大学认同除了民族危机的影响之外,还受到其他内外部因素的制约,如政府政策、社会经济发展水平、大学历史传统、师生人际关系等。

大学认同最终通过认同主体体现出来,民族危机以及其他内外部因素无疑都是通过作用于认同主体,从而对大学认同产生影响。理论上说,各主体大学认同的形成是各种因素综合作用的结果,但在不同主体身上体现的特点和内涵肯定有所区别。本研究的重点正是通过对抗日战争时期厦门大学的大量原始史料的挖掘、整理和统计,着眼于不同主体大学认同的形成过程,着力于不同主体在大学的生存状态和生活方式,借以深入的个案剖析,既不是简单地分析抗战时期民族认同的作用,也不是研究一般意义上的大学认同,而是研究二者的融合以及融合的内在关系。

在厦大校园里,有校长、教师、学生和校友四类主体,基于研究旨趣和篇幅所限,本文的总体框架是在"导论"之后,围绕主题展开论述,共有三部分六章内容组成:第一部分为第一章,研究抗战前厦大的认同情况,分析长汀厦大认同形成的历史背景、大学传统文化等因素。第二部分为第二至五章,从内部各主体角度,研究不同主体大学认同的内涵、特点及其形成过程。最后是关于民族危机中的大学认同之省思。

---

① 朱一雄先生口述记录(1943级文学院),访谈时间:2007年10月15日,访谈地点:武汉。

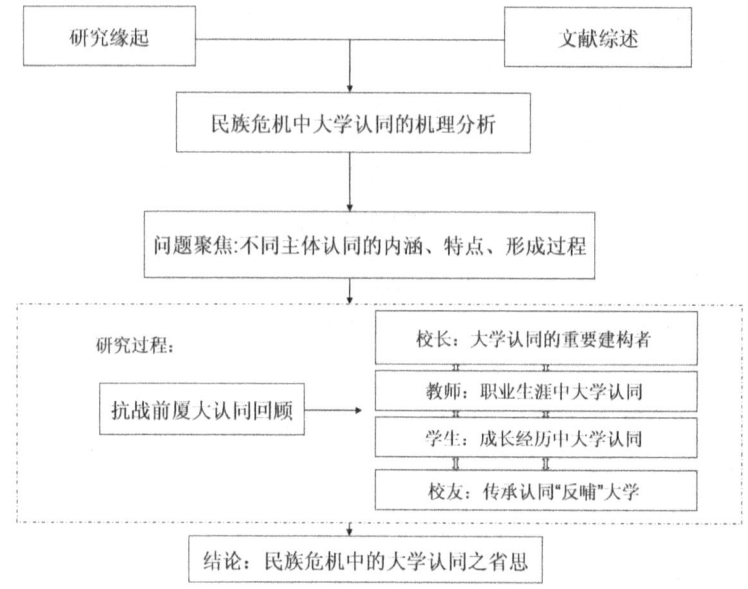

（图中↕表示校长、教师、学生、校友四者之间的互动关系）

图 0-1　研究框架设计

四、研究方法

本研究的定位是属于"大学史"研究。由于研究对象主要不是大学教育现象本身，而是记录教育现象的文献，因此，主要是根据文献和大学教育的双重特征与结构来确定研究方法。现代著名历史学家翦伯赞先生在谈到历史研究的方法时，曾将其概括为"三基问题"。即：基本理论、基本知识和基本技能。[①] 所谓"基本理论"，是指马克思列宁主义。没有正确的理论，就难免堆砌史料，无法正确地分析研究史料，从而做出符合历史实际的结论。对于教育史料学的研究来讲，还应该包括教育科学的一般理论与原理。既能够用教育科学的方法来分析问

[①] 王炳照主编：《中国教育史专题研究》，北京师范大学出版社，2009年版，第9-12页。

题,同时又能够通过既有大量丰富的历史史料,来充分反映中国教育历史的实际状况,避免观念化、简单化。所谓"基本知识",就是掌握基本的资料。研究教育史,只有理论,没有史料也是不行的。"正像盖房子必须准备砖瓦,做衣服必须准备布帛。哪怕你是个最好的工程师,要是没有砖瓦,怎么盖起房子来呢?最好的裁缝,没有布帛,怎么做出衣服来呢?最好的历史家,没有资料,怎么能写出历史来呢?"① 显然,对于史学研究而言,史论结合、史论双成,是必备的基本要求。所谓"基本技能",指写作的技能、查阅工具书的技能等。以上三点是本文遵循的基本方法和原理。

有关抗战时期厦大认同的研究,本身不完全是一个科学问题,而是一个社会科学问题,一个人文科学问题,对这种问题的研究需要一定的实证作支撑,却不能完全依赖实证,因为"事实上,社会科学是建立在对规律性进行系统考察取得实验数据的基础上。这些数据最初作为临时的假设,然后必须被进一步的观察和实验所证实和修正。"② 正如理查德·费曼所言:社会科学就是这样一种非科学的例子,他们并非进行科学研究,这种研究也未必就能发现什么规律,而只是要弄清一种价值意识的历史。③ 因此,在本研究中,一方面注重史料所反映的历史事实,另一方面不回避研究者在"史料"中的体验、表达和理解。具体而言,本研究采用的主要研究方法有:

(一) 文献法

首先,通读可能搜集到的国内外关于"认同""组织认同""文化认同""地域认同""民族认同"等相关文献,最后聚焦于"大学认同"的相关理论研究;其次,通过厦门大学档案馆、厦门大学校友会、图书馆、学

---

① 翦伯赞:《史料与史学》,北京大学出版社,1985年版,第9页。
② [美]莫顿·亨特,郑建宏等译:《社会研究方法新论》,华中理工大学出版社,1989年版,第3页。
③ 储朝晖:《中国大学精神的历史与省思》,山西教育出版社,2006年版,第9页。

术期刊和互联网等多种途径查阅相关文史资料(详见参考文献),重点查阅的文献有:(1)厦门大学私立时期、国立时期的所有历史档案,包括当时校内印刷的报刊如《厦大通讯》《生力》《唯力》《灯塔》等;(2)已出版或发表的厦门大学校史专著、文章;(3)厦大毕业生留存的大量非正式出版文字材料、回忆录、照片、校友通讯、通讯录等;(4)第一、二次统计年鉴、战时教育论集、《抗战中的中国文化教育》《中央日报》《申报》等抗战时期的专著、报刊等资料;(5)福建省、长汀县近代史资料;(6)院校史研究专著,如王东杰《国家与学术的地方互动:四川大学国立化进程(1925—1939)》、欧素瑛《传承与创新:战后初期台湾大学的再出发(1945—1950)》、汤一介《北京大学与中国文化》、熊月之与周武主编《圣约翰大学史》等。

(二) 访谈法

本研究对14位抗战时期厦大校友进行了20次访谈。访谈形式根据访谈情境以正式或非正式的方式进行。访谈提纲概要如下:

1. 长汀时期给您留下最深印象的人和事?为什么?
2. 长汀厦大的学习生活对您后来的工作、生活有什么影响?
3. 为什么校友特别尊敬萨本栋校长?
4. 您和大学老师、同学的关系如何?为什么会形成这样一种关系?
5. 您是否常常想起在长汀厦大的生活?频率如何?在什么情况下会想起厦大?
6. 如果让您重新选择,您是否还会选择厦大?为什么?
7. 毕业后您有没有到过长汀厦大旧址?什么时候?比较长汀厦大和现在的厦大,您认为相同之处是什么?不同之处是什么?
8. 长汀厦大在您心目中的地位,可以用什么词来概括?

访谈收获是笔者收集整理了近10万字的校友回忆录和口述资料,这些资料几乎都可以称作"一手"的重要历史文献。由于当事者大都年事已高,访谈有的时候是"笔谈"①,但无论哪种方式,校友了解笔者来意后,都怀着极大的热情(笔者有时甚至担心会使学长过于激动)接待了笔者。由于是历史的亲历者,他们的讲述使相关的书面资料更加"鲜活"起来,对历史"现场"有了更多的感同身受,更重要的是通过档案资料与口述访谈资料的比对,解开了笔者心中许多困惑和不解,使历史事件的前因后果更接近历史原貌。

(三)统计分析法(词频分析法)

笔者自认为经过多年的文献爬梳、收集和整理工作,本研究已掌有最为丰富的长汀厦大的第一手史料。为了克服就史料研究史料,避免历史研究"细碎化"的弊端,笔者在各章节的研究中,尽可能以具体问题为中心,对相关史料进行一定的量化统计,如:第二章,通过对108次校务会议记录的统计分析,反映萨本栋的大学价值观如何以制度方式融入师生生活;第三章,通过对长汀厦大教师背景的统计分析,反映学缘、地缘在教师大学认同中的影响;第四章,通过对长汀学生档案进行抽样,调查分析了496位大学生的籍贯、家庭经济状况、个人经历、进入厦大原因等,反映大学生进入厦大前的总体认同状况;第五章,通过对1938—1945年《厦大通讯》中校友来信和校友文章的词频统计,分析校友认同厦大的主要因素等。

从广义来说,词频分析法是统计分析法的一种。词频分析法首先确定与研究有关的关键词,也就是编录单位,然后,统计这些关键词在各个样本(即分析单位)中出现的频次或百分比,最后进行比较,得出结论。近年来有学者通过对某学科或某领域的关键词在篇名、摘要、关键词以及全文中出现的频次,分析研究和评价该学科、领域动态发展的趋势和特征。②

---

① 在访谈94岁高龄、1937级学生陈诗启时,由于身体原因,他已经"口齿不清",但他思维敏捷,思路清晰,我提问,陈老把答案写在纸上进行交谈,以这样的方式我们于2008年6月24日和6月27日分别交谈了两个下午。

② 邱均平主编:《信息计量学》,武汉大学出版社,2007年版,第508页。

（四）历史解释学的方法

研究长汀厦大认同所面对的历史资料是琐碎而浩繁的，其中并无任何史料上贴有"大学认同"的标签。然而，这些史料所记述的大学管理、专业设置、课程安排、文体活动等等，都是由大学认同的主体来实现的，而且其中无一不反映了厦大人与大学的关系，体现着他们对大学的认识和评价，这就要求运用解释学的方法来解读这些史料，读出其中的精神内涵。

认同是厦大历史上确有的存在，并且，在今天仍随处可见其"身影"。但由于历史上少有从这一维度进行专门的研究，因此，本研究要面对一堆找不到"大学认同"字眼的史料来研究厦大认同的历史，秉承"研究社会现象和人的行为只能采用'理解'的方法"，尽可能复原抗战时期厦大认同历史的原本。

之所以采用这种方法，是因为"社会科学和人文科学就是以社会行为为其研究对象的，所以解释学成了一切社会科学和人文科学的理论基础。"[①]大学认同的产生和发展是一个历史过程，必须也应该从历史的角度予以解读。使用这一方法的关键是研究者的个体体验。研究者要不断深入地与文本进行对话，文本与体验的结合是解释方法运用于历史研究成功的基础。[②]

[①] 兰久富：《社会转型时期的价值观念》，北京师范大学出版社，1999年版，第132页。

[②] 储朝晖：《中国大学精神的历史与省思》，山西教育出版社，2006年版，第11页。

第一章 抗战前厦门大学认同历史回顾

对于一所大学而言，如果不清楚其创办史，便无法理解其大学认同的形成轨迹。

大学认同是在大学发展的历史过程中逐渐积淀而成的。由于影响大学认同的人物和事件不可复制，大学认同的内涵和意义也不一样，所以每所大学认同演变的历史都是独一无二的。任何后来者想要理解和认识大学认同并进行传承和建构，就必须从学校历史中寻找其发展轨迹，探寻其成长历程。研究抗战时期厦门大学认同的历史，须对之前厦门大学的大学认同状况有所了解。

厦门大学是中国近代教育史上第一所由华侨捐资创办的大学。1921年宣告成立至抗战前，厦门大学一直是一所私立大学，经历了16年的办学历程，为厦门大学独特的文化和发展轨迹打下了坚实的基础，播下了大学成员认同厦大，主动爱校护校的种子，对抗战时期厦门大学认同的形成产生了深远影响。回顾这一时期大学的认同历史，在厦门大学成立之前，陈嘉庚在筹备建校的过程中就遭遇了一连串的挫折，他

陈嘉庚（摄于1919年）

不畏艰难险阻，以坚定执着的信念"虔诚"兴办厦大。厦门大学正式成立以后，学校的认同历史可粗略分为两个阶段：第一阶段从学校成立

至1927年第二次学潮结束。由于多种原因,这一阶段学校经历了一系列意想不到的困难和挫折,特别是大学内部矛盾和冲突不断,大学成员之间不合作导致的认同危机几乎令学校停办。第二阶段从1927年学潮结束至1937年抗战爆发。这一阶段大学成员经过认同危机的考验,总结惨痛的教训,深切感受到学校前途与个人命运的互动。与此同时,学校面临严重的经济困难,林文庆校长四处募款,师生和校友积极捐助,物质匮乏激发了校长、师生、校友的爱校、护校情感,学校从学潮频发走向逐步认同。

第一节　陈嘉庚"虔诚"兴办厦大

鸦片战争以来,"救亡图存"成为国人无法回避的现实问题。为了"救亡图存",为了国家和民族的复兴,实业救国、教育救国等主张不断被提出。兴办高等教育成为教育救国的重要内容之一。最初清政府不允许私人创办大学,所以只有政府开办的公立大学,一直到清末民初政府才允许国人开办私立大学。① 光绪十六年(1890),17岁的陈嘉庚出洋到新加坡经商。他久客南洋,志怀报国,1912年秋回国创办集美学校,1919年6月回国筹办厦门大学,都是"为爱国愚诚所迫"。他认为要改变祖国落后的面貌,非培养大批的专门人才不可。他说:"当满清推翻民国初建的时候,我觉得我们既做民国的国民,我们应该各就所长,贡献国家一份子应尽的天职。那时,我想我只是一个平凡的侨商,我没有其它的才能牺牲,我只能以多少的资财替国家举办若干作育人才的场所"。② 1918年6月18日,他在新加坡《国民日报》上说:"诚以救国既乏术,亦只有兴学之一方,纵未能见成效,然保我国粹,扬

---

① 曾海洋:《厦门大学与闽南区域文化变迁》,厦门大学2004届博士学位论文,第24页。
② 戴光章:《嘉庚先生在母校演讲词》,《厦大通讯》第二卷第11期,1940年11月9日。

我精神,以我四万万民族,亦或有重光之一日乎。"①陈嘉庚在创办集美学校的过程中,深感福建高等教育特别落后,不但专门人才缺乏,而且中等学校教师也无处培养。于是,他邀请蔡元培、汪精卫、黄任之、郭鸿声、邓萃英、余日章、李登辉、胡敦复、黄孟珪、叶采真等为大学筹备员,集议于上海,谋大学之设立。福建省政府将厦门南普陀附近官地若干顷划拨为校址,学校定名为厦门大学。②厦大创设伊始,遭遇一系列的挫折和困难,然而,陈嘉庚创办厦大的虔诚之心丝毫没有被动摇,反而在愈挫愈坚中更加坚定和执着。

一、不为蔡元培的"力劝"所动摇

厦门大学筹备委员、北京大学校长蔡元培整顿革新北大校务,实行"思想自由、兼容并包"的方针,素为陈嘉庚所敬仰。但蔡元培对陈嘉庚急切地希望创办厦门大学并不赞同,主张厦大"不宜速办",并通过毕业于北京大学的叶渊给陈嘉庚以"力劝"。陈嘉庚认真考虑后,针对蔡元培的意见复信给叶渊,说明必须立即兴办厦大的理由及条件:

1. 凡事非财不举,"以华侨之富,决可源源而来",不必为厦大的经费问题担心;

2. 厦大创办后可作为福建中等学校的"企望及借镜",对提高全省中等教育水准大有好处;

3. 现中学毕业生程度不够,无法出国留学,厦大成立后,有利于输送人才出国深造;

4. 福建贫穷落后,但闽侨之富却"冠称全国",只是他们不少人"乐不思蜀","兹要望其改易心肠,舍此高等学校设于厦门外,决难收美满之效果";

---

① 杨国桢:《20世纪20年代的厦门国学院》,《厦门大学学报》(哲社版),2006年第5期。
② 参见校史编委会:《厦大校史资料》第一辑,厦门大学出版社,1987年版,第350页和教育部教育年鉴编纂委员会编:《第一次中国教育年鉴》,开明书店,1934年版,第105页。

5. 厦大及早创办,可以及早培养一批中学师资,以普及福建教育,提高民众素质。

陈嘉庚在信中最后表明自己态度:"凡事向始,要望日后之大成,未必有一举顺序无困难之问题,亦未必有一蹴而臻完善而免改革之苦心。以现下人才缺乏,弟意初办之际,亦免特选最高无上之校长、教师,若得中上便足,虽试办亦可。"①

陈嘉庚不为蔡元培的劝告所动摇,坚持自己的意见,加紧筹办厦门大学。1921年4月6日,陈嘉庚借用集美中学校舍举行厦门大学开学式,邀请美国著名教育家杜威参加开校典礼。杜威对陈嘉庚创办厦门大学表示由衷的敬佩,他在演说中祝愿中国"人才辈出,如太阳经天,光照世界"。② 5月9日,陈嘉庚择定五九国耻纪念日,率全体师生百余人,在厦门演武场举行校舍奠基典礼。"观陈嘉庚尊重学术及向抱教育救国之素志于厦大开校之两纪念日,可以表示一切。"③

二、不为募捐"无人响应"所动摇

从筹办开始,陈嘉庚多次在通告或演说里,向海内外人士发出同办厦大的呼吁,一直无人响应。

1919年7月13日,陈嘉庚在陈氏宗祠召开有各界人士300余人参加的大会,陈嘉庚发表了激情慷慨的演说,强调:"今日国势危如累卵,所赖以维持者,惟此方兴之教育与未死之民心耳。若并此而无之,是置国家于度外,而自取灭亡之道也。救亡图存,匹夫有责。""民心未死,国脉尚存,以四万万民族决无甘居人下之理!今日不达,尚有来日,及身不达,尚有子孙。"闻者莫不感动,会上他宣布了创办厦门大学的计划,说明了校址的选择等问题,并呼吁:"众擎易举,众志成城,是

---

① 陈嘉庚:《1920年6月27日致叶渊函》,转引自洪永宏:《陈嘉庚的故事》,鹭江出版社,2002年版,第93页。
② 上海《申报》,1921年4月16日。
③ 彭传珍:《厦大廿五周年校庆感言》,《厦门大学廿五周年纪念特刊》,1946年4月7日。

所深望于海人外同胞也。"①然而,陈嘉庚洋溢着爱国热情的演说并没有得到响应。1922至1924年,陈嘉庚亲自到南洋为厦大募捐,本来希望募捐数百万元作为厦大基金,结果还是到处碰壁,甚至仅仅募捐十万八万以至四五万来建图书馆都办不到,"为厦大募捐的勇气几乎消失殆尽"②。

厦门大学创办前10年,办学经费基本上都是陈嘉庚独自负担。学校开办后一年年发展,费用一年年增多,一个人再富有,开支如此庞大的办学经费其压力可想而知。据厦大会计处报告,1921年1月至1922年7月,校舍建筑费199 860元,图书设备费12 449元,经常费73 264元,共285 574元,除林文庆夫人殷碧霞捐地折价1 400元外,全数由陈嘉庚一人承担。1923年,陈嘉庚将新加坡大成橡胶园及陈嘉庚公司股本1/3余,作为厦门大学基金,希此举能够维持厦门大学长久的发展。据1934年出版的《第一次中国教育年鉴》统计,厦门大学"除收学费、宿费、校产租金、教职员校内外屋租、器具租暨少数其他捐款及一切其他收入外,其余概由主办人陈嘉庚私人捐助"。③

表1-1:1921—1931年私立厦门大学经费收支概略④

	款项	数额(元)	所占比例(%)		款项	数额(元)	所占比例(%)
收入	陈嘉庚捐款	2 996 299	91	支出	建筑费	1 045 673	32
	其他捐款	74 392	2		经常费	1 704 430	53
	学生缴费	132 543	4		设备费	384 404	12
	宿费屋租	45 073	1		其他各费	93 687	3
	其他收入	67 563	2				
	合计	3 315 870	100		合计	3 228 194	100

---

① 王增炳,余纲:《陈嘉庚兴学记》,福建教育出版社,1981年版,第35页。
② 洪永宏编著:《厦门大学校史》第一卷(1921—1949),厦门大学出版社,1990年版,第17页。
③ 教育部教育年鉴编纂委员会编:《第一次中国教育年鉴》,开明书店,1934年版,第106页。
④ 数据统计根据《厦门大学十周年纪念刊》,1931年版。

三、不为社会各界的"不理解"所动摇

陈嘉庚创办厦大源于他强烈的爱国思想和救国图强的责任感。就陈嘉庚个人的财产来说,大部分是不动产,主要是橡胶厂和橡胶园,陈嘉庚办学是拿出他的大部分基本财产作为学校经费。正如黄炎培所说:"发了财的人,而肯全拿出来的。只有陈先生。"他完全不是把学校当作自己投资或储蓄的机构,以增加盈利扩大资产。在政治上,他并没有野心,也不想借办学去抓取政治舞台上的权力。① 然而,社会上却有人认为他出资办厦大是利用办学作为营业上的宣传,还有人说他是依靠学校进行政治上的活动。对于这些流言,陈嘉庚不置可否。

厦大建校伊始,陈嘉庚就十分重视选聘优秀教师。他认为办好学校,"第一问题"是要有一流的师资队伍,对优秀教师必须给予优厚待遇。为了办好厦大,陈嘉庚采取重金礼聘的策略,学校规定:教授月薪最高可达400元,讲师可达200元,助教可达150元。当时使用的货币是银元,月薪25元就能养活一个五口之家,私立复旦大学校长及专任教授月薪最高仅200元,厦大教师薪俸参照当时国立大学较高标准制定,比同时私立大学的一般标准如复旦大学、南开大学高许多。相比之下,厦大的待遇特别优厚。然而,由于厦门地处东南一隅,相对比较偏僻落后,并非经济文化中心,名气较大的教授一般都不愿意前往厦大执教,就算是已在厦大执教的教员,也多不安于久留。② 鲁迅曾经说:"此地的生活也实在无聊,外省的教员,几乎无一人作长久之计"。③ 陈嘉庚"高薪聘请教师"并未收到令人满意的效果。

尽管如此,陈嘉庚仍然倾尽自己的全部资产兴办厦门大学,历经困难与挫折始终不悔,厦大在风雨中成长前行。然而,更大的教训、几乎

---

① 王增炳:《陈嘉庚的办学动机与评析》,《高教理论研究与实践》,厦门大学出版社,2001年版,第202页。
② 严春宝:《游走在边缘之间——林文庆传》,厦门大学2008年博士后出站报告,第137页。
③ 鲁迅,景宋:《两地书》,中国青年出版社,2005年版,第53页。

致学校停办的困难是来自创校后校内的大学认同危机。

厦大初创时期的群贤楼群

第二节 大学认同危机

初创的厦门大学危难频仍,除了外部的支持和认可尚待时日之外,厦门大学的另一困难,就是校内教职人员的不能合作。①

一、大学成员的冲突

(一) 首任校长邓萃英辞职

厦大成立不到一个月,首任校长邓萃英②因与陈嘉庚在校舍设计、校费运作等问题上无法统一,提出辞职,引起全校师生的极大惊诧。教务主任郑贞文、总务主任何公敢力劝邓萃英继续留任,并请求陈嘉庚予以挽留,但终因双方矛盾无法调和而宣告调解失败。

关于担任厦大校长的情况及去职的原因,邓萃英在1945年所写的《芝园六十自述》一文中回忆道:"余在厦大筹备创办时期,呈领官地,计划建筑,拟定校训,组织董事会,延聘各科教授,时与创办人常务董

---

① 陈育崧:《林文庆与厦门大学》,《林文庆传》,新加坡印行之林文庆诞生百年纪念刊,1969年版。

② 邓萃英1885年出生于福建闽侯,曾以最优成绩毕业于全闽师范学堂,两度留学日本,在东京高等师范学校加入同盟会,先后担任过福建省视学、北京高等师范学校教授等职,任厦大校长之前,为教育部参事,后又被任命为代理北京高师校长、河南大学校长等职。

事陈嘉庚先生接洽,言语不通,以舌人或笔谈达意,备极繁琐。学生来自各省市及南洋各埠,程度不齐,习性各异,教授训练,诸感困难。而董事与各教授间,见解又极端冲突,委曲调处,煞费苦心。"陈嘉庚在1946年出版的《南侨回忆录》中则说:"彼原为北京教育部参事,当筹备委员会公聘时,契约声明须辞去教育部职务,然彼未有辞职,故欲急回,而厦大校长居然由他挂名,校务交郑、何二君,此种挂名校长虽他处常有,若厦大当然不可。"

厦大成立不足一个月就发生了校长辞职事件,邓萃英辞职之际,将写给厦大筹备员的辞职信公诸报端,使得厦大面临的问题一下子被推到了媒体的端口,被放大到了全社会公众面前。① 恰在此时,又"因厦大办事职员,毫无学识、专摆架子、往往有妨害学生功课"的事情发生,从而引发了学生抵制学校职员的风潮:1921年5月14日下午,"全体学生开会,讨论关于学生种种不方便之事,当场议决提出十九条件",要求校方答复。② 学生们的要求重点,包括关于讲义的印发、要求减少必修课时以及改良各分科科目等课程设置方面的问题,显示出学校在教学方面的无序。此外,学生们也针对生活方面的种种不便提出了申诉。这一切都为刚刚诞生的厦大前景蒙上了一层无形的阴影。③ "邓萃英离校时,教职员强半辞职,其中留美教员五人留校尽力协助,故校务未至停顿。"④

陈嘉庚接受邓萃英的辞职,旋即任命校长秘书兼理科主任刘树杞教授代理校长职务,并电邀新加坡挚友林文庆出任厦门大学校长。⑤

(二)学生罢课驱逐在任校长

林文庆到任后,兢兢业业,从聘请教职员工、招生、院系调整到校舍

---

① 严春宝:《大学校长林文庆》,福建教育出版社,2010年版。
② 《厦大之风潮》,新加坡《新国民日报》,1921年6月2日。
③ 严春宝:《游走在边缘之间——林文庆传》,厦门大学2008年博士后出站报告,第98页。
④ 《厦门大学民国十年度报告书》,1931年版,第7页。
⑤ 洪永宏:《陈嘉庚的故事》,鹭江出版社,2002年版,第95页。

兴建、校徽绘制、校训修订无不躬身亲为。1922年2月，厦大正式从集美迁入新建校舍。在学校各方面蒸蒸日上之际，却爆发了第一次震动全国的学潮。1924年5月26日，林文庆预先通知欧元怀等4位教师，将于8月26日终止与他们的聘任关系(按当时校规，校方或教师欲中途解除聘约，需提前三月预告之)。部分教师愤于学校无故辞退教师，相继提出辞职。5月29日，学生全体罢课，并致电给陈嘉庚："嘉庚校董先生钧鉴：林校长倒行逆施，无故辞退四主任，余教员多辞职，学生等罢课请命，余详函。厦门大学学生全体叩。艳。"学生另向报馆和社会各界宣布林文庆及周辨明、陈延廷等数名教师"罪状"，要求学校辞退校长和几位教师。① 教职员会也致电陈嘉庚，要求撤换校长。②

陈嘉庚认为"厦大因辞数位教员，致生学生风潮，若质实言之，乃教员之风潮"③，坚决支持林文庆。经社会各界调停，认为学生与校方的意见，各趋极端，不可调和，无法进行调停。6月6日，校方宣布提前放假，限全体学生5天之内离开学校。6月8日，学生激于义愤，举行离校宣誓礼，200多位学生在誓词上签名，并成立离校学生团。

9月，离校学生团和离校教师在上海成立"大夏大学"，表示是由厦大嬗变而来，又寓"光大华夏"之意。1924年春，厦大原有在校学生346人(本科204人、预科142人)，④粗略估算，第一次学潮中约有一半以上学生和9位教师主动离开学校，使学校发展遭受重创。

---

① 严春宝：《游走在边缘之间——林文庆传》，厦门大学2008年博士后出站报告，第129页。
② 洪永宏编著：《厦门大学校史》第一卷(1921-1949)，厦门大学出版社，1990年版，第42页。
③ 陈嘉庚：《南侨回忆录》，陈嘉庚国际学会和陈嘉庚基金会出版，1993年版。
④ 数据来源于《厦门大学教职员暨学生姓名录》，厦门大学注册部刊行，1937年版。

大夏大学旧址

（1924年，厦门大学三百余位教师和学生由于学潮离校奔赴上海，成立大夏大学筹备处，聘马君武为校长，原国民政府交通部长王伯群任董事长，成为当时一所综合性私立大学。）

（三）文理科师生冲突

第一次学潮给学校管理层极大的震动。刚刚平息不久，学校又遇到了新的问题。1926年，学校经费出现困难。国学研究院教师不满于校长秘书、理科教授刘树杞核减该院业务经费，文理科教师矛盾加剧，以至刚成立数月的国学研究院被迫关门。原准备在厦大依聘约任教两年的鲁迅提出辞职，引发了私立厦大的第二次学潮。

1927年1月4日，鲁迅离校，"厦大学生开送别大会，全体学生都出席。"[1] 7日，学生会召开大会，通过多项决议，并请校长斥退刘树杞，如不得圆满答复，则宣告罢课。与此同时，理科一些教授发出声明，决心与刘同进退。理科同学会也采取了一系列拥"刘"行动。8日，学生已无暇上课，课堂空无一人，实际上已形成罢课。为消弥学潮，1月12日，学校发出布告，提前放春假。[2] 正如顾颉刚所说，此次"厦大的风

---

[1] 陈梦韶：《鲁迅在厦门》，作家出版社，1954年版，第73页。
[2] 洪永宏编著：《厦门大学校史》第一卷（1921—1949），厦门大学出版社，1990年版，第78—86页。

潮,起于理科与文科的倾轧,而成于鲁迅先生的辞职。"①此次学潮及调停持续近三个月,国学研究院被迫停办,学校正常的教学秩序陷入瘫痪,至1927年4月,学校才恢复正常教学秩序。

二、大学认同产生危机的原因

(一)社会动荡,学潮澎湃

私立厦大时期,中国正处于军阀混战之秋,社会激烈动荡。由于清末、民初曾发生"千名举子,伏阙请愿"和"北京学生,五四示威"两次爱国运动,不少人由是误以为凡是学生掀起的学潮都是"爱国的""革命的"。更有甚者,认为要达到爱国、革命、爱校的目的,就要闹学潮。因此,不只厦大,当时大学学潮此起彼伏,而且,社会舆论一般都是同情学生一方,对学潮的愈演愈烈起到推波助澜的作用。厦大发生第一次学潮时,南洋的华文报刊甚至发表文章,支持罢课学生,抨击林文庆和陈嘉庚,有人甚至指责陈嘉庚对学校实行"专制统治"。②

厦大私立时期毕业生、动物学家秉志,在谈及当时大学的风潮时曾说:"当时学风浮薄,青年学子多喜速化之术,汲汲欲藉学校毕业为利达之资,而志在深造者殊鲜不可得。先生(指林文庆)力矫此弊,欲使学校蝉蜕日新,渐变而为高尚纯洁之学府;不惮瘏噍音,以身作则,提倡高深之研求,对于校中各学科,悉以实事求是之精神求其改造,而于科学尤竭尽所能以图发展。故数年之中,厦校内容之充实,在国内各大学之中,实首屈一指焉。"③

(二)"物之初生,其形必丑"

新生之物,总有她的缺陷和不完美。厦门大学初创时期,校领导的聘请和系科的设置等方面波折不断,几经动荡,这也是学校认同冲突

---

① "顾颉刚就厦大第二次学潮致胡适函",转引自厦门大学校史编委会:《厦大校史资料》第一辑,厦门大学出版社,1987年版,第281页。
② 陈共存口述,洪永宏编撰:《陈嘉庚新传》,新加坡:陈嘉庚国际学会、八方文化企业公司联合出版,2003年版,第97页。
③ 秉志:《前言》,《林文庆传》,林文庆博士诞生百年纪念刊,无出版信息。

不断的重要原因。当时,学校临时性的计划很多,讲堂和办公室经常从一个地方迁到另一个地方,对教职人员和学生又未能提供应有的设备和方便,各学系对财政上的分配,多有不满。以学校系科设置为例:邓萃英掌校时,先设"师范""商学"两部,分文、理两科,聘定教职员不足20人,考录学生98名。1921年5月,校舍奠基典礼后,邓萃英辞职;11月,林文庆改师范部为教育学部,以隶属师范部之文、理两科分设文学、理学部。1922年2月,学校迁入新校舍,7月,增设工学、新闻学两部。1923年4月,改部为科,设文科、理科、教育科、工科、新闻科五科,并设大学预科;6月,以教育科、商科、新闻科并入文科,以工科并入理科,改称学系,大学本科仅设文理两科,文科设国学、外国语言文学、哲学、历史社会学、政治经济学、教育学、商学、新闻学八系,理科设数学、物理学、化学、植物学、动物学、工学六系。1926年8月,教育学系、商学系及工学系仍改为科,并停办新闻学系,增设法科,并将政治经济学系并入法科。1927年6月,工科停办。① 创校初期,由于各种原因,几乎每隔一两年,都有院系进行调整或重组,频繁的系科变化,对校内师生形成稳定的心理共识和行为方式有较大的影响。

(三) 治校理念,未获一致认同

20世纪20年代末,新文化运动风起云涌,人们的思想尤其是青年的思想急于冲破原有思想束缚,胡适、陈独秀和鲁迅等人传播西方民主管理和科学教育的新思想、新理论成为社会主流。然而,深受儒家思想影响的林文庆校长却主张"保存运用儒学方法,实现大学的办学理想和目标",为国家社会培育优秀的领袖人才。林文庆认为要挽救中国,必须从两个方面入手:(1)须有强有力之中央政府统治全国。军阀割据,政治分裂,大家的力量都集中于内部的纷争,所谓外侮天灾,他们固然顾虑不到,至于建设国家,复兴农村,亦复成为纸上空谈而不能见诸实行。(2)须恢复中国固有文化。因中国固有文化之毁灭,以

---

① 教育部教育年鉴编纂委员会编:《第一次中国教育年鉴》,开明书店,1934年版,第106页。

致人民无统一之意志,固定之信仰,而造成国家之纷乱局面。要挽救中国的危亡,除组织强固之中央政府外,必须建立人民的统一意志,坚定信仰,使他们抱牺牲之决心,随政府之领导,为国家民族而奋斗。中国旧有宗教、伦理、哲学、美学等文化,能给人民以忠、孝、仁、义、爱等等的信念,人民有了这种种的信念,才能牺牲自我而为国家。所以要建立人民的统一意志和坚定的信仰,必须恢复中国旧有的文化。① 在林文庆的治校理念和育人思理中,大学生要特别注意如下四个方面:"第一要注意吾国固有的道德。吾国固有道德,如忠、孝、仁、爱……都有相当的价值,其价值并不因时代潮流的变迁而稍磨灭;大学生对于这些旧道德,更有保存兼发扬光大之的责任。第二要有自立的勇气。所谓自立的勇气,就是自己努力奋斗而不依赖他人的意思。第三要坚忍不拔。无论做什么事,总要有始有终地干下去,抱定百折不挠的决心。第四要明礼。所谓'礼',就是君子之道。"②这实际上也就是从儒家的"修身齐家"开始,最后达到或止于"治国平天下"这一最高的理想与追求。

林文庆对当时新文化运动提倡打倒孔家店的做法持反对态度。他始终相信:"孔子是一个中国文化的代表者,他所代表的是真理,中国所以不亡,大半是靠着'真理'的存在。我们研究真理的态度在于格物致知,最要是推陈出新。现在一面要破坏真理,一面又不能翻新,所以社会不能进步。"③他特别重视和提倡旧学,主张保存中国的古文学,而且每年都在学校纪念"孔子诞辰日",且全校放假一天。④ 当时新旧文化交替,面对新文化一日千里的发展态势,林文庆恪守传统文化救国的思想理念,与当时激进、求新、求变的大变革时代显然格格不入,早已引起学生的不满,以至于"本来是林文庆依约与四位教师解聘,而学

---

① 林文庆:《中国如何救亡图存》,《厦大周刊》第333期。
② 林文庆:《大学生活的理想》,《厦大周刊》,第319期。
③ 林文庆:《1936年春季开学式训词》,《厦大周刊》第391期。
④ 陈育崧:《林文庆与厦门大学》,《林文庆传》,新加坡印行之林文庆诞生百年纪念刊,1969年版。

生团却将此事提升为'与万恶势力奋斗,为中国教育争光明'"①,成为触发第一次学潮的导火线。

不难理解,热爱中国传统文化的林文庆,一心希望把厦大办成"生的非死的,真的非伪的,实的非虚的大学"②,却被当时的学生斥以"十六世纪的脑筋者"③。林文庆自己也不得不无奈地对学生说:"我这个老头儿所说的话,在你们青年听起来,恐怕是觉得很陈旧空乏,毫无意味的。"④

在当时的时代背景下,我们不能苛求林文庆以自己的治校理念和办学主张统一师生的思想和认识,也不愿看到林文庆屈从社会主流思潮迎合师生心理,认同危机的产生某种意义上是历史的遗憾。

第三节 大学认同危机的化解

经过一系列风潮,厦大校长、师生以及校友都受到很大震动和教训。林文庆重新审视自己的管理理念与方法,注意广开言路、发扬民主,有意识地听取师生意见,加强与师生的交流与沟通。师生、校友在陈嘉庚"兴学报国的宗教家般的热诚和革命志士般的牺牲精神"的感染下,在学校经历了一系列挫折后,对林文庆办学之困难与不易更多理解,并逐渐萌生对本校的认同。其后不久,厦门大学正式获得官方认可,成为中国大学教育发展史上第一所获得政府批准立案的私立大学,⑤获准立案极大地激发了师生对学校的自豪感、归属感和使命感。

---

① 李启宇:《1924年,漩涡中的林文庆》,《厦门晚报》,2009年3月3日。
② 《厦门大学新校长林文庆到任》,《申报》,1921年7月11日,转引自厦门大学校史编委会:《厦大校史资料》(第一辑),厦门大学出版社,1987年版。
③ 厦门大学校史编委会:《厦大校史资料》(第一辑),厦门大学出版社,1987年版,第250页。
④ 林文庆:《大学生应有之态度》,《厦大周刊》,第292期。
⑤ 教育部教育年鉴编纂委员会编:《第一次中国教育年鉴》,开明书店,1934年版,第19页。

1929年，学校面临难以维继的经济困难，林文庆毫不懈怠，拖着年迈之躯，亲自四处募款。校长的爱校行为深深地感染和打动了师生，赢得了他们的支持和认可。在此期间，林文庆曾到大夏大学参观访问，受到原厦大去职教授及离校学生的欢迎，访问期间，双方交谈甚欢，1924年学潮中的嫌隙自此消解。① 在学校面临由私立大学转为国立大学的过程中，厦门大学成员感受到组织前途与个人命运的深刻互动。学校管理者与师生、校友在解决困难和化解冲突中不断增进理解、凝聚力量，学校从学潮频发走向逐步认同。

一、获准立案，成就突显

1928年3月，南京主管高等教育的大学院委派艾伟博士、丁巽甫博士二人先后到厦大作立案调查。丁巽甫认为，厦大"基金充裕，成绩甚佳，各种设备，亦极完善，方之他处，有过无不及，立案一事，当可不成问题。"② 1928年3月26日，国民政府大学院院长蔡元培就厦大立案一事发出了第一三一号"中华民国大学院训令"③：

令福建私立厦门大学校长林文庆

为令行事：查福建私立厦门大学，开办有年，前接福建教育厅厅长黄琬呈送该校表册，转请立案前来，当经本院派员前往该校详细调查。兹据复称：'该校办埋，与私立大学立案条例第三第四两条完全符合'等情；并将新填表册二十六本转交到院。据此，该私立厦门大学，应即准予立案。除令行福建教育厅遵照外，合行令仰该校长遵照此令

院长蔡元培

中华民国十七年三月二十六日

历经一系列挫折，厦门大学获得政府的正式立案，极大地激发了大

---

① 洪永宏:《厦门大学校史》第一卷（1921—1949），厦门大学出版社，1990年，第148页。

② 《本校呈请立案之经过情形》，《厦大周刊》，第180期。

③ 同上

学成员的自豪感、归属感和使命感。师生慢慢理解了校方办学之不易,学校管理者更加重视加强沟通和校情宣传,积极而又富有建设性地开展工作,厦门大学的影响力不断扩大。厦大师生的著述,常在国外期刊发表;生物学科和教育学科成就突出,特别是生物学科,自1930年起与中华教育文化基金会连续举办了四届"暑期生物研究会",几乎每次会议都集中了全国生物学界的精英参加,有力地推动了全国生物学研究的进展。鉴于厦大在生物学研究方面的突出成就,中央研究院及太平洋科学协会海洋组,特意委托厦大筹建海洋生物研究室,该研究室于1935年8月正式成立,一举奠定了厦大作为中国南方研究海洋生物主要基地的地位。学校声名远播,除了与国内大学之间交流频繁以外,远在欧洲的荷兰阿姆斯特丹大学和法国巴黎学院校庆时,厦大都曾寄去祝词以表庆贺。如1931年6月,法国巴黎学院举行四百周年校庆纪念,厦大特地寄赠中英文祝词:"猗欤盛欤!巴黎学府。遗大投艰,证今论古。巍巍焕焕,作育英贤。历四百载,如日中天。文教毕宣,声誉洋溢。纪念年年,一堂跄济。"①20世纪30年代初期,厦门大学形成了面向华侨、面向海洋、注重实用、注重研究的办学特色,设有文、理、法、商、教育五个学院,发展为各项设施相当完备的"闽南最高学府"。②

二、四处筹款,募集捐助

1929年,爆发了蔓延整个资本主义世界的全球性经济危机,一向盈利甚丰的陈嘉庚公司开始出现了巨额损失。尽管陈嘉庚不惜牺牲个人的一切利益,千方百计地支撑着厦门大学的办学,③但是学校经费还是被迫一减再减。林文庆不得不在主持校务校政之外,四处筹募捐

---

① 《赠送法国巴黎学院四百周年纪念中英文祝词》,《厦大周刊》,第257期。
② 宋秋蓉:《近代中国私立大学发展史》,陕西人民教育出版社,2006年版,第116页。
③ 陈少斌:《陈嘉庚研究文集》,厦门市集美陈嘉庚研究会编印,2002年版,第171页。

款,"一年中他几乎半年在校内,半年在校外。半年在校外,就是要在五个中心去接洽联络,这五个中心是南京、上海、福州、广州和南洋。"①

1930年4月初林文庆亲赴南京,向国民政府请求免除陈嘉庚公司货品的进口关税,以便陈嘉庚公司将省下的税收用于补贴厦大和集美两校。尽管他的这次请求遭到政府以"唯恐他人援例,及避免海关账目复杂起见"②为由予以拒绝,但在当时政府要员孙哲生、胡展堂、宋子文、吴稚晖、蔡元培、蒋梦麟等人的多方支持与辅助下,政府批准陈嘉庚先生教育事业上每年津贴六万元,而按照惯例,厦大可以得到津贴中的三分之二,也就是四万元,这对于当时经费日感紧张的厦大来说,无疑起到了解燃眉之急的作用。

为了能继续获得中央政府的进一步财政援助,1934年4月,林文庆与教育学院院长孙贵定再次亲赴南京,"请求中央拨款补助"。全体教职员开欢送茶话会,从"开会会场布置甚为精雅,席间同人严肃异常,各位演说均庄谐并出,开会约二小时之久,颇极一时之盛"③的场面来看,当时大家显然是对此次晋京请求拨款一事是寄予了厚望的。林文庆的这次行程没有让师生失望,甚至可以说"大获成功"。同年8月,行政院召开第172次院务会议,审核通过了"资助私立专科以上学校补助费方案",厦大获得了政府每年9万元的资助,这是当时政府对全国私立大学补贴当中的最高数额。

除了积极地向中央政府请求补助之外,林文庆也向福建省政府请求援助。1932年夏,在淞沪抗战中英勇杀敌的十九路军移师福建,爱国将领蒋光鼐担任福建省主席,而原厦大教务长郑贞文出任省教育厅厅长。1933年1月,林文庆不失时机地率领姜琦教授和大学秘书詹汝嘉赶往福州,分别拜会蒋光鼐及郑贞文等,请求省政府补助厦大经费,得到了蒋、郑的大力支持,省政府决定于1933年7月份起,每月补助

---

① 黄宗实:《作为爱国教育家的林文庆》,见厦门大学校友总会编:《厦大校友通讯》第六期,1987年。
② "林校长请求陈嘉庚公司出品免税之结果",《厦大周刊》,第233期。
③ "教职员全体开茶话会欢送林校长孙院长",《厦大周刊》,第339期。

厦大5千元。

在主动向政府申请补助之外，林文庆积极向中华教育文化基金会提出申请，希望给予经常性资助。1931年6月，该会决定给予厦大为期3年、每年3万元的补助。在3年期满之后，又于1934年和1935年分别给予3万元补助。此外，林文庆向管理中英庚款董事会申请资助。鉴于厦大在中国东南部大学教育中的重要作用，该董事会决定补助厦大购买图书费3万元，分3年平均拨给，除补助购书款外，管理中英庚款委员会还特意赠送给厦大一套珍贵的外交史料。①

尽管林文庆不停地四处奔波，但是，厦大的经费仍然变得愈来愈加紧张，林文庆决定到他的出生地——新加坡为厦大筹募捐款。自1926年至1935年间，林文庆曾经先后三次前往新、马、印三地为厦大筹募经费，尤以最后一次筹款活动规模较大、收获较丰。他逐门逐户上门募捐，先后共募得33万元，为解决学校经费困难起到了至关重要的作用。②

林文庆掌校16年，前8年基本上是集中于校园校舍、校务校政诸方面建设，后8年则主要是为厦大筹款。③ 年逾六旬的他，亲力亲为，为学校经费四处奔波，不仅给全校教职员以很大的鼓舞，让他们从中看到了更多的希望，校长辛勤付出所体现的护校精神，令全校师生和校友大为震动和感动。林校长坚持不懈的爱校行动赢得了师生的尊重和认可，改变了他们对其原有的"保守、固执"等评价和印象。林文庆赴南洋筹款时，教职员召开全体教职员欢送会为他壮行，学生组织也专门召开了欢送会。1934年12月23日，当林文庆一行三人乘坐"丰庆"轮即将起碇开船之前，厦大教职员"纷纷登轮送行"，由于前往送行的人实在是太多了，以至于学校事务处不得不于当天下午准备了一艘

---

① 严春宝：《大学校长林文庆》，福建教育出版社，2010年版，第239—242页。

② 洪永宏编著：《厦门大学校史》第一卷（1921—1949），厦门大学出版社，1990年版。

③ 严春宝：《大学校长林文庆》，福建教育出版社，2010年版，第239页。

电船,以方便接送那些送行者。当林文庆从南洋返校时,全校师生更是自发前往迎接。学校的困难激发了校友的爱校护校行为,校友也专门召开了欢迎林文庆募捐返校大会。首届毕业生林惠祥在欢迎会上说:"林校长以古稀之年,乃不辞劳瘁远涉重洋,捐募巨款,以济母校之急,其毅勇耐劳,俱可钦佩。同学等敬为母校向林校长表示十二分的感谢。"①林文庆秉持"陈嘉庚先生之牺牲精神,以昕夕努力于校政之进展"②的行为,不仅被写入厦大初创时期的校史中,也深入到厦大校友的心灵中,校友认为"校长十数年为校奋斗,不辞劳瘁,其为教育牺牲之精神,已足与陈校主同垂不朽"③了。

陈嘉庚不顾个人的一切利益,支持厦大的办学经费。林文庆年逾六旬,不停奔波,为学校四处募捐筹款。他们的行为逐渐影响和带动一批人共同努力以扭转大学的不利局面。由于校内师生同心同德,共渡难关,争取各方援助,也引起社会对于厦门大学处境的同情。1933年3月3日的早晨,厦门鼓浪屿笔架山林文庆的家中来了一个陌生的安海人,当面交给林文庆一封信和100元钱,声言因为钦佩厦大创办人陈嘉庚先生之毁家兴学,所以薄捐百元,以示同情,区区之数,不愿把姓名奉告。信中说:

……仆以海岛弃民,耻奴隶牛马之苦,十年前,率妻携子,归来效国,地经鹭岛.遨游普陀,瞻学府之巍峨,满园桃李,仰华厦之宏丽,多上攸归。高山企慕,益羡嘉庚先生之毁家兴学,诚为国人之难能。其时仆甫抵国门,茫茫若丧家之犬,虽有志于向学,而井深绠短,徒唤奈向!今幸立锥有地,衣食粗安,耿耿寸心,未能忘怀,用与友人合捐百金,以表微忱。……④

---

① "厦大毕业同学会欢迎教育厅郑厅长唐科长莅厦及林校长为母校募捐返校大会记录",《厦大周刊》,第369期。
② "校史",《厦大周刊——厦门大学十三周年纪念专号》,第337期。
③ "毕业同学会欢送林校长",《厦大周刊》,第356期。
④ 参见《厦大周刊》第12卷第17期,1933年3月6日,转引自王增炳、骆怀东:《教育事业家陈嘉庚》,教育科学出版社,1989年版,第167—168页。

在师生、校友的共同努力下,厦大的经费来源开始发生变化。

海外华侨方面:1927年始,开始有华侨陆续给厦门大学捐助各项经费——1927年8月黄奕柱先生捐国币3万元,供学校添置图书设备之用;1929年3月,曾江水先生捐助图书馆建筑费叻币15万元,设备费3万元(这是陈嘉庚创办厦大以来获得的最大的两笔捐款);新加坡群进橡皮公司于1929年9月及1930年2月,先后捐助叻币1万5千元及国币2万1千元;叶玉堆先生自1930年10月起,按月认捐叻币375元,从未间断;还有黄廷元先生、林文庆夫人殷碧霞女士捐助厦大,给学校一定帮助。从1932年起,曾江水、叶玉堆、李光前、李俊承、陈六使、陈延谦、颜世芳、胡文虎、陈贵贱等先生,又先后捐助厦大经费,款额从叻币15万元至国币5百元不等。1932—1933年,包括以上几位华侨的各种捐助达60余万元。1933年9月,新加坡陈嘉庚公司总厂职员,也合捐3 965元。

校内教职工方面:厦大全校教职员在1932年8月至1933年1月开展了一次捐薪活动,共有67人捐薪7 357.25元。1933年8月至1934年7月,全校教职员再次捐薪14 517.25元。

厦门各界人士方面:1932年12月厦大毕业生、厦门各界人士发起组织"厦门大学协进会",以物质上精神上协助厦大为宗旨。该会由厦门中国银行行长黄伯权任主席,厦门华侨银行行长洪朝焕任会计,下设募捐部、永久经费部及宣传部。虽然首期募捐仅8 658元,但在舆论上对厦大争取各方援助却起到很好的作用。①

1935年8月至1936年7月学年度,学校经费来源构成已发生根本性的改变,学年经费来源情况如表1—2:

---

① 数据根据厦门大学校史编委会:《厦门大学校史》第一卷(1921—1949),厦门大学出版社,1990年版,第121—122页整理。

表1-2:1935年8月—1936年7月学校经费来源构成表①

来源	经费(元)	所占比例(%)
南洋捐款	122 390	32
国民政府补助费	27 500	7
教育部补助费	81 406	21
福建省政府补助费	41 601	11
厦门市政府补助附小	270	/
中英庚款补助费	10 000	3
文化基金补助 海洋生物研究室	3 000	1
洛氏基金补助 海洋生物研究室	2 791	1
学生缴费	54 651	14
其他	39 457	10
合计	386 066	100

三、群策群力,转为国立

在林文庆的带领下,全校师生竭尽所能调动各方力量,虽缓解了学校经济的紧张状况,但仍无法从根本上解决学校持续不断的经济困难,厦大陷入举步维艰的地步。某些报刊甚至刊发了"陈嘉庚辞董事长,林文庆辞校长"的谣言②,严重损害了厦大的声誉,一时谣传纷涌而出。

1936年5月17日,陈嘉庚致函福建省政府主席及国民政府教育部部长,表示愿意无条件地将厦大交请政府接办。政府方面因经费困难,复函"暂从缓议"③。陈嘉庚、林文庆、全校师生并不因此而停止努力,他们一面奋力继续支撑,照常聘定教师,招收新生;一面广泛征求意见,采取各种举措,维持办学并寻求多方资助。

1936年4月,厦门大学召开第二次校董会议,"决改教育学院为文

---

① 丁亚金:《私立南开大学与私立厦门大学之比较》,湖北大学2004届硕士论文。
② 洪永宏编著:《厦门大学校史》第一卷(1921—1949),厦门大学出版社,1990年版,第151页。
③ 陈共存口授,洪永宏编撰:《陈嘉庚新传》,陈嘉庚国际学会出版,2003年版,第119页。

学院教育学系,理学院之算学系与物理系合并,高中部停办"①。决议一出,全校哗然。特别是教育学院为厦大成绩卓著的学院之一,将其下属各系合为教育学系,并入文学院,震动了全国教育界,校内师生纷纷做出反应,据报载:

> 兹查该校自经此次改组以后,教授纷纷离校,内部行政人员,亦多有更换。查厦大教育学院,经校董会议决撤裁后,该院教授将有一部分离校,杜佐周已决返上海应暨大之聘。钟鲁斋受聘广州某大学,孙贵定改任教育系主任,尚有吴陈二教授亦闻有离校意。至李相勖原兼任该校训育主任,因前陈主席此次到该校视察,曾有训教合一之建议。故李已向林校长辞职,林校长顾李任职以来,不避劳怨,拟改任为注册部主任。闻原任注册主任江再传,虽与李有师生之谊,颇感不满,故李之去留,实为该校行政上之一大问题也。
>
> 厦大经费支拙,幸年来受中央及省府之津贴,始得勉渡难关。去岁郑厅长来厦参加该校第一次校董会时,即颇有更换事务兼会计主任之意。后因其他关系,未成事实,兹闻此次校董会已决调廖任校医。事务及会计一职,或由该校詹汝嘉充任。至秘书一职,……图书馆为该校重要部分之一,现该馆主任感于办理棘手,经已辞职照准。继任人选以詹汝嘉、李庆云及陈德恒呼声最高。惟李不讲中文,故希望甚少。詹前会兼任该职,故下期主任一职,或将由詹复任之可能。厦大学生自治会,自倡归国办后,校中学生意见纷歧,有赞同者,有反对者,有反对学生自治会之措施步骤者。日昨＊,校一部学生发出宣言,反对学生会之举动,兹探得该宣言如左:迳启者吾校近来因经费困难,致外闻多有谣言。最近学生会首倡收归国办,诚属良举。惟念兹事体大,理应慎重从事。乃一。厦大乃陈校主倾资创办,苦心孤诣,中外咸钦,收归国办之举,理应先行函商校主,今竟贸然电请政府收归国有,于情不无可嫌。二,查学生会现存余款,已足供代表赴京费用,且放假期近,此百余元巨

---

① 摘自《私立海疆学校资料》,1936年6月13日。

款,(每人五角)究何花费。三,毕业同学业已完毕,焉得代表在校同学赴京请愿。据上所述三点,请学生会负责人负责答复。在未完满答复之前,同人等不负责任何义务。闻该宣言发表,已有另外组织特别委员会主持一切之举,又该校一部分学生,经函向校主陈嘉庚表示意见,于必要时＊＊＊联电教育部否认该校学生代表赴京。①

私立还是国立,是事关厦大每个成员的重大事件。从当时教师和学生的行为表现上,我们大致可以推测,对教师而言,不论私立或是国立,他们最关心的是学科就此发生的调整和所受的影响。一般来说,教师对于学科的关注程度高于对大学的关注。对于学生来说,他们对厦大是否收归国办,关注度明显高于教师群体。而校友"支持收归国办",主要基于对大学发展的判断。当然,在此过程中,校主陈嘉庚作为大学灵魂人物,他的意见和态度对师生和校友也产生了很大影响。

1936年6月23日,厦大校友会发告在校同学书,略谓:

诸同学虑及母校前途,而有请求政府收归国立之议,同人等佥以兹事体大,似非诸同学所宜轻出主张,爰敢献蒭荛之言,以备采择。一、就经济言,当此内忧外患,政府能否＊量筹措,实在不可知之数。观于此次补助费之增加,尚属有限,可知中央教育当局,亦就现有全国教育经＊＊＊从长计议,协谋善后,而轻率从事,恐国立之实现,遥遥无期。而母校之生命线,反遭摧毁,非惟诸同学求学无所,抑亦福建文化事业之大损失也。二、母校年来,因陈校主商业失败,致陷于风雨飘摇,尚赖主持者苦心孤诣,今虽有裁并之举,然而规模犹存。今陈校主未闻有引退之意,一切学校大计,自应取决于彼,岂可忘创办人之丰功伟绩,而自出主张。为今之计,惟望与诸师长协力同心,以度难关。万勿激于一时感情,至背同舟共济之古训,抑今日中国之教育事业,何一不处于经费短拙之困

---

① 摘自《私立海疆学校资料》,1936年6月13日。注:＊号表示史料缺损。

境,所赖教学双方,能共谋救济,庶足以图存。①

私立厦大勉力支撑到1937年,实在不能再支撑,5月,林文庆受陈嘉庚委托,专程由厦门前往南京,拜谒当时的国民政府教育部长王世杰。5月28日,林文庆致电陈嘉庚:"电悉,若教部能继续补助,磋商维持私立,兄赞成否,速电复,南京中央饭店。"陈嘉庚接到该电后,当日即给复电:"南京中央饭店,林文庆君。教部如决收国立,俾厦大有扩展希望,请同意赞成,勿计较私立,如或不然,仍许补助,私立亦可。庚。"该电表明了陈嘉庚希望厦大改归国立的急切心情。

这时,广大校友也发起一个拥护厦大改归国立的运动,福州校友张化清、陈尔康等三十余人首先联名呈请教育部,恳求及早"收归国办",内称:

> 校主陈嘉庚先生独资兴学,所耗已近千万,今以业务萧条,无力旁及。政府既嘉其热心教育,维护于前;谅也能贯彻始终,成全于后。况以商人创设大学,在国内固仅陈君一人,即求诸欧美各国,亦属不可多得。是政府更宜成其素志,加意扶植,以造福莘莘学子,使此具有十五年(备注:应为十六年)光荣历史之厦大与日月同寿,斯不仅厦大同学之福,也国家文化之幸也。

继福州校友之后,上海、南京、厦门等地校友也纷纷表示拥护厦大改归国立,上海《申报》特为此发出专讯。② 在师生、校友和社会舆论的呼吁之下,南京教育部与各方抓紧商议,经过多次协商,最终同意将私立的厦大交归国有。从现有史料分析,在"私立"还是"国立"问题上,陈嘉庚和林文庆主要以维持学校发展和人才培养长远为计;教师更关注在大学是否有学科发展潜力和空间;学生关心的重点是学校能否延续,学业能否继续;校友的立场相对较为客观,能够比较全面地考虑学校的困难,并从解决问题的现实可行性出发采取行动。尽管不同主体考虑的出发点不一样,但大学与大学成员的命运却紧密地相连在一

---

① 摘自《私立海疆学校资料》,1936年6月13日。注:*号表示史料缺损。
② 洪永宏编著:《厦门大学校史》第一卷(1921—1949),厦门大学出版社,1990年版,第153—154页。

起。

　　历史是不能切断的,虽然私立时期厦大波折与挫折不断,但在当时的社会条件下要想办好一所私立大学,困难重重,加之当时私立大学在中国的发展没有现存经验可以借鉴,更多依靠创办人和校长在实践中摸索,依靠管理者与师生在解决困难和化解冲突中增进彼此的理解,增强对大学组织的同情与了解。总之,私立时期,在陈嘉庚矢志不渝、坚持办厦大的感召下,在林文庆校长、师生和校友的共同努力下,奠定了厦门大学扎实的基础,开启了厦大日后的新发展,并为厦门大学共同体的形成产生了深远的影响。1937年7月1日,经南京国民政府核定,私立厦门大学正式改为国立,年经常费20.3万元列入预算。经费总额为国立各大学中最少,系平均经费额也大大低于其他国立大学。① 至于校长人选则一再斟酌②,最后选定萨本栋。

　　抗战时期厦门大学的大学认同最终通过认同主体体现出来,大学的认同主体有:校长、教师、学生和校友四类主体,不同主体认同厦大的内涵和特点反映了这一时期厦门大学认同的形成过程及内在因素。

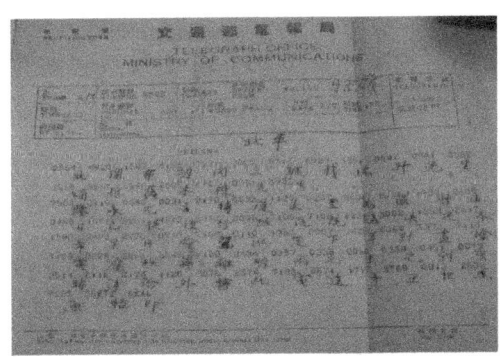

1937年7月6日时任国民政府教育部长王世杰发给萨本栋,请其尽快到校莅任的电报

---

①　洪永宏编著:《厦门大学校史》第一卷(1921—1949),厦门大学出版社,1990年版,第155页。
②　国民政府曾考虑由出生于台湾的闽南籍文学家许地山(笔名落花生)担任,或由林文庆继任。参见洪永宏编著:《厦门大学校史》第一卷(1921—1949),厦门大学出版社,1990年版。

第二章　萨本栋：民族危机中的大学校长

校长是铸就一所大学精神和灵魂的人物,是大学成员心理感受和行为方式的重要建构者。校长的重要任务和使命就是不断培养、促进和加强全体师生员工对大学价值观、大学使命和大学精神的认同。

大学校长的作用主要有三方面:导引作用、凝聚作用、协调作用①,这三大作用的实质都是为了在大学内部树立共同的价值观,形成合力实现学校目标。抗战时期,办理一所大学,不仅是办理大学行政事务,而且是要明确大学的使命。校长要创造一种新的精神,养成一种新的学风,以达到一个大学对于民族使命的承担。在民族危机、国家危难的特殊历史时期,大学面临生死存亡的歧路路口,正如学者陈平原所言:"大学有以'天下为己任'的责任感不难,难的是清醒的自我估价与自强不息的精神。"②萨本栋认为学生应以所学报国,不应纷纷参战,大学百年树人,政策设施宜常不宜变,一切应以教育和学术的发展为准绳。因此,抗战时期厦门大学的办学条件虽然特别艰苦,但是学校的学术环境和人才培养模式未出现根本改变,大学功能、大学教育的精

---

① 导引作用,即通过对大学办学方向、培养目标的确定及对教师员工思想影响等,起方向性、规范性、感染性作用;凝聚作用,即团结全校师生员工,形成万众一心为实现学校目标努力奋斗的内在合力;协调作用,即通过校长内外部的沟通协调,建立学校与社会的良好关系,调整学校内部各部门、各成员的利益关系,解决矛盾冲突。参见张楚廷:《校长学概论》,北京师范大学出版社,1994年版。

② 陈平原:《老北大的故事》,北京大学出版社,2009年版,第75页。

神特质反而都得到了进一步弘扬。在他掌校之初,就勖勉全校同学,"未到'最后一课'的时候,应加紧研究学术与培养人才。"①

回顾历史,我们发现,萨本栋正是通过人格魅力、重大决策时的远见卓识、学校制度认同的建构、学术认同的建构等方面的影响,在特别艰难的外部条件下,形成了师生、校友的内外合力,建构了厦门大学的认同。

第一节 人格魅力

人格魅力来自一个人崇高的品德和修养。如果一个人富有人格魅力,就会自然形成一个强大的磁场,或者说如同通了电的灯泡,向四处发着洁净的光芒。本节探讨萨本栋的人格魅力,重点分析萨本栋作为厦大行政领导,所具有的行政人格、行为方式和思想方式,其中包括萨本栋因何同意执掌厦大,他看重什么,他如何使大学成为呈现价值与意义的地方,他如何将学校由一个个独立的个体组成的集合体改造成一个道德共同体、学术共同体、大学共同体。

1924年萨本栋在斯坦福大学获学士学位照(后他继续在伍斯特工学院获硕士、博士学位)

---

① 萨本栋:《勖勉同学词》,《唯力》旬刊第三期,1938年4月3日。

一、危难之际掌校何故

(一)名校浸育成长,坚定报国信念

萨本栋,字亚栋,1902年7月生于福建闽侯一个比较富裕的蒙古族家庭。萨本栋乃元朝中书省检校萨仲礼的第十七世孙、为中国现代海军名将萨镇冰的同支同房侄孙。① 他自幼勤奋好学,1913年以优异成绩考入清华学校。清华园原本是一所皇家花园,建于清康熙年间,1860年英法联军火烧圆明园时清华园也遭严重破坏。1909年,清政府在此荒园上新建校舍,建立清华学堂。清华学校的学制,是中等科四年,高等科四年,共八年。课程分西学部课程和国学部课程,与萨本栋同班的同学有闻一多、吴泽霖、沈有干、时昭涵、罗隆基、熊祖同等。清华园的过去和现状,教师们的殷切希望与严谨执教,以及同学们的勤奋好学,自强不息,这一切使年幼的萨本栋对学校和师长产生无限敬仰和爱慕。他尊敬师长,认真听讲,孜孜向学,各门功课都成绩优良。那时,清华学校为了对学生进行"完全人格"的培养,经常邀请一些社会名人或外国学者来校讲演,萨本栋对这些演讲极感兴趣。1914年,梁启超来校向学生作题为"君子"的讲演,引述了《易经》中"天行健,君子以自强不息""地势坤,君子以厚德载物",劝勉学生从小要立大志,要自强不息地努力奋斗。清华学校便将"自强不息,厚德载物"定为校训,要学生把它作为自己的座右铭。萨本栋对此校训牢记在心,常用之自励。清华倡导德智体三育并重,学校明文规定体育不及格者不得出洋,再加上体育部主任马约翰教授严加督促,学生中形成了重视体育锻炼的好风气。萨本栋对体育活动渐渐发生了兴趣,并成为学校网球队的主力队员,曾多次代表学校参加校际比赛,为学校争得荣誉。学校还组织了各种课外活动,萨本栋根据自己的喜爱和特长,踊跃参加。还经常参加学校组织的军乐队、辩论赛等活动,在活动

---

① 洪永宏编著:《厦门大学校史》第一卷(1921—1949),厦门大学出版社,1990年版,第156页。

中增强了集体观念和服务社会的抱负。① 1918年2月，第一次世界大战犹在激战中，萨本栋参加了清华英语辩论会，辩题是《能否永久世界和平》，萨本栋担任正方主辩，参加辩论的还有：正方助辩姚永励、陈华庚；反方主辩沈有干，助辩胡辉鄂、时昭然。萨本栋以流利的英语阐述自己的见解，使人信服地讲述了：只要世界各国人民齐心一致地反对强权，反对侵略，世界就可取得和平。辩论结果，"正方胜，萨君最优。"②

1922年，萨本栋赴美进入斯坦福大学学习电机工程学。斯坦福大学建于1882年，当时，她已是美国西部的一所知名学府，以教学严格闻名，校址离旧金山30英里，无闹市的吵嚷，但有幽静入室的校舍，是一个安心读书的好地方。③ 1924年，萨本栋以优异成绩在斯坦福大学毕业，获工学学士学位。那时，美国社会普遍存在着种族歧视，看不起中国人，西部尤为严重。中国留学生常为理发店不给中国人理发，出租房屋的房东不肯租给中国学生等现象而忿忿然。斯坦福大学的美国学生常"将其看不起黄人的态度与目光，射向中国留学生"，甚至向中国同学进行不友好的挑衅。为了互助互励，对抗美国人的歧视，改变他们对东方人的"谬见"，萨本栋、何浩若、沈有干等自发组织成立了中国学生会，萨本栋被选为干事。1922年11月，萨本栋、何浩若等以斯坦福中国学生会的名义召开茶话会，招待"该埠美人"，到会者近百人，大家畅所欲言，尽欢而散。此后，他们在与美国师长和同学的接触中，自尊自爱，不卑不亢，友好相处，表现了中国留学生应有的品德风貌。④

1924年，萨本栋入麻省伍斯特（Worcester）工学院，继续攻读电机工程学。麻省伍斯特工学院是美国较古老的私立学院，建于1865年，

---

① 参见孙敦恒：《萨本栋传》，《萨本栋博士百年诞辰文集》，厦门大学出版社，2004年版，第221—223页。
② 《清华周刊》第130期，1918年2月28日。
③ 孙敦恒：《萨本栋传》，《萨本栋博士百年诞辰文集》，厦门大学出版社，2004年版，第225页。
④ 《清华周刊》第280期，1923年5月4日。

占地80英亩,在美国工业极繁荣的新英格兰地区。伍斯特市属于古老的工业城,学院建筑古色古香,院内有两座塔楼,是两位声名卓著的实业家建立的,一座代表理论研究之所,一座代表实用实践之场。学生入学后要完成三个任务:解决问题,特别是那些与他们的职业有关的条规;学习技术怎样影响社会的价值与建立;了解人文与技术的关系。① 学校校风纯朴,目标是培养学术研究与现实应用相融合的有用之才。在这里,萨本栋不仅成绩名列前茅,而且显露出出色的研究才能,并于1927年获理学博士学位,成为中国留美学生中的佼佼者。

在中美名校的教育和滋养下,萨本栋具备了扎实的专业素养,而且在国家兴衰、民族苦难之际,亲历"五四"运动的启蒙和洗礼,萨本栋意识到青年学生对国家未来所应负的使命:为了国家,为了民族,不仅要学好自己的学业,更应将自己的所学贡献于国家。

(二)心系国家民族,为国培育人才

1927年,获得博士学位后,萨本栋在美国西屋电机制造公司作研究工作,成果卓著,1928年,他在美国电机及电子学会年刊发表《三相交流系统中的失衡系数》,受到学界瞩目,学术成就开始蜚声学界。萨本栋在美国有优越的工作环境又有优厚的物质待遇,公司希望他能继续留任工作。但是,他一心想把自己学得的科学知识贡献给祖国,所以当他接到清华大学物理学系叶企孙教授要他回校执教的请求,便欣然同意,1928年夏毅然整装启程回国,准备将他沉积胸中的心愿——为振兴祖国科教事业多做贡献付诸行动。1928—1937年,萨本栋在清华任教。一位清华学生在《教授印象记》中对萨本栋这样评价:"你不读物理学系则罢,假使你要进物理学系,第一次便碰到他;即使那些工程系的,或是理学院别的系的同学都要和他碰头的,因为他教大学普通物理,对于这个课程他是老资格了,并且他教这个课程,在清华是很有名的。只要你去听他讲授1小时,你就会连声道好,'好,真好,真佩

---

① 庄昭顺:《一位杰出的校友——萨本栋博士》,《厦大校友通讯》,2002年第6期,第12页。

服!'上他的大学普通物理是件很快乐的事,记得那时我们真想天天上这一课。"①在清华任教9年多的时间里,他竭尽全力为国育才,他常说:"全力培养青年学生是我们的责任,'青出于蓝而胜于蓝'才是正理。"②萨本栋在清华的弟子,不少人成为国内乃至国际的著名科学家,如王竹溪、王淦昌、何泽慧、钱三强、钱伟长、翁文波等。萨本栋一边执教,一边着手撰写适合当时中国大学理工科学生读用的《普通物理学》。经过几年的努力,1933年4月,上下两册中文版本的《普通物理学》由商务印书馆出版,成为国内最早用中文著述的一批大学教科书中的一种,出版后很快被国内各大学选用,多次增订再版获得普遍赞赏。

在培育人才的同时,萨本栋时刻关注时事和国内各界抗日救亡运动的开展,积极参与爱国抗敌运动。1931年9月,日本侵略军炮轰我国沈阳北大营,制造了武装侵略我国的"九一八事变"。9月21日,萨本栋含着一腔怒火,在清华大学教职员公会临时紧急会议上说:"吾人常说'国家兴亡,匹夫有责',如今国难当头,我们每个人都应行动起来,尽国民的义务,为抗敌做些贡献。"会议通过成立国立清华大学教职员公会对日委员会,组织和领导全体教职员的爱国抗日活动。1936年10月,日本侵略者武装进犯绥东,并在华北疯狂走私。萨本栋同清华大学朱自清、叶公超、张子高、金岳霖及其他学校的教授杨秀峰、钱玄同等60多人联名发表了《北平教育界对时局意见书》,提出"政府应立即以武力制止走私活动;政府应立即出兵绥东,协助原驻军队剿伐借外力以作乱之土匪"等八项要求。他们的呼声,得到了各校学生的响应,清华学生发动了声势浩大的签名运动声援支持他们,出现了"师生合作,一致救亡"的新局面。11月上旬,绥东驻军傅作义部对来犯之敌伪军进行英勇抗击,一举收复了百灵庙、大庙等地,北平各校师生开展了声势浩大的"援绥运动"。萨本栋和清华大学大多数教师一起,一

---

① 《清华暑期周刊》第10卷7、8合期,1935年8月24日。
② 孙敦恒:《萨本栋传》,《萨本栋博士百年诞辰文集》,厦门大学出版社,2004年版,第237页。

面坚持正常的教学工作,一面开展各种方式的捐献活动。全体教职工进行了"捐薪劳军",每人拿出一天的薪金,还进行了五天"缩食",把节省下来的伙食费集中起来,共集款2 000多元。萨本栋等教授还指导学生和职工为前线赶造防毒面具200多具。他们所捐献的钱款和防毒面具及一批衣物和药品等,后来由朱自清带领清华师生赴绥慰劳团带往绥东劳军。①

(三) 以陈公为楷模,践行大学理念

1937年7月1日,私立厦门大学正式被南京国民政府接管,经多方人士推荐并征得陈嘉庚先生的赞同,②7月6日,行政院核准,教育部简任萨本栋为国立厦门大学校长。翌日,"七七"事变爆发,日军大举入侵,严重国难突临。对萨本栋来说,由一位学术上很有发展前途的教授,在此多难之秋,出任一校之长,势必要把许多精力用于行政事务上,不能不说是一种牺牲。时势造英雄,英雄惺惺相惜,萨本栋的任命经陈嘉庚的首肯,而陈嘉庚毁家兴学、公而忘私的爱国精神是萨本栋心甘情愿作出牺牲的重要原因。萨本栋仅用三天时间就把清华大学教授一职交卸完毕,离开北平启程来厦。他怀着振兴中华教育的远大抱负,勇敢挑起了复兴厦门大学的重担。

1940年,陈嘉庚先生从新加坡回国,慰劳各地抗日军民,专程赴长汀看望了厦门大学师生。萨本栋在欢迎会上发表了热情洋溢的欢迎词。他说:"陈嘉庚先生自三月间离星回国以来,遍历十五行省,行程三万余里,仆仆征尘,前后九阅月,今日莅止长汀,吾人始得一瞻丰采,畅聆伟论,其毕生之事业、人格、精神,以及识力眼光,在在足为全国同胞之楷模,而吾人今日欢迎陈先生之意义亦在乎是。"接着他分别讲述了"陈先生之事业""先生人格精神"和"陈先生之识力"。在讲述"陈先生之事业"时,他说:"先生早岁即'抱救国必自教育始'之职志,故商业

---

① 孙敦恒:《萨本栋传》,《萨本栋博士百年诞辰文集》,厦门大学出版社,2004年版,第236页。
② 杨福生,杨平生:《我们的二舅舅》,《萨本栋博士百年诞辰文集》,厦门大学出版社,2004年版,第155页。

所入一以兴办教育事业,当满清末叶吾海外侨胞子弟尚无所谓教育也,有之惟私塾而已,先生抵星不久,即倡设道南学校,不惜年掷巨资为海外侨胞新式教育开其先河,旋复投资回国创办集美小学,是为先生倾家兴学之始。""复于集美增办师范学校,不久集美中学、水产、农林、商业等,以及厦门大学,相继以先生一人之力而设立,以言先生之事业,岂止实业一端而已。"在讲到"先生人格精神"时,他说:"先生常含曰:'余初非素封之家,惟愿为公众服务,即为一生不移之宗旨',故其经商也,办学也,领导侨胞也,无一非为公而发。……其爱国热情,公尔忘私,国尔忘家,是何等怀抱!""先生对事绝不苟且,尤不喜夸誉,凡拟作之事,无论公私,必先行而后言,事前既不喜预先夸张,及事既成亦不愿自居其誉。集美学校厦门大学均先生所一手创办,独力支持者,然先生于实行之前未曾多言我欲如何如何,及其既办成两校,校务蒸蒸日上,然先生自视常若不足。厦门大学大礼堂建筑落成,校同同人拟以先生之名名之,借资纪念创办人之功绩,先生极力反对,即以先生胞弟敬贤先生(其时在厦董理校务)之名命之,亦所不许,结果乃定名为群贤堂。""最近组织华侨回国慰劳团,先生被举为总团长,以古稀之龄,绝不以长途跋涉为苦,地无论东西南北,莫不亲临视察,履险如夷,每至一处,长日演讲……此又可见其负责、谦让、不辞劳悴之一斑。""先生虽拥巨资,而其平日自奉之菲薄,一如平民,曾不知养尊处优为何事。然而对于公益事业,则解囊惟恐不及,丝毫不以今昔情境不同,而稍移其志……是又所谓富贵不淫、贫贱不移、威武不屈者也。"萨本栋对陈嘉庚识力尤加敬佩。他说:"我国近百年来,民不聊生,国势日蹙。一般人忧心国事,莫知所措,独先生毅然力倡教育求国,其言曰:'我国今处列强肘腋之下,成败存亡,千钧一发,自非急起力追,难逃天演之淘汰,鄙人所以奔走海外,茹苦含辛数十年,身家性命之利害得失,举不足我念虑,独于兴学一事,不惜牺牲金钱,竭殚心力而为之,唯日孜孜无敢逸豫者,正为此耳',云云,至先生所以实践此言以至毁家兴学者,事情彰彰有目共睹。""独念先生于数十年前当国人革昧未开之日,已能独具慧眼,明烛机先,而汲汲是谋。"其"独力捐资兴学之壮举,尤为古今中外所罕见。先生常谓'捐资一道,窃谓莫善于教育,'旨哉斯言!但愿人人均能一如先生,具此远大识力眼光,将来蔚为风气,其影响于吾国家民族,岂浅鲜哉?"萨本栋最后说:"总之,先生毕生为祖国奋斗努力,吾人今日竭诚欢迎,应勿忘先生之事业,先生之精神人格,以及先生之识力眼光。时时引为楷模,时时求所以副先生之期望,庶无负先生拳拳祖国之忱,亦即吾人所以报答先生于万一也。"①

萨本栋的欢迎词,可以说既是他对陈嘉庚先生爱国思想及其高尚人格的赞颂,也是他将自己在厦门大学的治校思想向全校师生直抒胸臆的申述与宣告:为救国办教育、为培养人才而办厦大。

萨本栋因爱国而爱厦大、爱师生,郑朝宗先生后来在《往事漫忆》一文中记述萨本栋,"他本是一个养尊处优的学者,只因被爱国之心驱使,便放弃个人的一切而勇挑重担……他的人格感动了全校的师生,他的贡献至今仍深印在厦大人的心田。"②

1940年11月,萨本栋(左)与陈嘉庚(右)合影于长汀。

二、品行高尚,以德服人

(一)以身作则,身教言教

萨本栋一向关心学生,爱护人才。为了集思广益,了解学生所思所想,解决学生的实际问题,他把厦大学生分成20组,分别与各组学生举行谈话会,邀请二三位教授列席,谈话内容为时事战局、师生关系、

---

① 《厦大通讯》第二卷第九、十期,1941年11月9日。
② 郑启五:《夜访长汀厦大旧校址》,《芙蓉湖随笔》,厦门大学出版社,2008年版。

教学作业、学校质疑、校舍设备、饮食起居等。① 他经常亲临学生食堂、宿舍、教室和运动场检查膳食质量、住宿条件和上课情况等。有些学生生活很困难，需要在校内或校外找一份兼职工作，萨本栋便亲自为他们联系工作。

由于师资紧缺，萨本栋不顾自己繁重的行政工作，每周上11小时的课。同事劝他节劳，他答复说：从事教育的人不能在学问上获得学生的信任，所有的话都是白费。他相信他在"纪念周"（师生大会上）所讲的话还能发生一些作用，全靠讲堂中能得到学生的景仰。② 他还常带病策杖上课。有时支撑不住，穿起特制的"铁衫"上课。1944年，由于病痛，他已不能抬头挺胸，无法在教室为学生上课。因此，同学们就在校长家里上课。他们看到他举起右手，低头在病床前黑板上歪歪斜斜地写下定律和公式，学生的感受是既深且痛的。学生刘永锴写了这样的诗："万事躬亲无昏晓，身疲策杖步履艰；铁衫撑腰汗洗额，声竭犹舞教鞭长。"刘永锴谈到："上校长的课，有一种特别感受，眼看校长以抱病之躯，勉强撑起精神，热心讲解，令人肃然起敬，怎能不专心听讲？虽在病中，校长所准备的材料仍极精彩丰富，旁征博引、条理分明、由浅入深、细加诠解，更以种种物理或电磁现象，举例剖析，务求大家融会贯通，让我们思路跟他打成一片，一步一步向前探索，渐渐进入问题核心，使我们觉得每一分、每一秒都非常充实，而有所收获。等到我们频频点头，都认为已完全了解，他才继续讲解新题材。"③

很多学生回忆说，萨本栋是他们"受惠最多"、对他们"影响最深"的恩师，是他们生命成长中的重要人物。1941级学生沈祖馨说，"我是读化学的，并且不是好学生，却常蒙校长青睐，亲加训诲，令我终生受用。"机电系学生何宜慈（后来成为台湾新竹科技园区创始人）认为，

---

① 王其森：《南方之强：纪念抗战时期厦门大学内迁长汀》，《长汀文史资料》（内部刊物），第二十六辑，1995，第36页。
② 邹文海：《怀念萨本栋校长》，台湾《传记文学》第一卷第三期。
③ 刘永锴：《怀念萨本栋校长》，《厦门大学旅美校友会校友通讯》第5期，内部刊物。

"如果没有遇上萨校长,我以后的生命必然是另外一个样子"。① 时怀校长教诲,为国家社会贡献心力,萨本栋的生命进入学生的生命,发生了塑造人生的巨大作用。这种生命的映照,反映了师生之间难以言传的情感对话和师道传承。

萨本栋忘我地工作,将大部分时间和精力都投入到学校工作中。萨本栋之子、现为美国国家工程院院士萨支唐先生在接受访谈时说,"父亲在我心目中是很严肃的,并不是对我严肃,而是对他的工作。父亲很少与我交流,在我的印象里,他一直都是忙得不得了,对于这样一个父亲,在孩提时期,我还是感觉很遗憾的。"②然而,萨本栋无私无我、鞠躬尽瘁的身教、言教,得到了全校师生的敬重。

(二) 大公无私,刚直不阿

萨本栋对人和蔼可亲,毫无架子,但在影响师生内部团结等重大的问题上却"硬得很",无法商量,被师生称为"杀不动"。有一个海外来校任教的老师,因生活不习惯,常当众发牢骚,难免影响师生情绪。一次,被萨校长听到,便用英语和他辩论,双方争执激烈,最后,萨本栋说:"假如你对此地不满,你应该知道怎么办!"③

萨本栋处理学校财政,坚持不报假账的原则。他认为,为便于报销而允许会计人员制造假账,那他就无法稽核了。校友回忆,一次,土木工程系遗失计算尺一支,学校以二斤鲜猪肉为酬找寻失物,以后计算尺经人送回,而此二斤猪肉账乃赫然在厦大支出的单据中。后来省会计处要将此账剔除,萨校长为此力争,他认为"这是强迫厦大造假账"。后来经教育部调停,争执始告平息。④

当年校务会成员之一邹文海教授回忆,作为校长,萨本栋知道学校

---

① 何宜慈:《鞠躬尽瘁 作育英才:纪念恩师萨本栋校长》,摘自何邦立编:《何宜慈先生纪念集》,台北何宜慈科技发展基金会,2004年版。
② 参见萨支唐先生口述记录,2009年12月2日,访谈地点:厦门大学。
③ 郑朝宗:《记萨本栋先生》,《护花小集》,福建人民出版社,1983年版,第3页。
④ 邹文海:《怀念萨本栋校长》,台湾《传记文学》第一卷第三期。

有些支出是必要的，但是按照"规定"这些必要的开支不能在学校报，因此，萨本栋不得不另筹"独立财源，以资应付"。他说，"这个独立财源说来很可笑，乃全校粪便经人承包后所得的价款，每年都有可观的数字，足以肆应校务会议聚餐等等支出。同仁们佩服他涓滴归公的精神，而又调侃我们的聚餐为粪便宴。"①

（三）胸襟开阔，心志高远

萨校长经常教育师生，学好本领，贡献社会，"造福于国家和人群"。他认为中国受日本的侵略，主要是因为科学技术落后，他想通过努力，培养出一批科学技术人才，来拯救自己的祖国。萨本栋提倡集体主义，主张学校不应有封建宗族帮派和地域观念，更反对师生在校内分地域、分派系的行为。他常常在大会上强调"大学生不分省界"，明确表示，在厦大不允许同乡会组织的存在。萨本栋在多次公开演讲中讲到，"在本校内，绝对不容许有地域的成见，换言之，一切省县界在本校中都不存在。"他认为，所有学生都应时刻提醒自己，是中华民族的一员，值此外患未艾之时，唯有群策群力，不分疆域，才能恢复祖遗的河山。如因毫无意义的地域观念，自分派别，不相合作甚至于彼此攻讦，那不但是每个人自身成功的大阻碍，也将妨害我们恢复国土大事业。② 学生们回忆说，在校内他们甚至从来没有听到萨本栋讲福州方言，萨本栋这样做，目的是为了从每一处细节入手，训练学生破除地域思想，培养开阔的胸襟。③

在1941年学生毕业典礼上，萨本栋再次表达了他对于地域观念弊端的独到见解，他说："目前国人有两个通病，第一就是家乡的思想太深，与个人的利害看得太重。记得当着厦门陷落的时候，闽南的人们，惶惶不可终日，福州失守的时期，闽海的人们，亦复如是。等到太平洋战事爆发，南洋的重要城市，相继陷于敌手，华侨与倚靠侨汇的人们，

---

① 邹文海：《怀念萨本栋校长》，台湾《传记文学》第一卷第三期。
② "萨校长开学词"，载于《厦大通讯》第三卷第十期，1941年10月25日。
③ 何宜慈：《永怀恩师，萨公本栋校长》，《萨本栋博士百年诞辰纪念文集》，厦门大学出版社，2004年版。

亦大为惊慌,在家乡未失陷之前,许多人还不认识我们的国家正在与极毒狠的敌人作生死存亡的战争,他们的生活和行动,仍是投机取巧,等到炮火燃烧到自己的门口,又复只顾一己的利害,这种思想与行为,若不改变,我们必定会弄到种减国亡,以及于家散身死的地步。我们必须记得如果国亡,家于何有,国不亡,家虽毁,也有复兴的日子。今天毕业的同学,我希望特别注意这一点。"①萨本栋从抗战救国的高度,阐明了地域观念的严重危害,强调师生员工一定要团结协作,群策群力,为国家的建设做出更大的贡献。

第二节 选址长汀

1937年7月,抗战烽火弥漫全国,大学校园竟不能放下一张平静的书桌。7月23日,厦门大学校长萨本栋正式莅校视事,由于厦大位于国防最前线,学校背后南普陀为驻军重地,旁边胡里山为炮台所在,学校周围战壕密布,一旦发生战争,厦大就处于火线包围之中。萨校长一上任,一面维持学校正常秩序,一面着手选择校址计划内迁。萨本栋深知,要顺利迁校,既要有坚定的办学信念,又要尊重厦大历史与传统特点,在此基础上进行科学合理的筹划,做出审慎选择。

校址的选择常常成为一所大学校史划分的依据,校址对形成大学认同的重要性不言而喻。抗战不久,经多方征求意见、调研考察,萨本栋最后决定,不随其他高校迁入西南大后方,而是将厦大迁至闽西长汀。萨本栋在学校生死存亡关头,选址长汀,对抗战时期厦门大学认同的形成起到了至关重要的作用。

---

① 萨本栋:《开学词》,《厦大通讯》第三卷第十期,1941年10月25日。

厦大校舍散落于长汀北山麓

一、确保大学处于"安全地带"

抗战时期,由于台湾海峡战略地位极为重要,厦门、福州很早就成为日本侵略者的攻击目标,新校址是否安全是萨本栋考虑的首要因素。萨本栋"外察时局现势内审地方情形"①,认为"敌人应付华北与淞沪方面,已有疲于奔命之势"②,长汀周边地形复杂,地处多山地带,日本侵略者鞭长莫及。此外,经实地勘察校址,萨本栋发现长汀"虽无现成校所可资应用,但若从事新盖,则城外空地尚多。至于临时校舍,则已承驻汀福建第七区秦专员允借其新修公署之一部分为本校暂时之用"③。事实证明萨本栋选定在长汀办学,既为东南沦陷区的失学学生创造了求学的可能,又确保厦门大学在战火中安全有序、弦歌不辍。

长汀地处赣、闽边陲要冲,自唐至元就是汀州路、汀州府所在地,是闽西地区政治、经济、文化中心。厦大迁至长汀后,东南一些大中城市的金融、工商行业及中、小学校都迁移到长汀,长汀一时成为我国南方

---

① 萨本栋:"向教育部呈报内迁动机、筹划、经费等",1937年12月11日,厦门大学文书档案055-20。

② 同上

③ 同上

经济、文化的集结地,长汀县城人口由5万人猛增到10多万人,长汀县原有工商业户800多家,外地商人流入后增至1500多家,这一时期是长汀历史上经济空前发展时期。1939年4月,新西兰籍国际友人路易·艾黎来长汀县考察,5月4日即正式成立中国工业合作协会东南区长汀事务所,在长汀办起了第一家机械制造厂。① 抗战时期长汀县工商业获得了很大的发展。

二、确保厦大"文脉②"得以延续

陈嘉庚曾多次提及,之所以创办厦门大学,一个重要原因与发展福建高等教育有关。"本省(注:指福建省)当时我看到不但省教育水准很低,即南洋的侨胞也不容易得到受教育的机会,我觉得祖国的同胞就使终身没有教育,到底还不失为中国人,而遥寄海外的侨胞则不然,他们不受教育(祖国的教育),他们就要被外人或土番所同化,这是一个多么可怕的危险。"③"吾闽僻处海隅,地瘠民贫,莘莘学子,难造高深者";④"念邻省如广东江浙公私立大学林立,医学校亦不少,闽省千余万人,公私立大学未有一所,不但专门人才短少,而中等教师亦无处可造就。乃决意创办厦门大学。"⑤私立时期厦大虽在全国招生,但历年学生统计,以闽籍和东南地区学生为主,闽籍占近2/3,其他依次为浙江、广东、江苏、江西等省。⑥

---

① 李阳民:《抗战时期长汀的工业与手工业》,《长汀文史资料》第二十六辑,1995年版,第65页。

② 文脉一词,最早源于语言学范畴。从狭义上解释即"一种文化的脉络",美国人类学家克莱德·克拉柯亨对其的定义是"历史上所创造的生存的式样系统"——笔者注

③ 戴光章:《嘉庚先生在母校演讲词》,《厦大通讯》第二卷第十一期,1940年11月9日。

④ "陈嘉庚亲拟之筹办厦门大学通告",《东方杂志》第十六卷第12号,第198页,转引自《厦门大学校史资料选辑》(第一辑),厦门大学出版社,1986年版,第4页。

⑤ 陈嘉庚:《南侨回忆录》,岳麓书社,1998年版,第13页。

⑥ 统计资料来源于《厦门大学教职员暨学生姓名录》(1936—1937),厦门大学档案室案卷目录号061-036。

历史往往由一些看似偶然的因素成就了伟大的事业。抗日战争全面爆发后，大部分高校纷纷计划或者已经迁往西南内地，厦门处于战火严重威胁之下，厦大校址又处战略要地，人心惶惶不安，师生议论纷呈。许多人认为抗战非短期所能结束，为求一劳永逸，厦门大学应随国内其他高校迁移到西南。萨本栋认为"东南半壁的高等教育，还需要维持，所以决定不随潮流远徙。"①为了统一思想，在公开的报告和演说中，他经常谈到厦门大学选择校址的原则："1. 要留在东南最偏远的福建省内，以免东南青年向隅；2. 要设在交通比较通达的地点，以便利闽浙赣粤学生之负笈；3. 新校址的环境，要比较优良，以使员生得安心于教导与求学。"②萨本栋选址迁校的原则与陈嘉庚创校之初历尽艰辛在福建创办厦大的设想一脉相承。

萨本栋到校后不久，即吩嘱有关员工将图书、仪器、标本等尽快装箱，为迁校做准备。同时在鼓浪屿借闽南职业学校部分楼屋设临时办事处，并借英华中学和毓得女校的部分校舍作为学生宿舍和教室。在以维持学业为先之时，萨本栋也在时刻观察政局，他敏锐地注意到"敌人应付华北与淞沪方面，已有疲于奔命之势，厦门于军事上尚非必争之区。""故决定一面维持上课，一面继续进行筹备内迁。"经与福建省政府商议，并征求校内教师意见，特别是根据建校时即在校工作的教务长周辨明的建议，萨本栋派秘书杨永修随周辨明两次赴闽西长汀察勘校址，发现"该地虽无现成校所可资应用，但若从事新盖，则城外空地尚多。至于临时校舍，则已承驻汀福建第七区秦专员允借其新修公署之一部分为本校暂时之用。"在驻汀行署专员和长汀当局的积极支持下，萨本栋"外察时局现势内审地方情形，遂决定积极进行内迁长汀。"③

为了使迁汀工作能够顺利有序地完成，萨本栋多次召集校务会议，

---

① "萨校长开学词"，《厦大通讯》第三卷第十期，1941年10月25日。
② 同上
③ "向教育部呈报内迁动机、筹划、经费等"，档案馆卷宗号062-003，1937年11月7日至1939年7月22日。

根据当时的会议记录统计,前后共召开四次校务会议(1937年11月7日至1938年1月11日),详尽讨论迁校的规划。从听取赴汀考察报告、确定迁汀时间、师生分组安排、申请经费补助、图书仪器搬运等问题广泛而细致地征求意见,①对各项事宜都做了周密的安排,最后迁汀计划获得师生一致的赞同和认可。在此过程中,萨本栋表现出了超乎寻常的镇定并付出了艰苦卓绝的努力。仅以赴汀"通行证"的申请为例。特殊时期,为了保证师生迁汀路途的安全,每人均须有省政府专门签发"行旅护照"。而申请该护照需萨本栋亲笔书写的信函以及省政府主席陈仪的同意。由于交通不便,书信困难,护照的申请需经多个机关审批,有时领到护照时,有效期已过,需重新申请,仅此一项,查厦门大学的档案资料,萨本栋写给省政府和厦门警备司令部的亲笔信件就有厚厚的一本。②

1938年校庆,萨本栋非常重视,身着长袍马褂正式礼服与师生在厦大大礼堂(原为长汀文庙)合影

---

① 详见厦门大学校务会议记录(一),厦门大学档案馆卷宗号055-20,1937年12月11日。

② 详见"请发迁移护照",厦门大学档案馆卷宗号055-12。

1937年12月24日，厦门大学师生渡过鹭海、九龙江及十几条溪流，越过多座崇山峻岭，长途跋涉八百里，于1938年1月先后有序地抵达闽西长汀。厦门大学像一个"难产的婴儿"①，经历了不安的困苦遭遇，终于化险为夷地生长起来。抗战时期，在所有内迁高校中，厦大是准备较为充分，比较从容地完成迁校过程的少数学校之一。1938年1月12日，最后一批师生抵汀，17日，厦大即开始复课，2月28日起各系严格举行1937年度上学期的学期考试。②厦大内迁闽西长汀，在祖国东南最逼近前线的战区为师生创设了一个安谧自由的大学环境，成为战时东南的著名大学，有力地延续了这所大学的"文脉"。

三、确保师生生活安稳

萨本栋为了保证师生们有较好的学习、生活环境，向长汀县政府申拨土地扩建校园，在虎背山旧中山公园荒地两三年间陆续兴建各类教室、阅览室、实验室、图书馆、实习工厂、男女生宿舍，以及足篮球场、大膳厅、蓄水池、发电厂等生活文体设施，又在东门外及龙山麓分别建成十余座教职员工宿舍，并扩大了厦大医院，原来孔庙周围的三大院落与嘉庚堂、万寿宫、仓颉庙等校舍连成一片，几乎占据了半个长汀城，使千余名师生得于安心学习和工作。③校舍大多依旧沿用在厦门校园里的楼名"勤业斋、映雪斋、笃行斋、同安堂"等，以其独特的方式传承着厦大的文化和精神，建构着师生共享的心理情感和思维方式。

长汀生活方便，物价程度比当时多数的大学所在地都低。④正如当年一位学生在给友人的信中所说："长汀并不如我昔日所想到那样

---

① 周辨明：《厦大迁汀两年来之变化》，《唯力》旬刊第二卷第七、八期合刊，1939年7月7日。

② 洪永宏编著：《厦门大学校史》第一卷（1921—1949），厦门大学出版社，1990年版，第160页。

③ 洪永宏编著：《厦门大学校史》第一卷（1921—1949），厦门大学出版社，1990年版，第201页。

④ 国立厦门大学教务处出版组编印：《厦门大学学生手册》（入学及选课要览），1942年版，第2页。

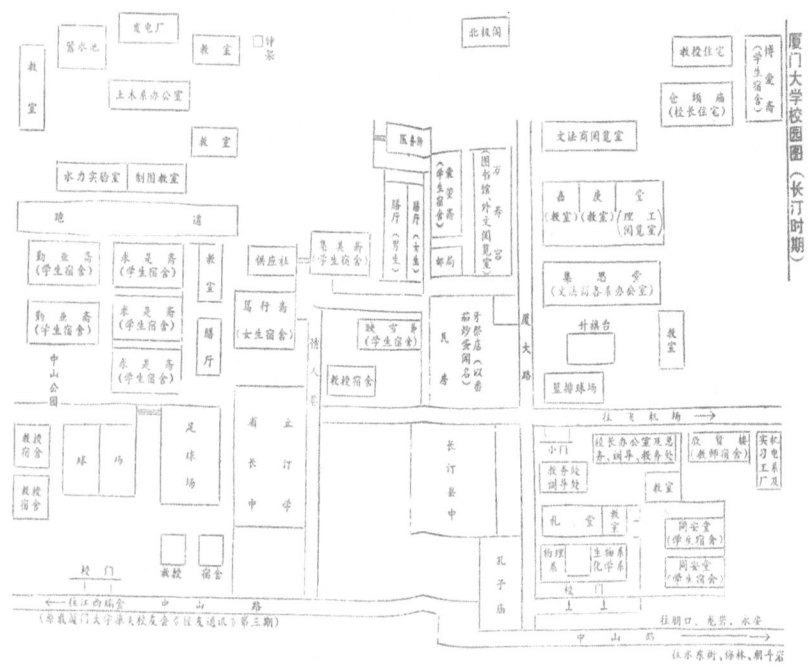

厦门大学（长汀）校园图

荒僻。夹在鄞江中的水东街，那里日常应用东西都有。沪、粤制造的杂货，外洋的装饰品，靠着南流的汀江转运，都得输到市上来。"①

在战火纷飞的年代里，可以说，办学的首要任务不在教育、教学，而在求生。萨本栋想方设法保障师生最基本的生活条件，解决他们的生计困难。在抗日战争最艰苦的环境下，厦大师生的生活水平与迁校之前相比，大幅下降，办学条件特别艰苦。为了增加学生的营养，萨本栋提倡大家吃糙米饭，并决定由学校自己制作豆腐。长汀没有电灯，他就拆了自己的轿车，把发动机加以改造，解决了学校的照明用电。每当日本飞机来骚扰时，他总是不顾个人安危亲自指挥大家疏散。有一次敌机炸毁了学生宿舍和实验室，他没等敌机离去，就赶到现场，巡视

---

① 熊梦麟，邓木榕：《论厦大在汀立足和发展的原因》，《长汀文史资料》第二十六辑，1995年版，第53页。

破坏情况。① 学校对于来自沦陷区、没有经济来源的学生，多方争取战区贷金和社会捐助的救济金。厦大依靠持助贷金和救济金生活的学生一度达到在校生的70%以上。② 厦大一位获得战区贷金的学生回忆说，当时他们在学校食堂吃米饭和青菜都不用交钱，只要登记一下就可以了。到毕业时，由于法币贬值，所欠贷金已微不足道，所有贷金无需归还。萨本栋通过多种可能渠道帮助学生解决生活难题，他派专人到产粮区采购大米、黄豆，学校自制豆腐，增加师生营养。1939年，萨本栋为帮助学生解决温饱问题，多方争取到的补助有：教育部贷金及免费九千余元，江西省政府奖金及贷金五千余元，福建省政府奖金八百余元，闽西学生救济委员会救济费七百余元，学生自助委员会二千余元，母校经常支付及筹捐三千余元，共计二万二千余元，基本上解决了全校贫苦学生的生活所需。③ 萨本栋鼓励学生积极参与社会实践进行自我救助，据史料统计，厦大学生有一半以上曾兼职打工补足求学费用：厦大学生进入长汀社会各个阶层，担任了各种各样职务。许多厦大学生到长汀中小学兼任教师，受到学生和家长的普遍欢迎。可以说，进入厦大之后，学生的生存得以保障，奖学金、助学金、贷金、闽西救济金等各种津贴，使得每个学生挑灯夜读时，不用再考虑"第二天的饭钱"如何解决。④

安全和稳定的生活无形中激发了师生工作和学习的积极性、主动性，他们自发地把个人的前途命运和国家的安全富强紧密联系在一起，营造出和谐向上的大学氛围。

---

① 孙敦恒：《萨本栋与抗战时期的厦门大学》，《抗日战争研究》，1993年第2期。
② 参见厦门大学台湾校友会编：《厦门大学七十周年校庆特刊》，台北耀煌企业有限公司承印，1991年版。
③ 厦门大学校史编委会：《厦门校史资料》（第二辑），厦门大学出版社，1988年版，第23页。
④ "导言"，摘自《厦门大学学生手册入学及选课要览》，国立厦门大学教务处出版组编印，1942年版。

四、确保图书设备殷实

由于学校周密计划，迁址长汀准备充分，筹划科学且一次到位，相比于国内其他大学，厦大图书设备损失很少，保障了迁汀后教学和研究工作的顺利进行。加之迁汀后，萨本栋多方争取图书补助费，对图书仪器的投入特别重视，"厦大每年添购的中外书籍杂志却是国内大多数的大学所不及的"。如1937、1938年度，萨本栋争取到中英庚款委员会给予厦大国币四万元的图书馆书库建筑费及图书购置费，后经商议，将该款全数用于购置图书之用。1940年春，行政院政务处长蒋廷黻莅汀参观后，对厦大校务进展和图书拥有量大加称赞，认为厦大具有"丰富图书，仪器设备等非常完善，今后对东南高等教育必有更大贡献。"① 厦大迁汀后图书馆馆址选定于龙山山麓万寿宫，馆舍环境优美，布置雅洁，分为中西文书库、阅览室、编目室、订购室等，为便利教授研究起见，馆内特设中国文学、历史、教育、商业、经济等五研究室。

"大学图书馆就是大学的心脏，若心脏衰弱，各部都要受累；若心脏强壮，各部都能兴奋"。厦大殷实的图书馆被称为是"教员的教员"。时任教师施蛰存对厦大图书馆记忆深刻："我着实看了许多外国文学的各类好书，印象较深的是读到几本希腊诗，选择译了几十首，还有英译本的尼采全集等英文书，其中有不少关于戏剧的。每当寒暑假期，山居无事，便在西方书库阅读欧洲大陆诸国小说，期刊部书库中有许多美国版戏剧杂志，我也看了不少，因而对戏剧发生了兴趣，择优移译，陆续译成不下三十余篇。我还读了图书馆中许多古书，尽读馆藏宋元人笔记杂著达七八十种，抄出两份资料，其一是有关金石碑版文物，拟编为一书，题为《金石遗闻》；其二是有关词学之评论琐记，也拟编为一书，题名《宋元词话》。"② 后人研究施氏的学术之路，认为他在长汀构思的《金石遗闻》和《宋元词话》对于形成施氏的文学风格具有特

---

① 《厦大通讯》第二卷第十二期，1940年12月25日。
② 沈建中：《遗留韵事：施蛰存游踪》，文汇出版社，2007年版，第209页。

殊意义。

《西行日记》是抗战时期很有代表性的一部作品,记载当时知识分子颠沛流离的生活,著者为西南联大中文系教授浦江青。1942年5月,他曾逗留长汀厦大。日记中记录了他经过长汀时,对撤退到那里的厦门大学图书馆藏书之富特感兴趣,大有馋涎欲滴,恨不得一口吞下的意思。①"饭后参观各科实验室,设备均佳。旧为县文庙,化学实验室乃旧监狱所改造者。是日上午,蛰存领余参观厦大图书馆。西文书,凡语言、文学、哲学、历史、医学、生物皆富。物理、化学、数学书亦可,而关于中国文学之书籍亦多,出意料之外。据云语言、文学为林语堂、生物为林惠祥所购,故有底子。人类学书亦富。中文则丛书甚多,地志亦不少,顾颉刚所购。金文亦不少。又有德文书不少,自哥德以下至托麦斯·曼均有全集。尼采、叔本华全集英、德文皆有。亚里斯多德有最新之英译本。"②

万寿宫时为图书馆

---

① 郑朝宗:《旧书读似客中归》,《读书》,1988年第5期。
② 浦江青:《西行日记》,北京三联书店,1987年版。

1944年，李约瑟到长汀参观，厦大图书馆丰富的藏书给他留下了美好的印象。因李约瑟是研究中国科技史的，而李俨的《中国数学史》一书是非常重要的参考资料。当他在厦大图书馆找到此书时，非常高兴，大加赞扬："好，好，好！"他没有想到在东南偏僻的一所大学图书馆里，竟找到他一直在寻觅的图书，于是他要求多看些类似的科技史图书，结果厦大图书馆都满足了他的要求。① 不仅如此，厦大图书馆的建筑也给他留下了深刻的印象。1950年，他在《中国科学技术与社会的关系》一文中对厦大图书馆的馆舍给予很高评价："我对它们（指中国商人组织的行会）略有所知，因为我曾在属于商会的大宅第中住过，其中一所后来成为厦门大学战争期间在长汀设置的图书馆，这是一所带许多院落的大宅子"。② 他说："我很愉快地住在这所很华美的旧式建筑里，里面有亭台楼阁，画栋雕梁，甚为精雅。"③

第三节 制度认同的建构：
以108次校务会议记录分析为中心

本节中的学校制度泛指为了维护学校正常的教学、科研秩序，保证学校各项规章顺利执行和各项工作的正常开展，以萨本栋为首的学校管理者依照一定的规范和程序制定的具有指导性的文件和准则。制度背后体现的理念和内涵是反映大学成员认同大学的重要因素，也是萨本栋成为厦门大学认同的重要建构者的关键，下文中将以校务会议体现的制度理念为具体案例。校务会议是抗战时期厦门大学组织大纲的重要组成部分，是学校的最高行政权力机构。④ 萨本栋掌校期间，在

---

① 胡善美：《1944：李约瑟在长汀》，《长汀文史资料》（内部发行）第二十七辑，1996年，第14页。
② 潘吉星主编：《李约瑟文集》，辽宁科学技术出版社，1986年版，第60页。
③ 李约瑟：《四海之内：东方和西方的对话》，北京三联书店，1987年版。
④ 参见厦门大学档案馆卷宗号023—6。

厦大共主持召开了 108 次校务会议。① 1937 年 10 月，教育部国参陆 1 第 18184 号指令核准《国立厦门大学组织大纲》，大纲规定，学校各种委员会的章程由校务会议议定，校务会议主要审议下列事项：重要章则；经费及预算；各学院及各学系之设立废止或归并；课程；建筑及其他重要设备；学风改进之方案；学生之考试成绩及学位之授予；校长交议事项。②

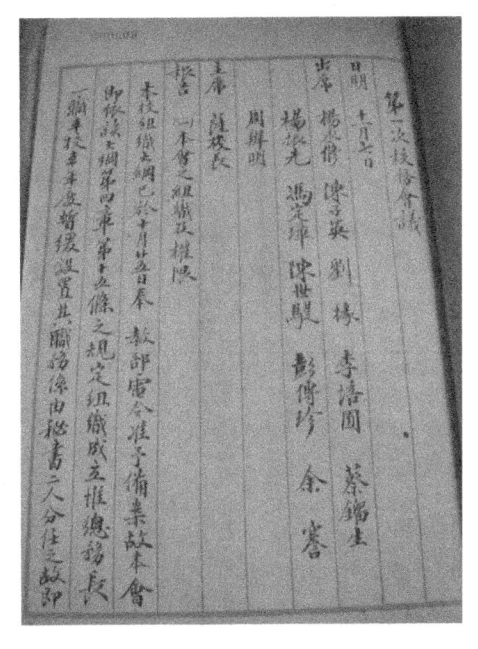

抗战时期厦门大学第一次校务会议纪录

校务会议记录比较集中地反映了学校最高行政权力机构制定学校制度和做出处理决策的过程，在一定程度上反映了作为校务会议主席的萨本栋的制度理念。本节将以萨本栋主持的校务会议为例，重点阐释萨本栋如何通过制度建构实现教师、学生、校友对大学的认同。

一、重视教师，尊重员工

校务会议讨论事项中，无论是重要章则的拟定、学校经费及预算的审定、建筑及其他重要设备修缮以及校长交议事项中，均体现出萨本栋对教师的重视和尊重。

（一）校务会议成员由各学科知名学者组成

校务会议由校长、教务长、总务长、各院长、各学系主任及全体教授

---

① 根据厦门大学档案馆卷宗号 062－003 至 062－005 之校务会议记录本统计——笔者注。

② "厦门大学组织大纲、咨询委员会章程（第一册）"，见厦门大学档案馆卷宗号 023－6。

副教授所选出之代表三人组织,校长为当然主席。随着学校规模的扩大,除了校长、教务长、总务长为当然的校务会议成员外,各院长、各学系主任及全校教授副教授所选出之代表由初期的10位教授左右到后来达到20多位。在第100次校务会议上,对此曾进行统计,校务会议成员已占全体教授副教授全数之半。① 从表2-1可以看出,校务会议成员基本上都是各学科带头人和知名教授。

表2-1:校务会议组成人员略表

序号	时间	主席	秘书	成员
第1次校务会议	1937年11月7日	萨本栋	杨永修	陈子英、刘椽、李培囷、蔡镏生、杨振先、冯定璋、陈世骇、彭传珍、余骞、周辨明
第50次校务会议	1940年3月16日	萨本栋	杨永修	周辨明、李培囷、冯定璋、彭传珍、吴士栋、陈子英、刘椽、黄开禄、吴春熙、谢玉铭、余骞、傅鹰; 列席:陈荻帆
第100次校务会议	1943年10月11日	萨本栋	/	李培囷、周辨明、陈德恒、邹文海、黄中、王敬立、傅鹰、萧贞昌、何炳梁、冯定璋、郑健峰、朱保训、徐世大、谢玉铭、汪德耀、彭传珍、何炳梁、谷霁光、吴春熙、朱家炘、彭传珍、刘椽
第108次校务会议	1944年5月5日	萨本栋	/	郑健峰、谢玉铭、黄开禄、周辨明、李培囷、余骞、刘椽、黄中、周长亭、谷霁光、邹文海、冯定璋、王敬立、何炳梁、彭传珍、汪德耀、王梦鸥、陈德恒、朱家炘、吴春熙

(二) 尊重长期在校服务的教师

厦大有一种传统习惯,即"培养教授"。学校从历届毕业生中择优留校,并加强对年轻教师的培养,如伍献文、葛正权、裘开明、周鸿经等,刚留校时是讲师或助教,后来都成长为各学科知名教授。转为国立后,萨本栋延续此传统,学校采取多种举措培养青年教师,对助教、讲师的工作量尽量予以减轻,如讲师授课限制在每周最多六小时,而

---

① "第100次校务会议记录",见厦门大学档案馆卷宗号062-005。

教授则承担每周十二小时以上的授课量。①

对于私立时期就在校工作的教授,萨本栋更是给予特别关照。据校务会议记载,1944年,国民政府教育部颁发奖状,表扬全国优秀教师。经萨本栋推荐,校务会议讨论,推选周辨明、余謇、陈子英、刘椽、冯定璋为全国优秀教师,而他们均为私立时期就在学校工作的优秀教师,没有一位是萨本栋直接引聘到厦大来的。②

萨本栋不仅对教师给予足够的关心和重视,对于一些默默无闻却在为学校做着虽然微不足道但同样不可或缺的工作的人,他也是时刻感念的。1942年1月31日,第80次校务会议有一项议程,专门讨论对出纳员高用梁在校服务满20年,如何予以鼓励一事。经萨本栋提议,校务会议成员一致通过,"酌予奖金贰百元籍资奖励"。笔者由此联想到今天大学常常重金奖励科研成果突出的人,但是,对一般教师或普通职员在学校的默默付出却较少关注,更别说通过校务会议专门研究为某一位普通员工在校服务多年而给予表彰。正如在学校工作多年的腾写书记③黄伯寅所写:"记得学校改为国立时,大家都担心自己位置的动摇,事后才知道是杞人忧天,旧的职员没有更动,新的又公开招聘,打破一切推荐的陋习,使大家仍得安心工作,努力工作。我在厦大服务不觉十五六年,关系既深而且久,食于斯,居于斯,好像第二个家庭。"④

(三) 校长无权解除对教师的聘约

自1930年以后,政府通过《大学组织法》和教育部的《大学规程》,进一步加强了校长的治校权力,以期在全国推行大学校长集权制。⑤而根据《国立厦门大学组织大纲》第三章第十条规定,"本大学各学系

---

① 黄天爵,彭传珍:《国立厦门大学志》,《厦门大学校友纪念母校创立六十周年专辑》,台北市国立厦门大学校友会编印,1981年4月6日。
② 福建《中央日报》1944年8月31日。
③ 腾写书记相当于现在的抄录员——笔者注
④ 黄伯寅:《我与厦大》,《厦大通讯》第三卷第三期,1941年4月6日。
⑤ 苏云峰:《从清华学堂到清华大学》,北京:生活·读书·新知三联书店,2001年版,第50页。

置教授、副教授、讲师及助教若干人,由校长聘任,其服务规定由校务会议另定之"。萨本栋作为校长、校务会议主席,在当时的背景下,握有学校人事权是很自然的。但是,萨本栋认为,"大学的要素在良好的设备与优良的教授",特别是优良的教师必须受到尊敬才能请到。因此,在第 1 次校务会议上,萨本栋就明确宣布:"学校所发聘约是应当尊重的,校长个人对各教职员聘约决不欲任意解除,故除系对方自行解除聘约外,其在不得已情形需由校方解除聘约者,应提出校务会议讨论"。① 不仅如此,对于教授辞职离校,萨本栋尽可能予以挽留。如 1941 年 10 月,历史系教授谷霁光、教育系教授阮康成因故函请辞职,萨本栋专门召开校务会议研究,会议决定分别请两位教授的好友吴士栋、谢玉铭教授代表学校予以诚恳挽留。② 校务会议的一系列举措体现了教师在学校享有高尚的地位,职员也享有应得的尊严,大学对教职员富有人文关怀。

二、宽严有度,以生为本

(一) 学生事务议题占校务会议总议题近半数

根据对 108 次校务会议记录内容统计,共讨论了 784 项事务。各事项讨论的频次如下:

表 2－2:校务会议的各种事项讨论频次统计

会议讨论事项	频次数
重要章则	43
经费及预算	177
各学院、学系之设立废止	25
课程	95
建筑及其他重要设备	47
学风改进	102
学生考试成绩与学位授予	131
校长交议事项	164
合计	784

---

① "第 1 次校务会议记录",参见厦门大学档案馆卷宗号 062－003。
② "第 77 次校务会议记录",见厦门大学档案馆卷宗号 062－004。

在校务会议所讨论的事项中,各"学院、学系之设立废止""课程""学风改进""学生考试成绩与学位授予"四项都与学生事务直接相关,研究频次合计 353 次,占校务会议议决事项总数的 45%,由此可见学生事务的受重视程度,特别是学生最关心的"学生考试成绩与学位授予"等问题,得到学校的高度重视。

(二)学生个案问题经常在校务会议上讨论

根据对"学生个案问题研究频次统计",校务会议上经常研究讨论学生的个案问题。

表 2-3:学生个案问题研究频次统计

学生事项	A 总讨论频次	B 学生个案问题研究频次	B/A
各学院、学系之设立废止	25	0	
课程	95	38	40%
学风改进	102	14	14%
学生考试成绩与学位授予	131	64	49%
小计	353	116	33%

为便于理解校务会议是如何研究学生个案问题,试举部分案例如下:

学生选课虽然有专人辅导,但校务会议仍然对选课给予高度重视。如第 10 次校务会议上,就专门讨论了 25 名学生选课的问题,会议记录摘录如下:

> 鉴于学生之选课情形及学科性质,各全年学程似可分为须修毕全年者与修毕一学期亦可告一段落者,故目前特征各教授注明所授各学程之可否分开并公布,令学生本学期未能继续选修前学期所已选全年学程者缮具理由书,以便提会议决。公布后提出其不能续选理由书者计二十余人,本日对此事拟作一解决。
>
> 讨论学生选课及请求学分准许与否案:
>
> 郑其琛 本学期须续修日本史,否则不给该学程上学期之学分,但此后可勿庸选修东亚通史;
>
> 颜春魁 本学期须续修西洋近代史,否则不给该学程上学期之学分;日本史准给予上学期之学分;

庄受福　本学期须续修日本史，否则不给该学程上学期之学分，但此后可勿庸选修东亚通史；经济学准给予上学期之学分；

陈元锋　日本史准给予上学期之学分；

刘　维　不准选西洋近代史，应继续选修东洋外交史；

……

再如第13次校务会议，"学生庄受福呈请必修之中国上古史以中国民族史代，论文以英国史或民俗学代应否照准案，议决：准予所请"。

在学风改进方面，长汀厦大有一项特殊的规定：对学生报到注册的规定极为严格。通常在学年初，校务会议都会专门讨论学生注册时限。仅此一项，据统计，共有11次校务会议中有提及。一般来说，校务会议明确规定注册截止日期为几日几时，一旦订定，全校师生"一开学马上投入到学习工作中形成惯例"，①以至于半个多世纪以后，年过八旬的1940级机电系学生、台湾新竹科技园区创始人何宜慈对此仍记忆犹新："萨师办学以严格闻名。他令出必行，建立诚信。开学注册日期绝对不能通融，是长汀厦门大学同学都清楚记得的例子。抗日战争期间，交通极为不便，有些同学在注册截止后才赶到，不管什么理由，都不能例外注册。他是借此训练学生们未雨绸缪，不存侥幸之心的。"②

据校友回忆，厦大注册时限严格是当时所有学生人尽皆知的规定，这项规定的严肃性确保了战乱年代学校正常的教学秩序。但在108次校务会议记录中，笔者发现有三个例外的案例，而这三次例外，体现了"铁面"规则背后弹性的制度理念和精神，那就是管理者制定规则的目的在于为服从规则的人们更好地服务，只有"非僵化"的规则才能深得人心。

案例1：1938年12月12日，第25次校务会议上，萨本栋提请会议讨论浙江新生杨学耕逾期注册案：萨本栋收到该生一封信，内容摘略

---

① 潘懋元先生访谈记录，2008年8月27日。
② 何宜慈：《永怀恩师萨公本栋校长》，《萨本栋博士百年诞辰文集》，厦门大学出版社，2004年版，第142页。

如下:该生11月17日接到浙江省教育厅发来的录取通知,19日由浙入闽,26日晚到达长汀厦大。27日获悉注册逾期,教务处不予通融。该生家乡沦陷,幸蒙厦大录取,免于失学苦痛,然接通知太迟,无法按期报到,所筹措的旅费已用尽,万一不予通融入学,"则不啻置于绝境矣"。会议提请是否准予补注册,由会员公决:10位校务会议会员,8位赞成2位反对,通过。①

案例2:1939年4月23日,第31次校务会议上,学生姚士聪、吴汝震呈称因种种阻碍,致误注册日期,恳请通融准予入学案。议决:准先随班旁听,并参与第一月月考,如及格学程达12学分时,可准予补行注册。②

案例3:1942年1月31日,第80次校务会议上,教务长反映,学生陈茂铨呈称拟遵校医劝告前赴永安割治鼻瘤,请准予注册截止后给假二星期可否照准案,议决照准,并规定从该学年下学期,凡由校医证明有关身体健康问题或遇亲丧等大故经教务长认为确实者,得准其于开学后两星期来校注册。③

在学生考试成绩与学位授予方面,从会议记录中我们可以明显看到,萨本栋严把"质量"关,对学生考试成绩不合格者,严格给予补考或退学处理;在授予学位前,对每名学生历年考试成绩逐一审查,不合格者,按照规定,不予通融。在严格的规章制度中,无处不体现着萨本栋对学生深负责任感,亦能感受到萨本栋对学生特殊情况的无微不至的关心和爱护。1938年7月25日第17次校务会议议程1,"杨丽明呈请转入商学系。议决:同意杨丽明以法律为辅系,商学必修课程修完后方得毕业。"1938年8月9日第18次校务会议议程1,讨论"学生李学岳〈英文一〉三次不及格,应否照章责令退学案,议决:由教务处通知该生如有特别理由应即具函声明,再行提会审核定夺,否则照章责令退学。"1942年9月10日第87次校务会议讨论"二年级学生周楠生陈

---

① "第25次校务会议记录",见厦门大学档案馆卷宗号062-003。
② "第31次校务会议记录",见厦门大学档案馆卷宗号062-003。
③ "第80次校务会议记录",见厦门大学档案馆卷宗号062-004。

素云请求转入理工学院生物学系可否请公决案,议决:准先列作理工学院未列系学生,俟基本成绩合格生物系标准后再行列系"。①

(三)学生罢课事件的处理

大学认同并非苛求大学成员意见完全一致,认同的基础是尊重分歧、兼容并包。萨本栋掌校时校内并非只有"一片和气之声",没有任何争议。学校也曾发生学生集体罢课事件。据1938级邹幼臣校友回忆,"一次学生对校办膳食不满,数度抗议无果,酝酿罢课。事闻于萨本栋,他即召集学生在大礼堂讲话。先听取学生的意见,继说明校方的困境,后提出改善之道。校长此一平息纷争经过:尊重对方意见,说明客观情境,不为权威与面子固执校方立场。学生报以热烈掌声表示满意,片刻之间平息了事端。"②

1944年5月21日,平时与校长合作得很好的学生自治会带领全校学生罢课。③ 据后来负责调查此事的汪德耀教授回忆,"在一场足球比赛中,发生打架事件,学生打伤了长汀中学学生。萨校长考虑到我校客迁长汀却发生了这样的事影响太坏,非常生气,忍痛开除了几个学生。"5月21日早,学生自治会召开全体学生大会,选举产生执行委员会,并非法函知各教员停课并自行主持纪念周。④ 5月22日下午,在例行的第94次校务会议上,对此事进行了讨论,有人主张采取更高压手段再开除学生自治会骨干,另一种意见主张请教师对学生进行疏导。最后会议推举汪德耀教授牵头对厦大学生与汀中学生纠纷案进行详细调查。5月24日上午,为妥善处理学生罢课事件,萨本栋召集临时校务会议(第95次),听取汪德耀等对此事的全面调查。汪说,"经调查,体育教师向萨本栋作了片面的汇报。关于打架事件,我从各方面了解到,在球场上发生争执时,是长汀中学的学生先打伤我们的学

---

① "第17次校务会议记录",见厦门大学档案馆卷宗号062-003。
② 邹幼臣校友回忆材料:"忆恩师·谢良教·述受益",1938级经济系。
③ 汪德耀:《学习萨本栋精神》,《萨本栋文集》,厦门大学出版社,1995年版。
④ "第95次校务会议记录",见厦门大学档案馆062-005。

生,然后我们的学生才还手。"①汪德耀认为萨本栋没有了解真相就出布告开除学生,学生们不服才罢课。汪德耀汇报了情况后,会议研究做出如下决议:(1)收回开除学生的成命,但告诫学生一定要和长汀中学的学生和睦相处;(2)由校长通知各教员在各生未反省以前不予讲授并限各生于本星期三午前个别向其导师申请上课静候通告,如有执迷不悟不遵限办理者决以严厉处分;(3)学生自即日起不得再开全体大会,其已选出之执行委员会应即解散,如有违令召集者其主席或主持人予以聚众要挟论,照章应受除名处分;(4)学生胡品三有聚众要挟嫌疑,暂留校查看以观后效。②

新通告发布后,萨本栋在法学院院长黄开禄的陪同下,召集全体学生训话,"见解还很幼稚,不辨是非,不明事理。国家民族思想仍甚冷淡,私人一时的利欲则极浓厚。你们只勇于抱私仇,而怯于复国耻。最大的毛病在于误认各人可以随便执行法律。自命为护法者出来抱不平。"据当时学生回忆,"从未看到萨师如此严厉,只记得萨师训话后,大家都乖乖地回去上课了"。③罢课事件的处理,令全体学生亲眼目睹了他们的校长是如何"挥泪斩马谡",又是怎样"朝令夕改",有错必纠,校长对学生无私的关爱使同学们从情感上对学校加深了"同情的了解"和"了解的同情"。多年以后,学生回忆起这一事件,深留在他们脑海中的是"通过这件事,我们对萨校长产生了比以往更加浓烈的爱和敬意"④。

三、支持校友,重视校友

私立时期,厦大毕业生主要分布在国内及新加坡、菲律宾、香港、日

---

① 汪德耀:《学习萨本栋精神》,《萨本栋文集》,厦门大学出版社,1995年版。
② 尽管学生罢课事件的导火线是萨本栋开除几名打架学生,但从有关史料初步判断,罢课还有更复杂的社会和政治因素,因不属本文关注重点,另文再行研究。
③ 何宜慈:《纪念恩师萨本栋校长》,摘自台湾厦门大学校友会编:《厦门大学七十周年校庆特刊》,台北辉煌企业有限公司,1991年版,第31页。
④ 何宜慈访谈记录,1940级厦大机电系,2001年12月11日。

本等地。抗战之前，旅新、旅菲、旅港、旅日校友均已组织校友会，会员除毕业同学外，也包括曾在厦大任职、任教及肄业的人士。国内福州、漳州、上海、潮州等地也有组织地开展了一些校友活动。1935年4月28日，在林文庆主持下，毕业同学代表会集于校长会客厅，选举产生了干事会，但因条件限制，会务没有真正开展起来。① 然而，私立时期校友就逐渐形成了关心母校支持母校的风气。

萨本栋在清华曾任清华同学会董事，他认为"学校与毕业生息息相关，美国若干大学之能发扬光大、蜚声环宇者，多赖于其毕业生精神物质之帮助。"② 因此，他对校友会的工作给予大力支持。1939年，"旅汀厦大毕业同学会"成立，当萨校长得知同学会接待校友"力不从心"时，为支持其开展工作，他与校务会议成员商定，在学校办公场所极为紧张困难的情况下，将学校图书馆对面的刘家祠堂拨为旅汀毕业同学会会所，并拨专项经费将会所修葺一新。③ 1940年初第48、49次校务会议讨论教务通则和训导通则时，因一时没有开会场所，曾"借用"毕业同学会会所召开过两次校务会议。

"旅汀厦大毕业同学会"成立后，该会为"把历届的毕业同学，各地的毕业同学会，和母校沟通起来，一方面发扬固有精神，开拓光明前途，一方面各尽所知各尽所能，负起建国的一部分责任"，准备编辑出版《厦大通讯》，然而经费无着落，经校务会议专项研究，拨2万元专款予以协助。

校务会议对旅汀毕业同学会从提供会所到拨付刊物编辑经费，给予校友们极大的鼓舞和支持，旅汀毕业同学会开始印制毕业同学调查表，函寄各地，全面调查校友情况；发起为母校献金的运动，同时在校内协助组织各种文娱、体育活动，成为校部的得力助手。各地校友纷

---

① 参见洪永宏编著：《厦门大学校史》第一卷（1921—1949），厦门大学出版社，1990年版，第181页资料整理。
② 萨本栋：《在旅汀毕业同学会会所开幕典礼上的讲话》，《厦大通讯》第一卷第二期，1939年2月1日。
③ 同上

纷成立校友会，先后有20多个地方校友会陆续成立或恢复活动。校友们发起成立了毕业同学会总会筹备组，1940年5月6日，在私立时期就计划筹备的校友总会终于正式成立。① 校友总会成立后，与学校和各院系的联系更加频繁，1942年，校友总会在筹备出版校庆专刊时，校务会议专门研究，请各系主任商同本系在校校友准备本院系发展概况，提供给校友总会以便刊载。②

1944年厦门大学校庆前夕，萨本栋接到美国大使馆来电，称美国国务院希望厦门大学于该年度派一位教授赴美讲学，为期一年，电文称同时受邀的还有中央研究院、北大、南开、金陵等单位各一位教授。为了慎重推选合适人选，萨本栋一方面在校务会议上请校务委员公开推选，另一方面在校庆期间就此事广泛听取了校友意见，最终才确定人选。校友的意见和校务委员的意见都要听取，萨本栋对校友的重视可见一斑。

校务会议记录反映了萨本栋富有人文关怀的制度理念，体现了他对不同大学群体的尊重、理解和关心，突显了制度之美与大学之大。

第四节 学科认同的建构

系科与课程设置是大学的主干，它直接关乎学校的专业结构与学生的知识体系，是衡量其办学水平的重要标尺之一，③也是大学成员形成认同的基础。如何设置系科与课程结构，以及设置哪些和怎样的系科与课程，对其最具影响者莫过于校长。形成大学学科知识体系认同

---

① 参见洪永宏编著：《厦门大学校史》第一卷（1921—1949），厦门大学出版社，1990年版，第181—185页资料整理。
② 国立厦门大学档案第82次校务会议记录，厦门大学档案馆卷宗号062-004。
③ 熊月之，周武主编：《圣约翰大学史》，上海人民出版社，2007年版，第85页。

状况的深层次因素取决于校长对于特定历史时期的社会发展状况和学科发展状况的理解、认识与行动。

一、"常教育"的办学信念

关于"民族危亡关头青年需不需要接受教育""需要什么样的教育",是当时教育界热烈争论和急需解决的问题。萨本栋的观点是,教育的着眼点,不仅在战时,还在战后。他认为,不能因战争而破坏教育的既有规律和正常的教育秩序,盲目地去做一些应急的工作。抗战需要战士,但同时也需要各类高级人才与学者。这是厦门大学学科体系设置的内在影响因素。

1941级学生、著名高等教育学家潘懋元说,新生到校的第一课就是听萨校长的开学报告,在他的记忆中,60多年前的这场报告"说者激扬,听者感奋",至今"记忆很深"。最为深刻的有三点:"1.为什么在国难如此严重的时刻,更需要坚持办学、办大学?因为敌人的奴化教育,不许你研究国防和民生有关的学术技能。2.为什么不像其他大学迁移西南大后方而选择接近战区的长汀?因为第一,要坚持东南半壁江山有大学,一方面对敌人显示坚强不屈的精神,另一方面要让东南数省的青年有大学可上;第二,设在敌人较难进犯的山区,又要选在闽、浙、粤、赣的学生较易通达的地点;第三,要粮食给养充足,环境较优良,以便安心读书的地方。3.为什么不只是维持现状,还要增设会计、银行、机电等系并比往年增收学生?因为抗战必胜是毫无问题的,许多国家战时大学停办去参战,我们却要准备建国人才。"① 正如国学大师钱穆的主张,"书生报国,当不负一己之才性与能力",萨本栋认为学生应以所学报国,而不应纷纷参战,大学百年树人,政策设施宜常不宜变,一切应以教育和学术的发展为准绳。因此,虽然时逢战乱,厦大迁至较偏僻的山城,条件艰苦,但是学校的学术环境和人才培养模式未

---

① 潘懋元:《厦门大学应当弘扬本栋精神》,《萨本栋博士百年诞辰纪念文集》,厦门大学出版社,2004年。

出现根本改变。自由研究之风、尊重学术之品质仍是厦大大学氛围的主流,大学的功能、大学教育的精神特质都得到了继续弘扬。

抗战时期厦大生物教学实验室

二、面向未来的科研观、教育观

萨本栋认为,科学研究就是用系统的方法来开辟知识的新领域,它可以上自天文下至地理,包括一切自然科学,如数、理、化、生物、地质等,还有人文与社会的门类,如历史、考古、语言等人文的学问,如法律、经济、政治与社会直接有关的科目。萨本栋眼中的科学研究不仅是包括自然科学和人文社会科学的全面的研究,更重要的是,他是用面向未来、着眼长远的眼光来看待大学和科学研究的。他说:"大学的任务就是科学研究的任务。科学研究是为着后代,所以大学的存在也是为着后代。"①理解了他的大学教育目的,就不难理解,尽管厦大是当时国立大学所获拨款较少的大学,但他仍然尽最大努力为教师创造自由宽松的科学研究氛围,鼓励他们能继续为科学研究而努力。同时,他希望学生努力学习,"下一个最大的决心,就学业方面、做人方面,以及后来就业方面,总之要在终身事业方面,立一个宏大的志愿,不要辜

---

① 萨本栋:《科学研究》,《大公报》,1948年12月28日第三版。

负国家和各师长的殷望。"①

三、施行"通才教育"

20世纪30年代,美国芝加哥大学在《高等教育通才教育思想》中提到,通才教育是建立在拓宽基础知识前提下的专业教育,由此,美国兴起了通才教育运动。30年代清华大学的教授和校长大都留学欧美,他们仿效美国一些知名大学,实施通才教育。② 萨本栋无疑受到了通才教育思想的影响,他认为,大学应"基础课与专业课并重,理论学习与专业学习并重。"为拓宽学生的知识面,厦门大学除要求学生修习公共基本课程之外,在基础课中推行以文入理,以理入文,文理渗透。规定商学院各系学生必须修习高等数学;文、法学院各系学生必须在数学及自然科学课程中(高等数学、初等微积分、物理、化学、生物等)选修一门;理科学生必须选修中国通史及社会科学(政治学、经济学、民法概论选一);工科学生则必须修习经济学。在学科设置和课程结构基本明确的前提下,萨本栋采取了一系列具体的教学管理措施,如重视语文的学习、实施主辅修制、教授全力保证基础课教学质量、重视学生的思想道德教育等,在各学科注重通专结合,培养通才的实践和满足国家建设最紧缺的人才需求等方面成效卓著。

1939年,为使厦大学生"内能以国文自达其怀蓄,外能吸取新鲜之知识",萨本栋订定"语文特殊试验暂行办法",规定"凡学生除各科考核应有成绩均及格外,非经此项语文特殊试验及格者不得毕业"。萨本栋认为:"国文为民族文字,而能以本国文字表达所具之学识与思想实为大学毕业生最低限度应具有之能力;吾国今日一切学术未臻完备,精讨研究尚不能不有赖于西文书籍。故特试科目中除试验其国文

---

① 萨本栋:《开学词》,《厦大通讯》第三卷第十期,1941年10月25日。
② 薛成龙:《萨本栋的治校方略研究》,《萨本栋博士百年诞辰纪念文集》,厦门大学出版社,2004年。

之表述能力外，复试验其西文（暂定为英文）之阅读能力。"①

1940年，萨本栋根据厦大学科基础和抗战以来的人才需求状况，对厦大原有的科系结构进行了调整，将原有理学院扩充成为理工学院，增设机电系、土木工程系，又设外国语文系，将原有的商业系扩充为工商管理及会计银行两系。关于调整理由，萨本栋在"向教育部申请增设系数函"中写道："机电系前奉部令自廿八年度起进行筹设，兼鉴于抗战以来此项人才需要之殷，故决自廿九年度起正式设立；外国语文系系适应年来闽省英语师资之需求，并非以培育外国文学人才为旨趣；将原有商业系扩充为工商管理及会计银行二系，则系弟默察年来情形，认为迫切需要。良以自抗建以还，国内经济建设事业突飞猛进，管理方面需才最殷，尤以闽省为然。一面则年来会计制度确立，各方对于缺乏会计人才之感觉，几成普遍现象。故盱衡时势为培才以备社会之需要起见，实有改笼统空泛之商业系为比较专门且切合实际之工商管理及会计银行二系之必要。况复闽省地邻南洋群岛，将来华侨子弟回国就学必众。是则，训练侨胞子弟使具有管理工商业之学识，以谋增其事业，于我国家发展海外经济似亦不无裨益。"②经过调整后，厦门大学的系科结构为学科专业间的综合交叉发展及通才教育提供了有利的基础条件。

抗战期间，厦门大学参加国民政府举办的"全国专科以上学校学生学业竞试"，连续两届以优良的成绩名列团体第一。③

---

① 萨本栋："向教育部汇报特殊试验事"，1942年，厦门大学档案卷宗号015—12。

② 萨本栋："向教育部申请增设系数函"1940年5月21日，厦门大学档案卷宗号015—11。

③ 洪永宏编著：《厦门大学校史》第一卷（1921—1949），厦门大学出版社，1990年版，第210页。

第五节 大学共同体的象征

共同体是德国社会学家滕尼斯(F. Tonnies)提出的一个社会学概念。他认为共同体是一种生机勃勃的有机体,在共同体中,社会关系的基础是某种自然意愿,这种自然意愿包括感情、传统和人们的共同联系,其特点是人们之间有着强烈的认同感。[①] 抗战时期,厦门大学"共同体"的存在正是萨本栋多方举措、突出大学作为学术组织进行认同建构的结果。萨本栋成为厦门大学共同体的一种人格化、学术化的象征,从某种意义上说,师生、校友对萨本栋的认同与对厦门大学的认同浑然融为一体。1944级学生陈华回忆说:"长汀厦门大学,之所以成为中国东南第一大学,靠的就是团体的力量。萨本栋校长具有爱国者、教育家、科学家的特质,成为这个团体的灵魂和核心。他身上有一股磁铁般的力量,把我们吸引到他的周围。他像一团火,点燃了每一个人。"[②]

1944年5月,萨本栋校长应美国国务院邀请即将赴美讲学一年,与他同时应邀赴美的还有北京大学教授杨振声、南开大学教授陈序经、金陵大学教授陈裕光、岭南大学教授容启东、中央研究院汪敬熙。他们都是各自大学及其学术研究领域的杰出代表,萨本栋将在麻省理工学院、密西根大学、哈佛大学、伊利诺伊大学等国际一流大学做多场学术报告,[③]这对厦门大学和萨本栋的学术水平,无疑是一种荣誉和肯定。然而,厦大全校师生、校友包括校内工勤人员的心情都极为矛盾,

---

① (德)斐迪南·滕尼斯:《共同体与社会》,商务印书馆,1999年版,第54页。

② 陈华访谈1944级校友,2010年11月24日,访谈地点:厦门大学1944级级友展厅。

③ 李喜所主编:《留学生与中外文化》,南开大学出版社,2005年版,第291—292页。

他们既感骄傲又特别不舍。

1944年5月7日，师生共同举办了"欢送萨本栋校长赴美讲学——厦门大学艺术展览会"。会上展出了余謇、虞愚、何励生、陈三畏等师生的书法，枫野、三畏、世权的金石，一雄、启典、金徕的水墨写生，尚安的铅笔画和纪杜的漫画，还有许多木刻和校园摄影，以及《厦门大学一日》的10篇优秀征文。大四学生出版股出版了4张"艺展壁报"。师生们争先拿出自己的特长，抒发对萨校长依依难舍的情感。会上还展出了四年级学生郑道传的展品"萨校长来厦门大学的前前后后"，选辑了一叠叠的电文和信札，让历史的邮件真切地诉说当初萨本栋创业的艰辛。展览会上最引人注目的是两张照片：一是萨校长8岁时的旧照，二是萨校长与萨夫人伉俪的结婚照，使整个展览会洋溢着其乐融融的大家庭般的气氛。①

5月12日，是萨校长伉俪离汀的日子，这一天成为永远铭刻在师生、校友、工友在汀记忆中最深刻的日子。时任《中央日报》驻汀特约记者吴亮夫的一篇纪实报道了当天的盛况：

欢送，欢送的准备

五月的天气，象征光明，奋发，十二日这一天，天气格外清朗。热烈的气氛笼罩着厦大的周遭，亦鼎沸了整个闽西僻壤的山城。

天刚破晓，八百个莘莘学子，已经开始骚动北山的周遭，焦灼地希望曙光的到来，——因为，他们慈祥的校长萨先生，就在这一天载着科学的光荣，将要远涉重洋，赴美讲学。

"六点钟集合的校钟，敲响没有？"每个厦大的一员，都警惕地传问。虽然，钟声还没有敲过，但是，热情驱使每一个同学的内心，向着集思堂前草地里前进，当记者到达时，已经齐集了许多同学，教授，校友，各界人士，在那儿等着出发欢送了。

"我们先来练习下欢送歌"这一个命令压煞了骚动的群众的情

---

① 根据郑道传遗作，郑启五整理：《我所知晓的萨本栋老校长》，《萨本栋博士百年诞辰纪念文集》，厦门大学出版社，2004年版，第165—168页整理。

绪。

始终秉持一贯精神,为神圣教育而奋斗,二十四年如一日的老教授周辨明博士,他欣欢地这样指挥着。

今天,他斜戴着礼帽,穿着毕挺的西装,由他天真无邪的姿态,越显得他的年青。手舞足蹈,和蔼热诚地指挥着同学们的欢呼歌唱,他一颗热情的童心,荡漾着每一个同学兴奋的情绪。

真挚的敬礼

事前,厦大工友在集思堂侧,集合起队伍,人手一串千响的鞭炮,在等着萨先生的到来,这一支各色各样服装的队伍,引起了全体欢送者的注目。

"快燃香去,校长就要来了"。几个年老的工友指挥着。

这是他们每一个人自动捐献了十块钱来的鞭炮,作为他们真挚欢送校长远行的献礼。

每天辛勤地工作的工友,看到他们校长,将要载誉远涉重洋,为国宣劳,他们内心的兴奋,并不落人之后。当着队伍行进,他们急速分列在队的两旁驰骋着。热情的驱使,他们等不着校长的到来,便开始燃起鞭炮在前导。

每一颗的炮花,弹出每一个工友的热情和微笑,每一颗血与汗换来的炮火,也弹出了每一个工友虔诚敬爱的心声。

伟大的行动

"四年了,我没有参与过这么盛大的行列"。"它像一条巨大的蟒蛇"。

几个同学带着欢怡的心情,兴奋的赞美。

这是发自蛰伏在案头的同学的衷心话,的确的,在厦大,同学实在少有自动参加这样巨大行列的机会,在山城,更难得看到像这样一个热烈的盛典。

从横图岭到中山公园门首,或黄衣或蓝服的男女队伍,绵延有一里多长,大地的胸脯承受着热情的荡漾,长汀市民,万人空巷,争仰萨先生的到来,山城鼎沸了,交通壅塞了。

"自强,自强,学海何洋洋,……"。厦大校歌声震着山城裹空,真的,长汀市民将因迎受着这兴奋歌声,会发出内心的微笑。

同盟胜利的信念

队伍把中山公园门口的街道,成同字形重叠地环绕起来,大家睁大着眼睛,在争仰着站在公园门首石阶上的萨先生伉俪,萨先生身着浅绿中山装,精神奕奕,笑容满面,他看着自己七年来在厦大集结的伙伴,欢送的行列,别情依依,挥情不意,他的每一个动作,都投进了每一个人心坎底处。

"铁声歌咏团团员站出来唱国歌"

"留美的教授和太太们亦都出来唱美国歌。"

周博士看到校长来了,就这样高声指挥着。于是中美国歌,旋律地响彻了云霄,"同盟胜利"的信念,发自群众的心是铁般的坚强。

这位引吭高歌的周教授,尽管用力在挥动着手势,每至最后的一音律,甚至欢欣地跳离开地面,而忘却了滴滴的汗珠从头额滚到下颚来。

火山爆烈了,洪流在倾泻,热情在沸腾,掌声在雷响。

"送亚栋呼",

"轰炸厦大呼",

"厦大冲锋呼";

"一帆风顺呼"。

每一支欢呼歌曲,结实而尖锐的声音,在周教授按拍手势挥动下,从每一个送行者咽喉驱出。人群情绪融化在欢呼声中;山城留下欢呼的余波。

精神传播

汽车马力吼动了,将要向千山重叠的去处驰骋。

"自强,自强,学海何洋洋,吁嗟乎,南方之强!"唱完了校歌以后,一面蓝绸标志的小型校旗,两束杂色美丽的鲜花,开始分由三位女同学呈献在萨先生伉俪的手里,掌声如雷,欢呼若狂。"厦门大学"的标识,将要飘扬在西方,"止于至善"的精神,将要远播在美国。

"谢谢!"萨先生伉俪真挚致谢,并与各界欢送首长握别后,遂即等车,启节西行。

迎接专车开始蠕动,萨校长挥着礼帽,萨太太舞着鲜花,送行者举着手,跳叫,鼓掌,挥巾,狂呼……

范筱澜、庄昭顺等三位女生向萨本栋伉俪献花

直至今日,人们谈到厦门大学,自然会想起萨本栋,全校师生欢送萨本栋赴美讲学的盛况已定格在亲历这段历史的每一个人的心中。萨本栋所代表的抗战时期厦门大学共同体的精神内涵渗透到大学成员的日常思维习惯和行为方式中,形成气类相近、旨趣相同、富有强大亲和力的学术文化和气质。特别难能可贵的是,这种学术文化和气质饱含着振兴民族、敢于担当、甘于奉献的人生理想和价值追求,使得"民族危机中的大学认同"富有恒久的生命力和影响力。

1949年1月,萨本栋因癌病逝世在美国旧金山。按照遗嘱,他的骨灰埋葬在厦门大学的校园里。半个世纪过去了,当年的学生们为他重修了墓园,每当他们回到母校时,一定要来到他的墓碑前默默地鞠个躬,以表达对他深深的怀念和敬意。台湾海峡两岸校友为他出版了《萨本栋文集》,美洲校友为他设立了"萨本栋教育科研基金会",发起筹办了"萨本栋微机电研究中心"。2002年,厦门大学为纪念他的百年诞辰举办了纪念会和学术研讨会。① 刚过去不久的2012年,厦门大学承办了一场规模更大的国际物理学科大会,其中一个重要议题是纪念萨本栋博士诞辰110周年并纪念他为这所大学做出的不朽贡献。

---

① 陈孔立:《谈"本栋精神"》,《萨本栋博士百年诞辰纪念文集》,厦门大学出版社,2004年版,第11页。

第三章 战火中的教师生态:热爱与坚守

教师没有对育人工作的热爱和坚守,没有对文化创造活动的不竭激情,就不可能形成大学认同,更不可能将认同内化为自身行为,自动自发地为大学发展尽力。

在多灾多难的战乱年代里,人如浮萍般飘荡不定。师资紧缺、教师流失是各大学的常态,教师无可非议地将生命保障、财产安全、交通便捷等因素作为选择大学的重要理由。处于抗战前线的长汀厦门大学,不仅留住和吸引了一批教师坚守岗位,而且他们全心全意地投入教学,把教书育人工作视为推动社会进步、实现民族解放的重要组成部分,他们自觉融入、主动承担起大学的使命与目标。

第一节 教 师 概 况

抗战爆发后,从全国范围来看,大学教师流失数量惊人。1937至1939年,全国专科以上学校教师人数均比战前的1936年减少25%、20.6%、13.9%(见表3—1),沦陷区高校教师的流失比例更高[①]。厦大迁至闽西长汀办学,成为粤汉铁路线以东唯一的国立大学。厦大远

---

① 吴民祥:《流动与求索:中国近代大学教师流动研究(1898—1949)》,浙江教育出版社,2006年版,第256页。

离西南文化教育中心,战时东西交通极为不便,从地理位置而言,厦大又是最逼近战争前线的国立大学,吸引教师前来应聘并留住教师的难度不言而喻。然而,最终厦大不仅吸引了一批著名学者汇集此处,而且随着办学规模的扩大,教师数量也随之增长。相比于同期全国其他高校,厦大教师的流失率更低(见表3-2)。

表3-1:抗战时期全国高等学校教师数量统计①

学年度	高校数	教师数	各学年教师数占1936年教师数的百分比
1936	108	7 560	100%
1937	91	5 657	75%
1938	97	6 079	79.4%
1939	101	6 514	86.1%
1940	113	7 598	101%
1941	129	8 666	115%
1942	132	9 421	125%
1943	133	10 536	139%
1944	145	11 201	148%

表3-2:1936—1944年厦门大学教师数量统计②

学年度	教师数	各学年教师数占1936年教师数的百分比
1936	49	100%
1937	59	120%
1938	60	122%
1939	67	137%
1940	70	143%
1941	78	159%
1942	91	186%
1943	102	208%
1944	109	222%

师资是学校的命脉,关系大学的发展。厦大教师主要由两部分组成:原有私立时期留任的教师和萨本栋掌校后新聘的教师。

---

① 根据余子侠:《民族危机下的教育应对》,华中师范大学出版社,2001年版,第223—224页统计。
② 根据厦大档案馆案卷号011全卷、012全卷汇总整理。

一、私立时期的留任教师

1937年7月,刚转为国立的厦门大学百废待兴。由于战争影响、人事变动、面临举校迁移等因素,私立时期的49位教师近半数(24位)先后离开学校,有25位教师继续留任。留任教授多是各学院、系的创系元老或学科带头人,如周辨明是文学系的创系主任、余謇也是该系的元老之一,陈友松、王衍康是教育系早期重要创办人,林惠祥、陈子英、冯定璋、杨振先、刘椽、吴士栋、李庆云等分别是所在院系的学科带头人。他们对厦大怀有的责任感和对学科建设的深厚情结是他们继续留任的重要原因;他们的留任保证了学校的育人工作不致突然陷于瘫痪,并且带动了一批讲师、助教留在学校工作,避免了学校可能产生的"师荒",成为抗战时期稳定厦大教师队伍的重要力量。私立时期留任教师的坚守是形成长汀厦大教师认同的一个重要因素。

1938年,私立时期留任教师的职级分布和留任教授详见表3—3、表3—4①。

表3—3:私立时期留任教师职级分布

学院	教授	副教授	讲师	助教	合计
文学院	6	0	2	1	9
理学院	4	1	3	4	12
法商学院	4	0	0	0	4
合计	14	1	5	5	25

表3—4:私立时期留任教授一览

序号	姓名	到校时间	私立时期任职情况	1938年任职情况	学历/经历
1	周辨明(文学系创系元老)	1921.4	文学院院长、注册部主任	教务长兼文学系主任	哈佛大学研究院研究生、德国邯堡大学语言文学博士/圣约翰大学、清华大学、伦敦大学东方学院教授
2	王衍康	1923.12	教育学系教授	教育学系教授	国立南京高等师范学校毕业/安徽教育厅视学

---

① 根据厦门大学档案馆案卷号061全卷整理。

续表

序号	姓名	到校时间	私立时期任职情况	1938年任职情况	学历/经历
3	余謇	1927.8	文学系教授	文学系教授	北京大学中国文学门学士/江西私立心远大学教授
4	林惠祥	1931	历史社会学教授	历史学教授	厦门大学学士、菲律宾大学研究院人类学系硕士
5	林觉世		数理系教授	数理系教授	
6	陈子英	1929.8	理学院院长	生物学系主任	哥伦比亚大学哲学博士/燕京大学教授
7	冯定璋	1931.8	商学院院长兼商学系主任	商学院院长兼商学系主任	哥伦比亚大学银行理财硕士/东南大学、光华大学、交通大学教授
8	杨振先	1931.8	法商学院院长、政治系主任	经济系主任	印第安那大学政治学博士/暨南大学、交通大学、中国公学教授
9	刘椽	1931.9	理学院院长	化学系主任	美国意利诺大学理硕士
10	张怀璞	1934.8	化学系主任	化学系教授	法国南锡大学博士/河南大学教授
11	吴士栋	1935.7	历史学系主任	历史学系主任	哈佛大学硕士/河南大学、大同大学、中国公学、复旦大学教授
12	李庆云	1935.7	文学系教授	文学系教授	澳洲悉尼大学文学士/英伦肯法院律师
13	陈世騠	1935.8	生物系教授	生物系教授	美国康奈尔大学博士
14	陈友松	1936.7	教育学系教授	教育学系教授	哥伦比亚大学哲学博士/大夏大学教授
15	朱保训	1936.8	商业学系教授	商业学系教授	哥伦比亚大学哲学博士/燕京大学、齐鲁大学教授
16	崔宗埙	1936.8	经济系教授	经济系教授	美国斯坦福大学博士/中国公学、暨南大学、中央大学、安徽大学教授

二、萨本栋延聘的教师

萨本栋秉持"大学之良窳,几全系于师资与设备之充实与否,而师资为尤要"①的理念。在接受任命伊始,他就把延揽著名教授作为自己的重要任务。通过留美的关系,清华师友梅贻琦、顾毓琇等的帮助以及在校教授、院长引荐等各种渠道,萨本栋抓住一切可能机会网罗教师。在其上任的第一年(1937—1938年度),就新聘到校教师24名(教授10名、副教授3名、讲师2名、助教9名),其中不乏一批知名学者②:

  文学院:

    中国文学系 副教授:林庚

          助教:郑朝宗、黄典诚、陈荣真

    教育学系   教授:彭传珍、李培囿

          讲师:杨希纯

    历史学系   副教授:谷霁光

  理工学院:

    化学系   教授:蔡镏生、王宗和

          助教:蔡启瑞、陈允敦

    数理系   教授:陈世昌

          助教:杨龙生、郑曾同

    土木工程系 副教授:俞浩鸿

  商学院

    经济系   教授:孙越、曾克熙

          讲师:李祥麟

    会计系   教授:萧贞昌、黄雁秋

          助教:周国珍

---

① "梅贻琦在清华建校25周年的讲话",1936年。
② 根据厦门大学档案馆案卷号011全卷、012全卷汇总整理。

体育部

  主任/教授：陈掌谔

  助教：周天民

以上教师都是一时之选，进一步缓解了国立厦大初期的师资紧张状况。不过，战争时期，人事流动不定，萨本栋延聘教师的努力贯穿其任职始终。根据厦门大学档案馆藏"国立厦门大学教员各年度概况简表""长汀时期厦门大学历年概况"《厦大通讯》《厦大组织机构沿革暨教职员工名录》统计进行比对，除1945年教师资料缺失外，1937至1944年，萨本栋共新聘教师158人。

表3-5：1937-1944年厦大新聘教师数量统计

学年度	教授	副教授	讲师	助教	合计
1937	6	1	1	3	11
1938	5	2	1	6	14
1939	14	0	1	4	19
1940	8	1	2	8	19
1941	4	3	3	9	19
1942	8	3	3	9	23
1943	6	4	6	15	31
1944	6	1	0	12	19
1945 有缺失	0	0	1	2	3
合计	57	15	18	68	158

综合考察以上教师专长可知，萨本栋掌校后，学校邀请到的是一批曾在国外一流大学读书，深受多种文化熏陶，精通外语，学有专长的知名教授。

  文学院：李培囿、李笠、杜佐周、刘天予、阮康成、施蛰存、郭宣霖、张文昌、陈景磐、谷霁光、林庚

  理（工）学院：傅鹰、朱家炘、谢玉铭、蔡镏生、李琮池、陈旭、刘晋橙、黄文炜、徐仁铣、黄中、王敬立、李厚田、周长宁、徐人寿、张稼益、汪德耀、黄苍林

  商学院：黄开禄、萧贞昌、曾克熙、萧伟信、陈德恒、郭尚文、郑健峰、周覃祓

法学院：高梦熊、吴芷芳、何炳梁、陈文藻、邹文海、周楠

新聘教授大多受过很好的专业训练，73%以上的教授有留学经历，多留学欧美，特别是以留美的居多。如1937—1944年，根据目前确凿史料查证，新聘的57位教授中，42位教授有留学经历，其中35位留学欧美，获博士学位的有24位。

表3-6：1937—1944年厦大新聘教授统计①

姓名	籍贯	院系别	到校年月	学历	留学国家
萨本栋	福建	理工学院	1937	博士	美
蔡镏生	福建	理/化学系	1937	博士	美
彭传珍	福建	教育学系	1937	硕士	美
陈掌谔	福建	体育部	1937	不详	/
李培囷	福建	教育学系	1937	博士	美
孙越	浙江	经济系	1937	硕士	美
萧贞昌	湖北	会计系	1938	博士	德
曾克熙	福建	经济系	1938	硕士	美
陈世昌	江苏	数理系	1938	博士	美
王宗和	福建	化学系	1938	硕士	美
黄雁秋	福建	会计系	1938	学士	日本
傅鹰	福建	化学系	1939	博士	美
黄开禄	广东	经济系	1939	博士	美
朱家炘	湖北	机电系	1939	博士	美
李琮池	湖南	生物系	1939	博士	美
萧伟信	广东	经济系	1939	博士	瑞士
黄文炜	不详	土木工程系	1939	博士	美
叶明升	不详	土木工程系	1939	不详	/
张熙	不详	土木工程系	1939	博士	美
刘汝强	不详	生物系	1939	博士	美
杜佐周	不详	教育学系	1939	博士	美
高梦熊	福建	法律系	1939	学士	日本
刘晋橙	福建	土木工程系	1939	不详	/
谢玉铭	福建	数理系	1939	博士	美
刘天予	安徽	文学院	1940	学士	/
阮康成	广东	教育学系	1940	博士	美
徐仁铣	江苏	数理系	1940	博士	美
黄中	四川	土木工程系	1940	硕士	美

① 根据厦门大学档案馆案卷号011全卷、012全卷汇总整理。

续表

姓名	籍贯	院系别	到校年月	学历	留学国家
王敬立	浙江	土木工程系	1940	硕士	美
李厚田	浙江	土木工程系	1940	硕士	美
吴芷芳	浙江	法律系	1940	硕士	美
何炳梁	广东	法律系	1940	博士	美
周枏	江苏	法律系	1940	博士	比利时
时昭涵	湖北	化学系	1941	博士	美
周长宁	广东	数理系	1941	博士	美
徐人寿	浙江	土木工程系	1941	不详	/
陈德恒	江苏	会计系	1941	硕士	美
张稼益	广东	机电工程系	1942	硕士	德
邵尚文	福建	经济系	1942	不详	/
陈景磐	福建	教育学系	1942	博士	加拿大
陈文藻	浙江	法律系	1942	硕士	/
李笠	浙江	中国文学系	1942	中学	/
邹文海	江苏	政治系	1942	硕士	美
陈掖神	福建	政治系	1942	不详	/
郑健峰	福建	银行系	1942	硕士	美
盛希音	浙江	数理系	1943	不详	/
陈朝壁	江苏	法律系	1943	博士	比利时
方德植	浙江	数理系	1943	学士	/
罗孝登	福建	土木工程系	1943	学士	/
陈烈甫	福建	政治学系	1943	硕士	美
汪德耀	江苏	生物系	1943	博士	法
陈福习	福建	机电工程系	1944	不详	/
林镕	江苏	生物系	1944	不详	/
王亚南	湖北	经济系	1944	本科	日本
翁郁文	浙江	不详	1944	不详	/
戴锡康	福建	化学系	1944	不详	/
黄苍林	福建	理工学院	1944	硕士	新加坡

萨本栋引聘的教师中，有后来继任校长的汪德耀和王亚南，他们为厦大后来的发展做出了杰出的贡献；有厦大发展的骨干：如训导长、教育系教授彭传珍，文学院院长刘天予，教育系主任李培囿，理工学院院长傅鹰、谢玉铭，机电工程系主任朱家炘，商学院院长黄开禄、陈德恒，法学院院长吴芷芳，法学院教授邹文海等，还有谷霁光、蔡镏生、曾克熙、萧贞昌、黄典诚等，这些人都曾担任校务会议成员，为在校内营

造团结和谐的大学氛围做出了各自的贡献。

三、新聘教师来校因素分析

（一）就近择校

在兵荒马乱、东西交通异常不便情况下，尽管西南大后方是科教文化交流中心，但毕竟路途遥远，需长途跋涉且危险重重，东部和东南地区知识分子多选择在邻近自己家乡或祖籍地工作，而厦门大学一度是东南唯一一所国立大学，也就自然吸引了一批东南各省的教授来校工作。

根据1937—1944年厦大新聘的158位教师的籍贯统计，主要来自13个省份，其中福建籍85位（占53%），其余依次为浙江21位（占12%），江苏12位（占7%），广东9位（占6%），湖北5位（占5%）。排名前四位的福建、浙江、江苏、广东均为东南省份，四省新聘教师占全体新聘教师的78%，其中尤以福建占主体，不难看出，战乱时期"就近择校"是教师选择厦大的一个重要因素。

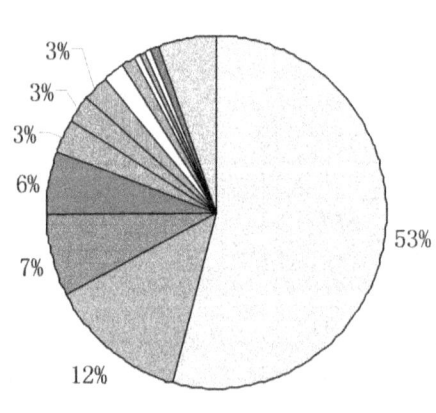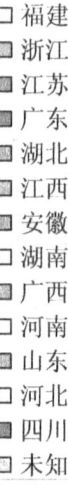

1937—1944年厦大新聘教师籍贯统计图

（二）地缘、学缘因素

中国人的地缘意识极为浓厚，依随籍贯而聚集是知识分子共同体建构过程中的一个重要规则。特别是抗战时期,社会动荡不安、人心恐慌,亲切的乡音会立刻缩短相互之间的距离,获得一种自在感和安全感。甚至有些在西南地区任教的教授,也因地缘影响,更愿意到厦门大学任教。1943年,祖籍厦门的陈烈甫教授应萨本栋之邀到厦大任教,在回忆他当年为何从四川大学"舍内陆的后方,至近海的前方"时,他说:"厦大为福建唯一国立大学,八闽子弟甚多,得与乡邦子弟,聚首研述,亦一佳事。"①

学缘包括师生关系和同学关系,这也是教师来厦大工作的另一重要缘由。1937—1939年,学校新聘的44位教师中,有10位毕业于清华,8位毕业于厦大,共同的大学背景是他们走到一起的重要原因。其中,青年教师大都毕业于厦大,部分毕业于清华、交大等校。在教授级教师中,缘于萨本栋出身清华,厦大来了一批清华知名学者,如:时昭涵、傅鹰、黄开禄、朱保训、邹文海、周长宁、林庚、郑朝宗等。② 教授们在萨本栋全心全意办好厦大的感召下,又协助推荐了一批同学或校友来校工作。如1940年,中国罗马法泰斗、被誉为"罗马法的活字典"、比利时鲁文大学法律博士周枏受萨本栋之邀来校工作;为了进一步充实厦大法学师资队伍,他邀请与其同在比利时鲁文大学获得博士学位的同学陈朝璧来校工作。1943年陈朝璧到厦大工作,一干就是23年,先后任厦门大学法律系教授、中文系教授,兼任法律系系主任、厦门大学教务长和代校长等职。

学缘、地缘有时交织在一起,共同作用于师资的流向,特别是在同时面临多个选择时,学缘、地缘关系往往发挥着特殊的作用,是教师群体不可忽视的关系纽带。

(三)萨本栋的人脉资源

尽管长汀富有历史和文化底蕴,且地方政府和民众给予厦大多方

---

① 陈烈甫:《挥泪别厦大》,见台北市国立厦门大学编印:《厦门大学校友纪念母校创立五十周年专辑》,1971年4月6日。

② 潘懋元,石慧霞:《长汀时期的厦门大学与西南联大之比较》,《厦门大学学报》(哲社版),2008年第5期,第48—54页。

面的支持,但是,相比于西南大后方,长汀毕竟僻远而闭塞,起初教师并不愿意前来工作。萨本栋以他个人的声望以及与清华大学和留美的关系,邀请到一批有声望的教授、副教授来校任教,萨本栋多次写信给自己在清华和留美等地的师友,如梅贻琦、朱自清、黄开禄、傅鹰、彭传珍等,聘请他们前来任教或推荐学者来汀。1939年8月5日,萨本栋发信洽聘黄开禄(著名经济学教授)由重庆前来执教,信中力透纸背的是萨本栋求贤若渴的心情和诚恳相邀的姿态,我们不得不感叹有此"伯乐"何愁无"千里马"。

开禄先生:

顷接七月九日手示,欣慰莫名,承不我遐弃,惠允赐临此不独敝校之荣实东南学子之幸也。

关于吾兄摆脱现职事,昨经电达钱端升兄,请为关照,顷又专函钱一黎兄,说明目前东南高教现状及维持之重要,想一黎兄素重教育,关怀国本,对此定无不允,寄望毅然早来,庶慰饥渴,是所企盼!

来汀路线,现在海道被敌封锁,较不易行弟意似以遵陆为佳,闻自渝而黔而湘而赣而汀,通行颇畅,秩序亦好,上月有同人自湘挈眷来汀者五日而达,则此路似比较安全,兹附路线表一纸,乞察阅为荷!

弟赴渝之行,现尚未定,盖一因值此时局,未便久离职守,二则校务纷繁,亦复不易脱身,然能否成行,本月可决,倘能如愿,则届时定当躬亲奉迎也。又湖大数理系主任谢玉铭接受敝校聘请,决来此担任数理系教授兼理学院院长,渠现已返贵阳料理家务,事毕即可来汀(其现在通讯处为贵阳医学院李贵真转)。重庆大学化学教授傅鹰(肖鸿)兄亦于此次惠允来汀,设帐敝校,吾兄倘能觅此二君结伴同行,则一路不惟互获照应,且不寂寞,岂不大妙?

二君处弟均已有函告知之,请兄就近再行接洽如何?(如弟能前往,则自当一路邀请同行)把晤有期,喜幸无似!何时动身?尚望预赐电示为盼!专泐

祇祝

时祺

弟　萨本栋①

信发出不久,萨本栋就收到黄开禄同意来校执教并想了解赴汀行程的函件,萨本栋马上又复函给黄开禄:

兄惠赐指示,不胜感盼！自渝来汀,目下水陆均可通行。(水行经昆明港福州或汕头到汀,陆行经贵阳桂林赣州瑞金到汀。)惟兄择之,开学之期,约在九十月间,至于旅费一节,敝校虽无此项负担之规定,但值此时,消耗甚重,弟决设法将兄之薪俸自七月份起致送,如此无形中当可减免吾兄远道跋涉之盘费损失,总之,无论如何,凡弟绵力所能及者,决当尽力为远道前来之教授谋其便利,尚望

察谅惠允,无任翘乞！倘蒙

慨诺,并希先以一电赐慰为祷！临颖神驰,竚盼

嘉音！专泐

祇祝

台祺

栋②

萨本栋几乎调动了所有人脉关系,给自己所熟悉的大部分知名学者去信,以他的诚意和对人才的渴求,为学校引聘到较为充足的师资。他甚至不"放过"路经长汀的知名学者,创造各种可能的条件吸引他们留校任教。如1942年,长于西方政治思想及制度研究的学者邹文海自崇安赴中正大学,道经长汀。萨本栋得知后,盛情邀其晚宴。由于萨本栋是其清华大学师长辈,邹难却美意。席间,萨本栋告知厦门大学政治学系已是"真空",师资极度匮乏,竭力劝说邹文海留下帮忙。时任法学院院长黄开禄教授也在一旁从中力劝,告诉他说厦大政治系

---

① "萨本栋给黄开禄的信函",见厦门大学档案馆卷宗号015-14。
② "萨本栋给黄开禄的信函",见厦门大学档案馆卷宗号015-14。

真的一位先生都没有,从需要来说,厦大实远超过中正大学。① 萨本栋和黄开禄的一席话,使得邹文海大有义不容辞之感,于是,邹文海受聘为厦门大学政治学教授,同时兼任政治学系主任。

(四)长汀的人文环境

长汀,又名汀州,位于福建西部汀江上游,为闽赣两省的边陲要冲。这里气候宜人,物产丰富。相传汉代置县后,从盛唐至清末均是州、郡、路、府的所在地,亦是客家首府。在悠久的历史中,不仅留存了许多珍贵的文物古迹,还留下了许多文化名人如张九龄、朱熹、文天祥、纪晓岚的足迹,民间流传着许多文人轶事,为长汀积聚了深厚的文化底蕴。它曾成为闽西政治、经济、文化中心,有"东南小上海"之称。抗战时期,厦大安处一方,弦歌不绝,是长汀优越的地理环境、坚实的物质基础,地方政府及人民群众的全力支持,为教师提供了优良的社会环境。据厦大历史系教授林惠祥(1926年毕业于厦大)等人在长汀的考察,发现多处新石器时代的文化遗址,证明了远在二千年以前就有古闽越族人在长汀繁衍生息,是福建古老文化摇篮之一。

长汀依山傍水,风景秀丽,是一座美丽的小山城。对长汀城,历史典籍不乏记载,许多著名诗人都有描述。宋元丰六年(公元1083年),汀州太守陈轩的《咏汀诗》:"一川远汇三溪水,千嶂深围四面城。花继腊梅长不歇,鸟啼春谷半无名。"准确地描述了汀州的山水风光。汀州府处于千嶂之中,山峦迭翠,四周筑有城墙,又有"高城固壁"之称。②宋代著名诗人陆游在其《长汀道中作》诗中写道:"晚过长汀驿,溪水乃不奇。老夫惟坐歇,造物为陈诗。鸟送穿林雨,松垂拂涧枝。凭安如忘发,不是马行迟。"更表述了他对长汀风光的依恋。一些教师刚到厦大,就对长汀的山水风光感触颇深:"龙山在城的北部,毗邻厦大校址,上面有个北极楼,从那里可以坐看长汀全境……"他们对长汀八景之一的梅林也印象深刻:"大约有数百株,平时无甚可看,一至隆冬便不

---

① 邹文海:《怀念萨本栋校长》,台湾《传记文学》,第一卷第三期。
② 长汀县地方志编纂委员会编:《长汀县志》,生活·读书·新知三联书店,1993年版。

同了,树上长满红、白梅花,远望如云霞堆叠,绚烂之极;到了近旁,则阵阵清香,爽心悦鼻……"①

当然,影响新聘教师选择厦大的因素远不止上述所列,但不论是何原因,有一个因素是共同的:他们的选择与抗战的时代背景直接相关,"这是最困苦的时代,也是最伟大的时代""不但是一个民族翻身与永劫的转折点,也是整个人类迈进光明或黑暗的发韧期",②教师自觉肩负起他们的使命和责任,为了拯救国家、为了挽救后代而贡献自己的精力与才智,他们在教书育人中认同大学、在文化体验中认同大学、在迁徙流转中认同大学。

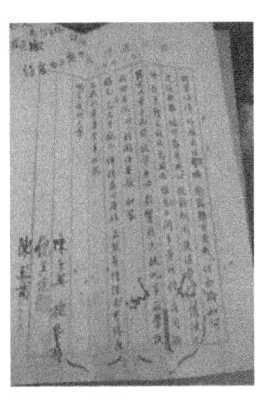

教授克服住房困难坚持教学的信件

第二节　在教书育人中认同大学

抗战时期,厦大教师的主要任务是"教书育人",学校对教师的科研没有具体要求。在教学与科研关系问题上,教师坚持以教学为中心,以育人为使命。教师的研究融入教学,为教学服务,在教学中实现个人的人生价值。可以说,厦大教授队伍是一支教学生力军。

---

① 郑朝宗:《汀州杂忆》,见 http://bbs.ctw.cn/thread-9510-1-1.html。
② 蓝海:《中国抗战文艺史》,山东文艺出版社,1984年版。

一、教授全力上课

厦门大学基础课讲授阵容强大。1944级学生、中科院院士张存浩回忆说："萨本栋每个学期亲自讲授《初等微积分》或《普通物理》。在他的影响下，著名的谢玉铭教授亲自讲《普通物理》，傅鹰教授亲自讲《普通化学》，使厦大基础课的讲授阵容不仅为当时国内所仅有，而且从60多年后的今天来看，也是很难找到的。"校长萨本栋不仅注重学校的基础课程教学，而且对自己的教学更是要求"苛刻"：在校务极端繁忙的情况下，他承担的教学任务有时甚至超过一个专职教授的工作量。1942年，土木系缺少"结构学"教授，他向清华大学吴有训教授求助，希望能够代为物色，并且打听清华用的是什么课本，请代为购买。因为他已经做好准备，"如无法找人担任此课，或将由弟自授也"。此外，他还代开过"普通制图学""机械制图学"等课，还曾经教过"大一英文"。所以，人们称他为"〇型"代课者。① 在萨校长的影响和感染下，当时教授、副教授集中全力授课。迁汀初期，商学院教师人数少，院长冯定璋教授一个人开设了汇兑学、金融市场、银行实践、经济学说史、财政学、银行货币学、会计学（二）、成本会计、官厅会计、审计学等十门课程，教学工作量超过常规一倍以上。周辨明教授在兼任教务长的同时，仍开设四至五门课程，1938学年度下学期每周担任17课时，乘以各课程修习的学生数，每周人时总数达693。理学院院长兼数理学系主任谢玉铭教授，于1939年到任后，第一学期就开设五门课程，每周担任25课时，每周人时总数为485。其他教授、副教授每周担任的课时，绝大部分都在10小时以上，其中相当一部分超过20课时。② 我们

---

① 陈孔立：《谈本栋精神》，《萨本栋博士百年诞辰纪念文集》，厦门大学出版社，2004年版，第18页。

② 洪永宏编著：《厦门大学校史》第一卷（1921—1949），厦门大学出版社，1990年版，第201—202页。

从1945年1月经济系教授黄开禄一周的主要工作和活动,①对当时教授的工作量可略见一二。

表3-7:黄开禄教授一周的主要工作和活动(1945年1月)

日期	课程及有关活动
1月15日(星期一)	上午:"经济学"课程(因中途警报,上课时间前后三小时) 中午:木屋学会学生来谈活动计划 下午:陈烈甫教授夫人家访
1月16日(星期二)	上午:"经济地理学"课程 下午:警报历时3小时 傍晚:行政会议
1月17日(星期三)	上午:上课(课程名称不详)、写学报论文
1月18日(星期四)	下午:"经济地理学"课程 傍晚:与学生在虎背山散步谈心
1月19日(星期五)	上午:"经济学"课程
1月20日(星期六)	上午:上课(课程名称不详)、写学报论文 下午:校务会议
1月21日(星期日)	木屋学会之月会活动

教授专注于上课,不仅表现在他们为此所投入的大量时间和精力上,甚至表现在他们的行为和着装上。一位校友回忆说,"我主修经济系,是黄师开禄之导生。黄师上课,走向教室步履生风,穿当时罕见之优质合身西服,显现其强壮而挺直躯体。着洁白无皱衬衫,领带结处坚实,以领带钉别丁领口托之,使领带更凸出亮眼;讲课,语调铿锵,手势有劲;均表露精神奕奕之英风。亦使学生听课精神为之一振。"②

在战乱状况下,教师时刻不忘关注学生知识结构的更新。黄开禄教授在美国进修经济学时,数学经济已是显学,但在国内尚属新知,大学尚少开设这方面的课程。黄开禄认为,学生在就业后必将用到相关知识,因此,他专门为学生开设了"数学经济概论"一课,建议三、四年级学生自由听课。不仅如此,当时教师将视野触及到日常生活的方方

---

① 黄开禄:《风声鹤唳忆厦大——摘自一九四五年初四十八天在长汀之日记》,《国立厦门大学六十周年纪念特刊》,国立厦门大学台湾校友会编印,1981年版。

② 参见1938级经济系校友邹幼臣回忆录:《忆恩师·谢良教·述受益》。

面面,他们的教材因包含了大量的"鲜活现况",被同学们称为"活教材"。朱葆训教授讲《货币学》时,正值国内"法币"趋向贬值;萧伟信开《财政学》课时,正值政府财政支绌,筹谋开源,福建省府正研拟开征田赋。两位老师讲解两门学科的学理时,均就世界各国之相关制度、政策与施行现况及所面临之困境、问题和解决办法,作详细说明、深入阐释。同学将听课心得撰成论文,如"论我国法币贬值""论财政支拙诸问题政府宜采之对策"等文章,有的学生还因此被聘为《汀江日报》"财经新闻"栏目的特约评论员,专为该报撰写相关财经文稿。①

二、研究融入教学

学校对于教师的科学研究,采取自由自主的态度。教师可以自由地从事自己感兴趣的科学研究,把趣味与研究结合在一起。教师常常将自己的新发现"带入"课堂,或者与学生共同开创探索未知领域,将研究融入到教学当中。教师自主开展的研究,如雨后春笋,蓬勃发展。如理学院的教授们与他们的学生合作,共同开展了多项科研工作:陈子英教授喂养着中国最好的果蝇族系(用红薯代替香蕉以充饲料);年轻有为的生物学家廖翔华做关于等脚类寄生虫的研究,特别注意一种很奇异的怪鱼,学名叫做 Ichthyoxenus chengi,它寄生在缨口鳅(学名 Crssostma stigmata)的肚子里,形成一个硕大的囊;物理学方面,周长宁博士在信息隔绝的环境下,做着宇宙线的理论研究;地质学家陈允敦基于教学需要,自制计算尺、对数坐标纸和别种图表纸;物理化学家蔡启瑞和同学们利用脂肪酸的镉盐加水分解后所生的电动势,借着一种分布系数的方法,测定低分子量的脂肪酸的混合物——直到撷草酸为止。②

教师的研究兴趣与教学相得益彰,并行不悖。不时有教师将备课资料整理出版,影响广泛。在这方面,萨本栋起到了表率作用。他在

---

① 参见 1938 级经济系校友邹幼臣回忆录:《忆恩师·谢良教·述受益》。
② 李约瑟著,徐贤泰,刘建康译:《战时中国之科学》,上海中华书局,1947年版,第 77—78 页。

清华任教时,将讲课内容整理出版《普通物理学》(1933年)和《普通物理学实验》(1936年),成为当时大学通行20多年的专用教科书。1946年萨本栋整理其在厦大的教案,在美国出版《交流电机基础》(Fundamentals of Alternating Current Machines),受到美、英等国科学界的极高评价,被誉为物理学、电机学巨著。① 文学系教授施蛰存的《读太史公自序旁札》也是当年的备课讲义。② 他在厦大任教时,看到图书馆期刊部书库里的许多黄封面的美国版戏剧杂志《舞台》,对戏剧产生兴趣,尤偏好独幕剧,择优翻译,陆续译成不下三十余部剧作。这也对他在老年时期兴致勃勃地选编《外国独幕剧选》有一定的影响。施氏在校图书馆阅读之余,翻译了保加利亚和匈牙利作家的小说作品,读了英译版的尼采全集和几本希腊诗集,并选译了几十首希腊诗。那时,他还在图书馆读到不少法国近代诗人雷米·特·古尔蒙的作品,于是热衷于翻译其散文诗,后来发表在《文艺春秋》上的译作《女体礼赞》就是当时从校图书馆找到的古尔蒙《给女人的书简》一书中选译的。施蛰存尽读校图书馆中所藏宋元人笔记杂著,多达七八十种,从中抄出两份资料:一是有关金石碑版文物者,编成一书,题为《金石遗闻》;二是有关词学之评论琐记,也辑为一书,题名《宋元词话》。据此研究成果,1942年,施蛰存给学生开过一门跨系的国文课"专书选读",当年听课的学生回忆说,"施先生的课上得非常精彩",这是他在闲暇研究所得基础上结出的丰硕果实。

三、理论联系实际

厦大教师充分认识到实用学科人才的培养对于民族兴旺、国家昌盛具有重要的基础性作用,因而他们特别重视带领学生开展面向实际应用的研究。如教育学家、心理学家、美国教育家杜威的学生、教育系主任李培囷认为:"校舍建筑得当与否与教育的关系非常密切,校舍管

---

① 许乔臻,林鸿禧编:《萨本栋文集》,厦门大学出版社,1995年版。
② 沈建中:《遗留韵事:施蛰存游踪》,文汇出版社,2007年版,第192—209页。

理得好不好更与学校经济有重大关系,是学校行政上的一个重大问题。而他认为就中国各级学校校舍的建筑与管理情形看来,校舍的建筑与管理是一个很有研究必要的问题。"①1938年12月,学校各院系呈报的实际问题研究多达25项,其中,关于长汀等福建县市现实问题研究10项,战时教育、经济问题研究8项,教学改进的应用研究4项,大学校舍管理等其他实际问题研究3项。而且,这些应用性极强的研究不久就已见成效,如周辨明、李庆云研究大学英文教学问题,出版了相应的教学用书——《英文一选读》和《英文二选读》;②周辨明研究长汀方言,还著有《长汀方言与国语》;陈子英教授出版了《青春之生理》,并且用含碘多的海菜为民众治疗"大脖病"(即单纯性甲状腺肿)。③

为了适应抗日和文化教育的需要,厦大教授纷纷在《中南日报》④主编一些学术性副刊,就社会热点问题集中讨论,"以通俗文字,表达典奥学理,深入浅出机趣横生",⑤如黄开禄教授主编的《经济副刊》、谢玉铭教授主编《科学副刊》、李培囷教授主编《教育副刊》、冯定璋教授主编《商学副刊》和魏应麒教授主编《闽赣话余》等等。教师热衷于实际问题的研究,对学生的影响也很大。学生利用假期到省内各地对口工厂实习,验证理论,提高实际操作能力。⑥生物系学生还利用课余对闽西的寄生动物、鸟类及其他脊椎动物的形态生态进行研究,并在教师指导下建立专门的实验场所,既锻炼学生动手能力,也培养了学生的专业技能。在学校的大力倡导和教师研究气氛的影响之下,校中师生共同开展现实问题研究的氛围极为浓厚。各系学生自发成立的专业

---

① 厦门大学档案馆卷宗号028-8。
② 厦门大学档案馆卷宗号028-8。
③ 范汝森:《抗日战争时期的长汀文化教育》,《长汀文史资料》第26辑,1995年版。
④ 原名《汀江日报》,1938年6月由浙江人王僧如私人创办,国际、国内和地方新闻俱全。《汀江日报》日发行2000份以上,行销邻近十数县。1939年11月改为《中南日报》,发行量大增——笔者注。
⑤ 《母校迁汀后对于长汀社会之影响》,《厦大通讯》第二卷第三、四期,1940年4月20日。
⑥ 刘海峰,庄明水:《福建教育史》,福建教育出版社,1996年版,第547页。

学会,活动频繁,学生经常邀请教师作为学会顾问,教师积极参与学生的研究讨论。这一时期,经厦大化学系师生共同试制成一种新工艺,在土纸浆中调配松香皂液和明矾,研制成功了"改良纸"。这种改良纸改变了原来长汀土纸只适宜墨汁毛笔书写,不适宜钢笔书写的缺点,改良纸书写即干,胶性持久,不会透水,适宜于钢笔书写和印刷,邻省争相来长汀购买,深受好评,适应了社会需要。① 长汀厦大之所以成为一所组织凝聚力极强、成就卓著的大学,与教师尤其是名师以身作则、无私付出,引导学生关心社会民众、健全自身人格息息相关。

四、师生亦师亦友

抗战时期,虽然物质匮乏,但师生总能想出各种办法丰富课余生活。周辨明,著名语言学家,1921年陈嘉庚创办厦大时,任文学系首任系主任,在厦大任教近30年。他热心校务、全力教学、奖掖后进、诲人不倦,在教师中有极高的威望。学校计划内迁长汀正是建立在周辨明等亲赴长汀考察并积极建议的基础之上。1937年12月24日,师生员工赴汀前夕,为鼓舞同学士气,周辨明填词改编了几首英文歌,亲自教学生习唱,极大地鼓舞了同学们对迁校的信心。例如题为"It's a Long Way to Dear Old Tingchou"是同学们路上唱得最多的一首歌,歌词如下:

It's a long way to dear old Tingchou
(这是通往古老汀州的一条长路)
It's a long way to go
(它是一条遥远的路)
It's a long way to dear old Tingchou
(这是通往古老汀州的一条长路)
To the sweetest land I know

---

① 李阳民:《抗战时期长汀的工业与手工业》,《长汀文史资料》第26辑,1995年版,第65页。

（一片我知晓的最可爱的土地）
Goodbye, sunny Amoy
（再见吧，阳光灿烂的厦门）
Farewell, Nan-pu-tuo
（再会！南普陀）
It's a long long way to dear old Tingchou
（这是通往古老汀州的一条长路）
But my heart is right there
（我心早已落在那里）①

1939年除夕，全体学生（与导师对应，当时学生又称导生）公宴全体导师，萨校长拨付津贴费，经训导处召集各组导生组长讨论公宴办法，将全校37组导生分为五单位，各单位人数少者四五十人，多者六七十人，分别在西膳厅、集美斋、敬贤楼、一年级自修室、毕业同学会各处聚餐。"是日全体导师准时赴宴，师生谈叙，情形至为欢洽，是晚其时，各级级会主催之'师生联欢会'，假本校大礼堂举行，由三年级级会代表张奎君报告开会宗旨后，各种游艺秩序即依次表演，所有节目均甚精彩，尤以廖名琰之'玉堂春'，厦大剧团之'岁首献词'，一年级级会之'炸药'，及谢玉铭院长之'笑林'等博得不少好评云。"②

厦大师生关系至为融洽，像一个大家庭。学校施行导师制，学生经常到导师家里，自由交谈，也常在导师家里吃饭，帮助师母洗菜、洗碗。导师与导生聚餐茶会，畅谈学问与人生。1938级邹幼臣的导师是黄开禄教授，他认为当年与黄老师在课外的言行交往，使他终身难忘，受益良多。他说："黄师的导生定期都在他家里聚会，互谈彼此生活起居及课外活动，黄师还主持我们讨论所学课业，切磋砥砺。"令邹幼臣难忘的还有经济系教授朱葆训家的美食："朱师经常轮流邀约其听课学生

---

① 陈诗启先生口述记录，注：陈诗启为厦门大学1937级秋季本科生，访谈时间：2008年6月24日。
② 《除夕导生公宴导师，各级会主催师生联欢会》，《厦大通讯》第二卷第一、二期合刊，1940年3月20日。

到家中用餐,朱师母有着超群的烹饪技术。冬寒时,师母常以邵武名肴'一品锅'飨客。该肴乃将各种肉类及菜蔬等佐料置于一锅烹煮。食时,放炉火于桌,置锅其上。一时香味扑鼻热气冲身,食者大快朵颐之外并满怀温暖,师生相处尤如一家人。"①当时厦大教师在自己家里备茶水和点心款待学生、师生聚餐、家庭学术沙龙等蔚然成风,这些活动极大地增进了师生之间的情感交流,成为战时厦大所特有的一道人文校园景观。②

教师参与学生社团的热情也很高,学校大部分社团将教师、学生同视为其招募新成员的对象,社团章程规定"本校师生赞同本团宗旨者均得为本团团员。"③以铁声歌咏团为例,除了学生之外,一些教授和教授的太太也来参加小组唱。1941年,铁声歌咏团在长汀组织了一次音乐会,谢玉铭教授任顾问,周辨明教授做指挥,陈子英教授的太太弹钢琴,林庚副教授上台独唱,陈荣真讲师则与学生合奏钢琴。教师、教师家人、学生共同参加合唱,台上台下,俨然像是一个大型的家族聚会;萨本栋是这个大家族的象征和族领;教授无疑是这个家族中的中坚力量;教授夫人是持家理业、和上睦下的慈爱管家;学生们则是家族里率性纯真、沐浴在爱的阳光中的儿女。

一位名为吴执夫的记者就厦大师生同乐的情景在《中央日报》上曾做了报道:

> 为了调剂这山城生活的枯燥,每隔那么一两个月便有一次话剧的公演,教职员及其家属全体同学聚集大礼堂,除话剧而外,歌咏、管弦、京调、笑话,应有尽有,谁有所专长,都会不自私地奉献出来,这里特别要感谢商学院的冯院长,他最热心,一个忠厚博学的长者,他负了社教工作领导的使命,特著劳绩。说到师生同乐,有三个人物不可忘记,第一位是周辨明博士,每有聚会,会后必全体高唱校歌,而领导人除周博士而外,没有第二位了。周博士的歌

---

① 1938级经济系校友邹幼臣回忆录:《忆恩师·谢良教·述受益》。
② 沈建中:《遗留韵事:施蛰存游踪》,文汇出版社,2007年版,第202页。
③ 《铁声歌咏团章程》,史料由厦门大学1937级校友陈诗启提供。

声宏壮,真有余音绕梁之美,第二位是余仲詹老夫子,余老夫子德高望重,自萨校长起,同事都称他余老先生,同学则称余老夫子,在我想来二者似无多大差别,每有聚会必请余老夫子讲一节笑话,不然几无法终场。第三位是谢玉铭博士,以讲外国笑话蜚声校内,聚会之前须先面约,临场拉夫,十九办不到,他所讲的笑话与余老夫子有异曲同工之妙。①

师生及家属共庆《家》话剧演出成功

师生亲密,还体现在思想沟通上畅通无阻,即使学生对老师有不同意见,也坦诚地给予表达。一位学生回忆,当年教"西洋通史"课的吴士栋教授考试时喜出历史人物事件发生年月日的填充题,同学不胜其苦。有次期考出题:"柏拉图生于( ),死于( )?"这位同学答不出,一急之下填了"柏拉图生于忧患,死于安乐"交卷,并将此答案公之于学生会墙报上,并在文末写道"考核大学生,应给他一块学术大广场让学生自由驰骋;考核小学生,则应划几个方圈格,限孩子在格子内投石子。"他说,当时学生围观喝彩,萨本栋校长看了也微微一哂。以后,吴教授真的少出类似的填充题,而且,吴教授碰到他还和气地说:"你写得好,

---

① 吴执夫:《抗战中的国立厦门大学》,《战时全国大学鸟瞰》,独立出版社印行,1941年3月初版。

也挺幽默,我是该给大学生有个自由论坛。"①师生之间平等真诚、亦师亦友的教风、学风,营造了大学充满亲和力的校园氛围,引发了教师对学校真挚的情感归属。

第三节 在文化体验中认同大学

战争年代,厦门大学形成一个磁场,把教师们吸引到这里,并且留在这里。除了学校营造的尊重教师的大学氛围以及莘莘学子对教师的吸引等因素之外,在积极乐观、彰显个性的生活中品味文化、体验文化也是教师自然而然形成认同的重要因素。

一、积极乐观的群体氛围

厦大教师特别是教授大多出生于1895—1905年之间,这恰好是中国思想史上的转型时期,一个从旧到新的时期,所以他们所接受的教育也经历了一个从旧到新的转变。他们有的出生于官宦人家,有的出生于书香门第,不管怎样,他们的家境都还算富裕,能够支撑他们读书;他们大多从小接受过中国传统的旧式教育,要么上过私塾,要么就是在家里长辈的教育下读过一些古书,但他们的正式教育都是在新式学堂里完成的;教授大多又有出国留学的经历,特别是留学欧美,并以留美的居多。1937—1944年厦大新聘的158位教师中,有57位教授,多位都有留学经历,其中41位留美,有博士学位的32位。他们既受到中国传统文化的深刻影响,同时也沾染浓郁的西方色彩。表现在生活方式上,有的教授穿着中式长袍、喝着西式咖啡,组织讨论会、读书会、聚餐,还喜欢打球、旅游、打桥牌等。战前,大学教授都有非常丰厚的薪资待遇,他们在应付日常生活开销外,还有一大笔的余钱供他们在这些活动上开销。战争爆发后,这批人避居到长汀,活动空间受到

---

① 刘含怀校友回忆材料,厦门大学1945级经济系。

很大局限,生活质量严重下降,但很多生活习惯,特别是花费不高的生活习惯如打桥牌、小范围内的聚餐等还是保留了下来。如政治系教授陈烈甫在《厦大任教六年,无限心伤别鹭江》中回忆道:"战时生活虽极清苦,仍不忘公众娱乐,以求精神的调剂。教授中最流行的娱乐为桥牌,会员有二十余人,公推英文系主任李庆云为会长。李为桥牌高手,家居祠堂,颇主宽敞,足容牌桌数张。会员以牌技论,高手约三分之一,普通者三分之二。桥牌会每周三次,参加者甚为踊跃。桥友聚者辄十余人,风雨无阻。玩玩谈谈,谈谈玩玩,精神的愉快,冲淡了物质的缺乏。"①抗战时期,李庆云教授还曾就此作过一次演讲"That Sxtra Jsiok",专门讲述打桥牌的高招,听者满座。②

  教师们都能以积极乐观的心态面对战时的环境和条件。在厦大迁往长汀之时,教务长周辨明为了振奋师生们的士气特意改编了两首英文歌曲,歌词如下:

    It is a long way to dear old 汀州,
    It is a long way to go,
    It is a long way to dear old 汀州,
    To the sweetest land I know,
    Good bye sunny 厦门,
    Farewell 南普陀,
    It is a long long way to dear old 汀州,
    But my heart right there.

  另外的一首歌词是:

    厦大 Will shine today,厦大 Will shine,
    厦大 Will shine today,厦大 Will shine, Oh!
    厦大 Will shine today,厦大 Will shine,

---

  ① 陈烈甫:《厦大任教六年,无限心伤别鹭江》,见台北市国立厦门大学校友会编印:《厦门大学校友纪念母校创立六十周年专辑》,1981年4月6日。
  ② 高学绳:《怀念李庆云、朱保训老师》,《南强记忆——老厦大的故事》,厦门大学出版社,2009年版,第56页。

The moon goes down, the sun comes up,

厦大 Will shine!

在周辨明的指挥下,全体老师领着学生高声唱着振奋人心的歌曲奔赴长汀。一位老师说:"当我们由长汀胜利返回厦门时,把歌词里的汀州和厦门对调就行了。"——这是何等的信心和豪迈啊!①

文、商、理学院院长们为提倡学校体育运动起见,先后自发捐设了"仲詹"杯男篮赛(文学院余謇先生捐)、"定璋"杯排球赛(商学院冯定璋先生捐)、"玉铭"杯女篮赛(理学院谢玉铭先生捐),定期在校内举行球类院际锦标赛,规定每年比赛三次,以胜二次者为冠军,在五年内连胜三次者,得永久保持该杯。1940年4月29日,曾举行"定璋"杯排球赛。史料记载,当时"观众拥挤,情况热烈,双方球员,均富素养,实力雄厚,战斗开始,二队均精神抖擞,球艺翻新,观众欢呼者再。结果,终以三比二,商学院战胜文学院。"②

"定璋杯"排球赛

"仲詹杯"男篮赛

长汀在抗战未发生以前,和中国其他农村地区一样缺少国家观念。厦大内迁长汀后,在教师的带领下,学生们深入长汀的街巷和乡村,通过多种形式宣传抗日救国。师生们创办了《抗战言论》《唯力》等抗日救亡刊物,宣传抗日救国和建设家乡。③ 抗战话剧,是最受欢迎的抗日宣传方式之一,凝聚了厦大教师的心血和热忱。每次剧团公演时,萨

---

① 1937级历史系校友陈诗启的口述摘录。
② 《定璋杯球战》,《厦大通讯》第二卷第五、六期,1940年6月30日。
③ 刘海峰,庄明水:《福建教育史》,福建教育出版社,1996年版,第552页。

本栋校长都要给予学生演员们精神上的"打气"和物质上的"加油",教授们也亲自参与后勤服务工作,商学院院长冯定璋常在后台为演员们打杂,萨校长夫人则亲自为演出的师生准备宵夜①。王梦鸥(台湾著名文艺理论家)1939年到校任中文系讲师,兼任厦大剧团导演。1939年3月,厦大剧团先后公演《中国万岁》《凶手》《烙痕》《死里逃生》等粗犷有力的宣传剧,受到长汀民众热烈欢迎。长汀和厦大给予了王梦鸥发挥才干的天地。1939年5月,他在日军两次空袭、整日躲警报穴居野外的生活中,创作了国防三幕剧《生命之花》②,成功塑造了一位与日军正面应战、镇定自若的女英雄形象。此剧本作为抗战两周年募捐演出的剧本公演后,"极得观众之好评",所得剧资,马上作为慰劳金分发给了出征军人家属,"民众莫不感奋"。据亲身受其指导的学生邹幼臣回忆:"王梦鸥师令人有极为可亲感,待同学如弟如友,指导同学演出话剧极富细心与耐心。遇同学排演不符意,即为反复详细解说剧情及应有的语气和举动,至符其意,则右手用力往右腿一拍,噗然有声,再一旋身,以表示其满意与赞许。"抗战话剧,实现了王梦鸥"驽骀不厌崎岖苦,家国深仇志在胸"的报国志愿。据报道,《生命之花》后来从长汀、重庆一直演到包头,发挥了鼓舞民心士气的作用。此后,王梦鸥又创作了一批影响全国的抗战剧本,③特别是《燕市风沙录》获1943年南京国民政府教育部优秀话剧奖,同时获奖的有老舍、赵清阁的《桃李春风》,于伶的《杏花春雨江南》,郭沫若的《南冠草》,曹禺的《蜕变》等13部话剧。④

---

① 朱双一:《王梦鸥与厦大抗战剧运》,《台声》,1996年第7期。
② 朱双一:《王梦鸥与厦大抗战剧运》,《台声》,1996年第7期。
③ 根据朱双一:《王梦鸥与厦大抗战剧运》,《台声》,1996年第7期和邹幼臣:《吾爱吾师》,见厦门大学台湾校友会编:《国立厦门大学六十周年纪念特刊》,1981年版,第67页整理。
④ 马俊山:《论国民党话剧政策的两歧性及其危害》,《近代史研究》,2002年第4期。

二、彰显个性：以施蛰存的游踪逸事为例

施蛰存，中国现代著名作家、文学翻译家。1941年秋，应萨本栋校长之邀，到长汀厦大任文学系副教授。施蛰存在厦大任教不足四年，然而对于长汀的风物古意却记忆深刻，他常常忆起自己当时经常散步至汀江桥上，伫立遥望晚霞。1942年，著名古典文学研究专家、西南联大教授浦江清路过长汀，施蛰存陪同游至桥上，浦氏感慨道："颇有潇洒出尘之想。"①

施氏对宋明时留存下来的客家民居，像土楼、围屋，还有那种左右前后布局对称的府第式建筑，青砖青瓦、镂空雕花，赞不绝口。当年他还对中原汉人大规模迁徙入闽以及客家语言进行考索，他说，长汀乡音是客家语系里相当古老的一种，其中夹杂有许多古汉语词。他还说，当时长汀的物价比南平、永安等地便宜；那里盛产毛竹，造纸量大质好，毛边纸特别好，对于战时以书写为生的文人而言，不啻为一大幸事。

施氏来到山城最初的业余生活就是在南寨散步。南寨是长汀郊外的一个大树林，厦门大学落户长汀后那里便成了一处公园。虽然没有一把长椅可供师生们闲坐，但南寨却博得大家喜欢。施蛰存到了长汀后的第三天，就加入了去那里散步的行列，渐渐地成为去得最勤的一个。他说："我们每天下午，当然是说晴和日子，总是到那里去散步。既说是散步，长椅就不在我们的希望中了。何况，倘若真需要坐下来的话，草地上固然也使得，向乡下人家借一条凳也并不为难。"施氏认为，在冬尾春初最适宜在南寨散步，因为这是一个绵延四五里、横亘一二里的柿、栗、梅三种树的果树林。"那里的栗子又大又好，而那里的柿子硬而水分多，外面却以石灰敷之，剥皮即可吃，犹如桃梨那样的味道，一元钱约可买四五只。"②

---

① 沈建中：《遗留韵事：施蛰存游踪》，文汇出版社，2007年版，第191页。
② 沈建中：《遗留韵事：施蛰存游踪》，文汇出版社，2007年版，第194－196页。

长汀美食当数"河田鸡",色黄肉嫩;还有那"扁肉"做的亦相当美味。闽西八大干之一的豆腐干,使得施蛰存晚年时回味不已:"真好吃!"①

当年那座小山城竟然还有卖虎肉者。某日授课后,施氏于市肆散步,遇见售卖老虎肉,购得一块,自以瓦罐煮之,馈赠李雁晴品尝,并附上《汀州市上得虎肉自烹之以一胾饷李雁晴賸以小诗》:"乙威遽失莨中势,九沸翻成席上珍。遗与一胾堪左戳,槐斋食谱鬥尖新。"过一日,李雁晴作诗一首回赠,《蛰存词长馈虎肉诗以谢之》:"腥风昨夜袭行厨,别馆惊逢席上腴。理疾但教尝一胾,(余患胃疾,屡思食虎肉未果。)假威谁复问群狐。斑摧匕箸欢扣腹,色变笑谈怕捋须。多谢愚山相馈赠,助吾诗思益吾迂"。"愚山"系清顺康时大文豪宣城施闰章之号,与莱阳宋琬齐名,有"南施北宋"之目。而此诗以"愚山"喻指施蛰存。② 李雁晴,又名李笠,斋号横经室,浙江瑞安人。当时是厦门大学文学院中文系主任,主要著作有《国学用书概要》《定本墨子间诂述评》《中国文学述评比》等。

当年厦大校舍就在北山之麓,施蛰存的宿舍亦位于北山脚下,屋子背靠北山。虽然常有警报声,生活条件艰苦,但是生活还算安定,他养了一条小黑狗,活泼可爱。施氏以"北山楼"作为书斋号,并一直延续多年。他说,虽然我后来离开了长汀厦大,回到上海,但不管什么处境,书斋名称却从未更易,以记此一段因

施蛰存终生延用厦大北山楼为其书斋名

---

① 沈建中:《遗留韵事:施蛰存游踪》,文汇出版社,2007年版,第213页。
② 同上。

缘。仅在"文革"中，施氏把"楼"改为"板屋"，但仍叫"北山"。所谓"板屋"，是在抄家后，房屋被迫缩小，只得在晒台上搭建半间陋室，冬冷夏热，除放些书外，还能放一小桌子。他说，无论我走到哪里，哪里就是我的"北山楼"。①

第四节　在迁徙流转中认同大学

战乱环境中，虽然长汀厦大的大部分教师能坚守岗位，全力教书育人，但是，由于厦大孤立于东南，远离西南科教文化中心，信息闭塞、与外界的信息沟通和学术交流极少，无形中限制了教师的专业成长。1943年，据《厦大通讯》报道，"今夏青年教员，赴西南者颇多，主要原因，多系参与留学考试，因东南没有考点，故留住前往参加考试的青年教工较为困难。"② 1945年，江苏省立江苏学院增设文史学系，院长戴克辉亲自到厦大延揽师资，一下子拉去七、八位教授，施蛰存也是其中的一位。他说，由于战争即将结束，大家预期江苏学院可能迁回苏南或上海，很有吸引力，便随着他们一起去了江苏学院任教。③

通常来说，教师对自己短期停留的大学，认同度一般不高。然而，厦大离校教师并没有忘记这所大学，他们离开后，仍与学校的学生保持密切联系，还经常参加厦大校友活动。他们还撰写了大量回忆在厦大工作、生活的纪念文章，对在厦大的工作经历念念不忘。1947年，施蛰存已离开厦大两年，他在给当年学生的回信中说："存自归沪以来久无诗作，草草劳人良

---

① 沈建中：《遗留韵事：施蛰存游踪》，文汇出版社，2007年版，第202－213页整理。
② 《改为欢送毕业生茶会》，《厦大通讯》第五卷第八期，1943年9月15日。
③ 沈建中：《遗留韵事：施蛰存游踪》，文汇出版社，2007年版，第202－215页。

用汗愧……比复风潮时起，旷课时多不复有长汀师徒切磋之乐……"①2001年，厦大1942级同学毕业55周年在上海聚会时，均已年过八旬的学生们还一起探望了96岁高龄的施蛰存老师。

施蛰存晚年常常回忆他当年离开厦大时的情景，"厦门大学校长萨本栋在全校师生中威信极高，深得人心。但他积劳成疾，不幸患了肺病，在美国治病并写信回国请辞，教育部任命汪德耀为校长，可是厦门大学有些教师反对汪德耀出任校长，原因是希望萨本栋能再回校继续当校长。其实汪德耀是一位非常有学问的生物学家，人也很好；他早年留学法国，主要从事细胞生物研究。此事他是很受冤枉的，特别委屈。恰巧江苏省立江苏学院增设文史学系，院长戴克光到厦门大学延揽师资，一下子被他拉去七、八位教授。我因为与戴克光相熟，他原先也在昆明，还有友人从中竭力劝说，情面难却；加上另有一说，此校战后可能迁回苏南或上海，很有吸引力，便随着他们一起去了江苏学院任教。这次转校对我来说是一个很大的失策，如今想起都有些后悔。"②眷念厦大之情，溢于言表。

法学家邹文海在厦大只任教三年（1942－1945），60年代，他说："而今回想在厦大三年的经历，深感能在萨先生领导下任教是一生中最大的幸事。"③1942年，教育系教授阮康成由于种种原因辞职离校，后辗转在国外任教，但他对厦大一直念念不忘。2006年他逝世之前，他写的最后一封信，是给他当年在厦大的学生、现任厦门大学教育研究院名誉院长的潘懋元教授，表达了希望在厦门大学教育研究院捐资设立阮康成教育学奖学金，以奖励和资助该院学生开展研究的愿望，此愿望由其子女完成。阮康成在厦大任教不到三年，但他对这所学校精神和信仰上的倾向性可见一斑。教师在流动中却不改对厦大的认同，实在值得深入探究。

---

① 孙朝华：《疏散长汀的母校》，见厦门大学台湾校友会编：《国立厦门大学六十周年纪念特刊》，1981，第37页。
② 沈建中：《遗留韵事：施蛰存游踪》，文汇出版社，2007年版，第215页。
③ 邹文海：《怀念萨本栋校长》，台湾《传记文学》第一卷第三期。

有些教师长期在厦大任教,在战争威胁中仍维护着他们对厦大的执着和坚守。1946年,厦门大学举行"25周年校庆暨周辨明博士服务25周年纪念",并出专刊以表祝贺。生物学系教授顾瑞岩发表了"毁家兴学与毁家教学"一文,在校内引起强烈反响。表达了以周辨明教授为代表的一批厦大教师对学校发展所持有的强烈责任感和使命感,对学生培养无私奉献的精神。"辨明先生乃国内有数之语言学权威。任教厦大,循循善诱,有口皆碑。昔尝以毕生所蓄,构筑'邯堡'——他的家——于演武亭上。不幸倭寇陷厦邯堡被毁,抗战期中携家随校内迁,以教授微薄薪资,供一家五口之用,清苦情况,令人难信为25年大学教授之家,今先生桃李满天下……至其个人居所之仍无着落,家庭生活困苦,与日俱增。学是教了,家是毁了。""年来生活程度高涨,大学教授待遇微薄,清苦情况,得未曾见,弃教从商,改学入仕者凡几。以辨明先生之学识、之地位,欲图个人家庭生活之优裕,改行岂不易易,但始终坚守教育岗位,25年如一日……国人如能群起效法,则教育必能发达,建国必能成功。"①

黄典诚,语言学家,1937年厦大中文系毕业,在厦大任教终身。抗战八年之间,"在北山底下,汀水旁边,我开始当助教,上讲堂。我在那里生男育女,也在那里茹苦含辛。避空袭,钻地洞;购粮食,贮油盐。人生难得的青春,竟是这样被汀江的微波淹没了。"②离开长汀半个多世纪,他仍然时时怀念长汀。他曾数次重游长汀,站在过去悬挂"国立厦门大学"金字匾额下的今长汀县实验小学大门前徘徊良久,凭吊萨本栋校长的形影、长汀厦大名师的声欬、"汀江诗社"的聚会、铁声歌咏团的放歌,等等。黄典诚曾作一首《梦江南》,代表了当年在汀教师对厦大的深厚情结:"长汀好,城拥北山青。一片梅林休憩地,数楹文庙读书厅。记否菜油灯?烽烟里,怒吼铁铮声。抗日宣传堪不力,攻关报国有余情。能不忆长汀?"③

---

① 顾瑞岩:《毁家兴学与毁家教学》,《中央日报》,1946年4月7日第四版。
② 黄典诚:《回忆战时母校在长汀》,《厦大校友通讯》,1988年第7期。
③ 黄典诚:《回忆战时母校在长汀》,《厦大校友通讯》,1988年第7期。

第四章　清寒学生的幸福生活

大学是青年人成长成才的关键时期。学生在成长中形成和体验大学认同，大学认同在学生的成才中发挥重要作用。

抗战时期，交通异常不便，大部分国立高校迁入西南办学，国家教育的区域分布严重失衡，对于东部特别是东南各省失学学生而言，由于经济困难、路途危险等原因，无法去西南大后方求学。当时厦大学生多数来自东南诸省，他们普遍具有抗战背景下的忧患意识和艰辛生活历程：失学、家庭窘困、身体病痛等，还有的父母双亡或是单亲，由于烽火连天，许多地方已成为沦陷区，大家在精神上、经济上多失去了家庭支持，学生住在校内，因此，学校便成为学生的家庭，同学便是兄弟姐妹。战时厦大享有"东南最高学府""加尔各答以东最好的大学"的美誉，因此，能够进入厦门大学，令学生普遍踌躇满志，倍感珍惜。更加难得的是，学生们普遍对其在厦大的求学经历眷恋不已："我感觉我的大学时代美得如一篇醉人的乐章，纯洁得似一湾澄清的溪流。"他们认为："比起今日都市里的大学生，赶车上课，忙家教，忙派对，到头来仍挥不掉或多或少的空虚和烦躁，自觉幸福多了。"①

---

①　范筱蘭：《难忘的一幕》，见厦门大学台湾校友会编：《国立厦门大学五十周年纪念特刊》，1971年版，第117页。

薪传——长汀时期的通草蕊菜油灯　朱一雄绘

第一节　学生求学背景

1937—1945年，厦大学生数增长迅速，先后曾有2 046名学生[①]在厦大就学（详见表4—1）。

表4—1：1937—1945年学生数年度分布

年度	1937	1938	1939	1940	1941	1942	1943	1944	1945	合计
学生数	129	102	125	220	217	292	256	304	401	2 046

在厦大档案馆，除1937年学生个人详细档案资料缺失外，1938—1945年的学生档案保存基本完好，每份完整的学生档案资料包括以下文献：

国立厦门大学清寒学生调查表

学生人事调查表

入学愿书（本人承诺在学期间恪守校规校训的承诺书）

学生保证书（该生的两位担保人担保该生在学期间恪守校内规章

---

① 数据统计根据厦门大学档案馆1937—1945年学生个人档案记录和厦门大学校史编委会：《厦大校史资料》第六辑（学生毕业名录），厦门大学出版社，1990年版，第28—72页，进行比对得出。

遵从师长教诲的保证书)

　　学生个人自传

　　学生家庭情况及教育环境调查表

　　学生财务调查表

　　奖学金申请书

　　……

笔者采用分层(年度)随机抽样的方法,每年度按照25%左右的学生比例随机取样,共抽取了496名学生的个人档案资料。

笔者在反复阅读样本学生个人档案文献的基础上,对与学生认同大学相关的档案文献进行了分类统计。主要涉及的档案文献有:国立厦门大学清寒学生调查表、学生人事调查表、学生个人自传。

国立厦门大学清寒学生调查表和学生人事调查表中,主要考察的内容是学生家长职业(家庭出身)、家庭收入、困难程度等信息;在学生自传中,学校要求填写的自传要点有:

(1) 家庭状况(环境、人口、职业、经济及其他);

(2) 经历回顾(对自身做一个性分析,列举过去优点弱点及今后努力之方向);

(3) 对何种学科最感兴趣、最有心得,或最感兴趣原因为何;

(4) 常阅读何种书籍杂志;

(5) 对国内政治社会多方面之感想,与所崇拜之人物;

(6) 为何就学本校,将来志愿为何;

(7) 人生观及其他。

笔者对(1)、(2)、(3)、(5)、(6)、(7)都分别采用 Excel 进行了分类统计,结合大量一手访谈资料、校友回忆录、校友通讯、校友会刊等杂志和其他相关史料,梳理和研究厦大学生入学背景和经历的特殊性。

表4-2:样本学生数年度分布

年度	1938	1939	1940	1941	1942	1943	1944	1945	合计
学生数	102	125	220	217	292	256	304	401	1 917
样本数	22	28	45	45	73	78	80	125	496

续表

年度	1938	1939	1940	1941	1942	1943	1944	1945	合计
样本数/学生数	22%	22%	20%	21%	25%	30%	26%	31%	25%

一、声誉卓著是学生选择厦大的主要原因

在萨本栋和全校师生的共同努力下，厦门大学不仅在规模上有较大发展，而且在质量上有显著提高。当时全校设有文、法、商、理工4个学院15个系，从校舍、图书、仪器、师资力量来看，在战时全国各大学中都是比较好的。学校学生在"全国大学学生学业竞赛"中取得好的成绩，毕业生基础知识扎实，又能吃苦耐劳，得到社会上的好评。正是在这个时期，厦门大学成为"国内最完备的大学之一"，外国学者称赞厦大是"加尔各答以东最好的大学"。厦门大学成为东南诸省及周边地区学生就学的理想选择。当时的教育部部长曾来校督学，对厦大倍加赞赏，曾言："厦大在萨先生领导之下，居然以最少之经费，获得最多之代价"。①

笔者反复阅读了496份学生的个人自传，并对自传中的第(6)项"为何就学本校，将来志愿如何？"的相关内容进行汇总整理，笔者将学生"为何就学厦大"的原因进行了归类统计，共分为11类：

(1) 厦大声誉好（包括"历史悠久""东南最优""设备齐全""图书丰富""环境好""管理严格""萨本栋治学精神卓著""教师优秀""校友在南洋占有绝对力量""厦大注重实干精神""受战争影响小""理工学院繁盛""机电系富有盛名""教育系极富盛名""经济系著名"等描述）；

(2) 离家近，少交通阻隔（包括"距家乡近""方便""省路费""距本人家乡最近之著名大学"等描述）；

(3) 有适合本人兴趣的专业；

(4) 升学愿望强烈，上进心强；

(5) 希望服务国家；

---

① 仲君：《学府人物·萨本栋》，《中央日报》，1947年1月17日。

(6) 厦大费用低；

(7) 厦大有贷金，公费生比例多；

(8) 亲友同学推荐；

(9) 借读生；

(10) 转学生；

(11) 保送。

11 类中，排名前五位的是：

第一，335 人次表达了就学厦大的原因是由于厦大声誉好，占 68%；

第二，93 人次表达了厦大有其感兴趣的专业是其就学厦大的原因，占 19%；

第三，82 人次表达了离家近，少交通阻隔是其就学厦大的原因，占 17%；

第四，42 人次反映其为保送生，因此来到厦大，占 8%；①

第五，28 人次反映厦大费用低，适合家境贫寒子弟就学是其来校原因，占 7%。

根据以上统计，我们可以做出如下基本判断：对于学生而言，入学前他们对厦大的大学认同主要源于厦大当时在东南具有良好的社会影响和声誉，这也是后来他们进入厦大后形成持久而稳固的大学认同的基础。

以 1942 级化学系学生王贤樵入学时的个人自传为例，该自传生动地描述了特定历史时期，厦大学生在怎样的背景下求学，以及他们入学前对学校的印象和评价。

王贤樵的个人自传(1942 年)

生王贤樵，原籍福建闽候，祖上业农为生。粗能自给，生生不晨甫弥月而先父见背，白头黄口，嗷嗷待哺。幸族中堂叔念先父在

---

① 此项反映"保送"在学生就学厦大原因中的重要性，并不代表保送生的真正比例——笔者注

日一生辛勤，不惜解囊相助，是故得苟延残喘于今日。母郑氏，治家有法，饱尝饥寒之苦，抚生兄弟三人，及大哥自立时，我家田产已荡然无存矣。大哥得族人之助经商沪上，二哥修毕高中学程后即往贵阳服务，生随老母求学申江，所有费用除二兄接济外，稍亦自力更生，暑期中多任家庭教师，藉求弥补，然自上海租界沦陷后，物价步步上涨，大哥所入，不足维持，二哥更无余款寄沪，且学校逼于时势，或改校名，或告停办，生如是告别家庭，只身离沪，现蒙贵校录为借读生，心中快慰，自当勉力上进，不负家国之望也。

生自问无过人之资，幸知勤勉，是故在校成绩尚不落人后，平日少与人交往，好读书，不喜运动，个性内向，今后当注重心身之修养，俾德、智、体三育并进。生在沪时喜研究自然科学，课余之暇亦旁及中国文学与西洋美术藉以调剂科学之刻板单调，去岁沪江大学美术社举行义展，生以西洋画一幅幸获冠军。生与政治似无兴趣，每见同学畅谈政局，娓娓不倦，生则敬而远之，其因安在，或以性情迥异，事非所好欤。然自抗战以还，亦稍留心世界政局，确信我们最后的胜利为期不远。

生回闽觉我中华民族确实伟大，炎黄子孙具有敦厚刻苦之精神尤为其他民族所不及，惜社会秩序仍未尽善，政治尤徘徊于轨道之外，甚望举国一心于抗战中建国，于烽火中复兴，新中国之来临，吾侪可拭目而待矣！

生在沪时已闻厦大设备完善，甲于吾闽，东西一隅，堪执牛耳，是故跋涉千里，远道来归，既至也，见师生精神抖擞，生气勃勃，精神为之一振，及参观图书馆、实验室，见满架玲珑，药品仪器之多，出于望外，喜不自胜，现既蒙录取，敢不勉力以求一学一术之成哉！

人生在世如浮云，若春梦，短矣！暂矣！唯其短，唯其暂，吾人更当惜寸阴。古今英雄豪杰其生也固亦短而且暂，其成就也良多，反之其生也长而且久，亦未必有所献于天下国家。人生虽短，英雄不以为短，盖英雄豪杰之精神不死，否则，行尸走肉，虽生犹死，勉之哉戒之哉！①

二、生源以福建等东南沦陷区学生为主

通过对496名学生的籍贯统计，生源籍贯分布比较广泛，除20人籍贯不详外，学生来自含台湾之内的14个省份。主要集中于福建、江西、浙江、广东、江苏五省，占学生数的96%，特别是福建籍生源最多，有255人，占53%。

表4-3：1937-1945年样本学生籍贯分布表

籍贯	人数	籍贯	人数
福建	255	江西	78
浙江	59	广东	40
江苏	16	湖南	9
安徽	5	湖北	4
广西	2	河北	2
山东	2	河南	1
台湾	1	上海	1
四川	1	小计	476

三、家庭经济状况普遍困难

家庭出身的统计以家长职业（以父亲为依据来统计，极少数父亲情况不详而母亲职业详者，则以母亲为据）为根据，划为工、农、学、政、商、医、其他七大类。其中，工包括工人、职工和手工业者；农指农民；政包括干部军官和军人；学包括大学教师、中小学教师、律师、工程师等；商包括商人、华侨和店员；医指医生；其他包括非农（据其综合信息推断不是农民者）和失业者；缺失指职业不详者。通过对496名学生的家庭出身统计，排名前三位的是出身于商、学、政家庭的子女，农、工等较低社会阶层出身的学生明显低于前者。虽社会阶层有高有低，但是，由于战乱原因，加之东南各省均处于沦陷区，学生家庭经济状况普遍较差，家庭经济"困难"和"十分困难"的学生占84%。

正如一位家境穷困的学生写道："因为是学校朴实的风气，对我们

---

① 王贤樵的个人档案，详见厦门大学档案馆学生档案资料。

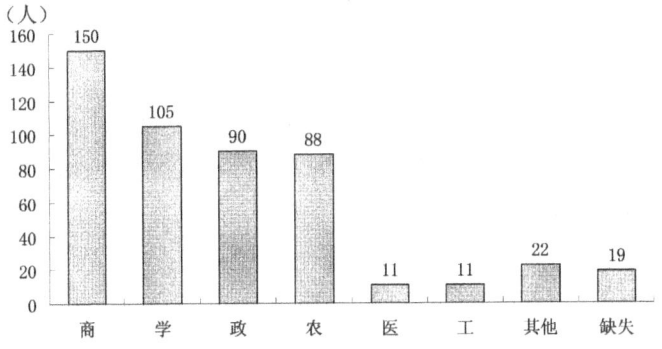

样本学生家庭出身分布图

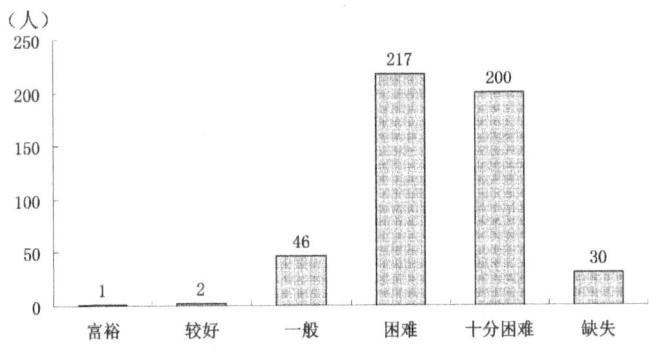

样本学生家庭经济状况分布图

这些穷小子,特别方便。没有钱做西装,可以穿棉布学生装,因为在这里穿西装的只是凤毛麟角;没有钱穿皮鞋,可以穿布鞋、草鞋,因为在这里穿布鞋草鞋的,大有人在。就这样,布鞋草鞋伴我度过了4年的大学生活,而交际上,并没有降低身份的感觉;在学习上,更没有被不良嗜好所引诱。"①

一位学生回忆说:在那个战火纷飞的年代,同学们的物质生活与迁汀之前相比,是极其艰苦和困难的。基本生活物资有些甚至是依靠美军空投的衣物。西装太大,他们就把它当成大衣穿,皮鞋也大,他们干脆将鞋根剪掉,做成拖鞋穿。还有的同学没鞋穿,就用废旧的汽车轮胎自己做鞋穿。因为大家都很贫困,同学之间都没有因穿着而互相讥

---

① 胡善美:《长汀·厦门大学·萨本栋》,《长汀文史资料》(内部发行)第二十三辑,第9页。

笑或尴尬，反而养成了一生艰苦朴素、勤俭节约的好作风。①

四、经历坎坷，进入厦大"备感珍惜"

根据对这些样本学生个人自传中第（2）项"经历回顾"的记录和分析，抗战时期，多数学生求学经历坎坷曲折，有347位学生提及因各种原因有辍学、失学的经历，占样本数的70%。有的学生不只一次辍学，由于战乱、病困、经济匮乏等原因被迫多次中断学业。很多学生表示，失学经历，"于我教训，激励之心愈坚，为学之心愈切"，进入厦大，对于他们而言，是"天大的幸福和幸运！"；有的学生父母在战争中早逝，家庭变故很大，备尝艰苦；有的学生中学阶段就开始半工半读，一方面贴补家用，一方面积攒学费；有的学生不得不随学校迁移、转学多次，如1944级机电系学生苏林华回忆，他小学四易其所，中学三易其校，克服种种困难进入厦门大学，因此，特别珍惜来之不易的厦大求学经历。

第二节　润物无声的人文关怀

2006年，1941级教育系学生、高等教育学家潘懋元在讲述其大学生活时，对65年前他到厦大报到时的情景印象深刻："厦门大学当年是延迟到10月20日才正式开学，因为战争年代，烽火连天，而且福州当时已经沦陷，新生很难准时到校。我到厦门大学报到那天，正好是中秋节。那天我到长汀时，已是傍晚时分，红日和明月同时挂在天边，晚霞将山川大地装扮得分外绚丽。这与第一次来长汀时（应考）的感觉大不一样，上次是陌生而神秘，这次有一种归属感和亲切感。"②

---

① 见厦门大学1943级文学院校友朱一雄口述记录，访谈时间：2007年10月15日，地点：武汉。
② 潘懋元口述，肖海涛、殷小平整理：《潘懋元教育口述史》，北京师范大学出版社，2007年版，第63页。

一、新生调查表

新生入学之初,要填写各种调查表(国立厦门大学学生人事调查表、入学愿书等)。调查内容的设计是科学而细致的,即使在今天,当我们逐一审视这些调查表时,都不由得对学校富有人文精神的管理理念产生由衷的敬意。① 对比今天新生入学需填写的各种表格,不难发现,长汀厦大新生调查表富有浓厚的"人情味"。查阅一个学生的学籍档案,可以了解该生入学前的教育和工作经历、家庭人口及其职业、家庭经济状况、学费来源构成、学科兴趣、常阅读何种书籍杂志、人生观、价值观等全方位的情况。作为学生,在填写这些调查表时,面对的不是标准化的冰冷的数字选项。调查表刻画出学生活灵活现的个性与特征,展现出学生与学校管理者交流个人成长经历、报告家庭具体困难、阐述个人人生观、价值观等丰富内容。

调查表有助于学校综合比较、科学合理地解决学生的具体困难。以人事调查表中有关学费的调查为例:学校除了要求学生填写学费缴纳情况外,设计了学费来源构成调查,学生需填写其学费是由家庭供给?亲友资助?地方政府资助?或是家族补助?并需估算每项来源占学费来源的比例。根据这项调查结果,学校进一步了解学生的实际家庭经济状况,在此基础上可预测其未来的家庭经济状况,并对学生做出科学合理的助学计划。

二、选课由院长、系主任指导

厦大新生按院编列,二年级始列入各系。选课是新生入学后遇到的最大问题。新生注册后,每人皆可领到一本教务处编印的《厦门大学学生手册》②。"手册"导言中注明:"选课时,要注意:将来想入哪一

---

① 学生的学籍档案内容参见附录1,以1941级学生姚一苇(又名姚公伟,后成为台湾著名剧作家、戏剧大师)和1944级学生余叔恂档案为例。

② 国立厦门大学教务处出版组编印:《厦门大学学生手册》(入学及选课要览),1942年9月。

系,最好就选哪一系的基本课程。例如想入化学系的,第一年最好选普通化学,不要选生物;要入生物系的,最好选生物,不要选化学。"为了使学生顺利渡过选课难关,学校"学生注册须知"①明确规定,由院长、系主任对每一位学生进行修学指导,核阅学生选课表是否适当。如1941年《厦大通讯》报道:

> 1941年2月18—20日,训导处连续举行新生训练三天,事前该处函请各系主任及各部门主管人员担任母校各种概况说明,以期收到修学指导之效,实施结果至为完满,三日演讲要目,时间及演讲者姓名,探悉如下:
> 十八日上午八时至十时:中国文学系概况——余謇先生
> 　　　　　　　　　　　历史系概况——吴士栋先生
> 　　　　　　　　　　　教育系概况——李培囿先生
> 　　　下午一时至三时:数理系概况——谢玉铭先生
> 　　　　　　　　　　　化学系概况——刘椽先生
> 　　　　　　　　　　　生物系概况——陈子英先生
> 十九日上午八时至十时:土木工程系概况——刘晋柽先生
> 　　　　　　　　　　　机电系概况——朱家炘先生
> 　　　　　　　　　　　银行系概况——冯定璋先生
> 　　　　　　　　　　　会计系概况——萧贞昌先生
> 　　　下午一时至三时:政治系概况——吴芷芳先生
> 　　　　　　　　　　　经济系概况——黄开禄先生
> 　　　　　　　　　　　法律系概况——何炳梁先生
> 二十日上午八时至十时:教务通则说明——傅鹰先生
> 　　　　　　　　　　　训导通则说明——彭传珍先生
> 　　　　　　　　　　　普通图书使用法——李庆云先生
> 　　　下午一时至三时:体育卫生演讲——吴金声先生②

---

① 国立厦门大学教务处出版组编印:《厦门大学学生手册》(入学及选课要览),1942年9月。

② 《训导处举办新生修学指导》,《厦大通讯》第三卷第二期,1941年2月25日。

院长、系主任都是本学科的知名教授,由他们亲自指导新生选课,使新生一入学就得到经验丰富的教授的个性化指导,学生所获得的不仅仅是一份选课表,更多的是亲身体验到"学生即是大学"①的校园文化和学术氛围。

1943年,厦门大学新生朱一雄长途跋涉、饥寒交迫地赶到文学院院长周辨明办公室。对当年的情形,朱一雄记忆犹新:

> 周院长的办公室在图书馆的楼上。他非常温和热情地叫我坐下。他说:你是不是真的有病呢?我有气无力地回答说:老师,我没有病。只是我的注册手续没有办完,我不能到膳所去拿饭菜吃,我已饿了两天,不好意思跟人家讲。他听了不禁吃了一惊。他说:我注意到你的国语很好。知道的"知",吃饭的"吃",都能卷舌头。我说:我的父母是北方人。他拿了一本林语堂编的中学生的英语读本,叫我随便念一段给他听。我读了一会儿,他说:好。又说:我会要求李庆云老师让你读大一英文甲组。我不知道谁是李庆云。他说:李老师是用英语教课的,他不会说中国话。我读了五省大学入学统考你的英文作文,非常感动,找不到一个错字。你知道吗?许多来应考的学生连题目上的英文字亦不识呢。
>
> 他的话匣子一打开就关不住了。他说,你知道国语的注音符号在福建全省已经应用很久,所以今天许多福建人都能说很不错的国语。可是卷舌音对福建人仍是非常困难。至于我(指周老师)的注音符号是用罗马字母的,你懂吗?我说:我对这些是极有兴趣的,王云五的四角号码字典就是用你发明的罗马字注音。四角号码字典我天天都带在身边。我在游击队里当兵打仗,多次和新四军的军官来往,他们用的叫拉丁化注音。可是拉丁化注音,不能表示四声。我们的讨论愈来愈热烈,他最后说,你应该努力进修,将来做一个语言学家。②

---

① 见张楚廷:《张楚廷教育文集》(高等教育哲学卷),湖南教育出版社,2007年版,第247页。

② 厦门大学1942级校友朱一雄回忆录。

这一难忘的选课经历历经一个甲子,至今朱一雄回想起来仍历历在目。

三、兴趣学科满足率高

对于学生而言,大学能否满足其专业需求,是其认同大学的重要基础。通过专业分类培养人才,是大学人才培养的重要手段之一。今日我国大学的管理者,头疼的事情之一就是大学生转专业。以厦门大学为例,厦大现在每年大约招收5 000名本科生,在2006至2008年,学校连续做了三年报考厦门大学新生的第一志愿专业的满足情况统计,其结果是,2006年招生4 963人,其中满足第一志愿的是3 163人;2007年招生5 046人,其中满足第一志愿的是2 898人;2008年招收5 019人,其中满足第一志愿的是2 211人。如果按此类推,在厦门大学20 000名在校本科生中,大约有8 000名本科生的第一志愿是不满足的,其余的学生或者就读的是第二至第五志愿,或者是由于填写了服从分配,专业完全是被调剂的。可以说,此种现象在我国的大学十分普遍。①

爱因斯坦曾说:"兴趣是最好的老师",选择自己感兴趣的学科,是大学生最重要的需求之一。根据兴趣选择就读的学科,不仅有利于发挥个人潜质和特长,而且有利于学生在学科领域取得最大的收获。抗战时期,由于厦大注重对学生的入学调查、选课指导等,学校对学生的学科兴趣和特长在学生入学伊始就有了深入的了解。根据对样本学生档案史料的统计分析,相比于今天的大学,长汀厦大学生入学时的学科满足率是惊人的。496名样本学生中,373名学生的兴趣学科与其所在院系一致,占75%;仅有40名学生的兴趣学科与所在院系不一致,占8%(另有102名学生的此项资料缺失)。此外,到了二年级,学生还可根据有关规定,自由转系。

---

① 邬大光:《被大学忽视的权力》,《中国教育报》,2010年6月21日。

四、重视校史教育

校史教育是使学生从关注学校外在声誉到产生内在情感认同的重要途径。每年举行开学式时,萨本栋校长都要谈到陈嘉庚创办厦大的艰苦历程和宏大规划,讲到学校迁址长汀的原因和用意,讲到相比于国内其他大学,厦大的独特之处以及学生就学厦大的种种"幸运",如优秀教师不断就职厦大、厦大保持安定有序的教学秩序、学校校舍和图书设备不断扩充等。他希望同学们尽量充分利用有利的环境,在学业、做人和未来事业上,树立远大志愿,不辜负国家和师长的殷望。他常常叮嘱新生"要注意了解本校过去的历史与优良的校风。新同学如遇有不熟悉之事,不妨去请教旧同学或教职员。"[1]

新生人手一册《厦门大学学生手册》,扉页对学校校史进行了详细回顾:"厦门大学是陈嘉庚先生在民国十年独手创立的。中国比陈先生富有的人很多,但是肯出巨资设立最高学府的,在中国历史上尚只有陈先生一个人。这一点是中国人,特别是厦大的同学,所应该时时不忘的,到民国二十六年,陈先生为谋全国高等教育的统一,将他苦心经营的厦大无条件地交给国民政府。这种大公无私的精神是全国人士所应模仿的"。[2] 通过校史激励和教育,新生深入了解了厦大几经磨难和曲折的历史,对厦大传统和大学精神有了具体而微的深切感受和深刻理解,使得厦大传统文化自然而然地内化到学生的成长经历之中。

第三节 严谨活泼的学风熏陶

严谨活泼的大学氛围,是形成科学精神的重要组成部分,也是抗战

---

[1] 《萨本栋开学词》,《厦大通讯》第三卷第十期,1941年10月25日。
[2] 国立厦门大学教务处出版组编印:《厦门大学学生手册》(入学及选课要览),1942年9月。

时期形成厦大学生认同的重要因素。当时学校物质条件很艰苦,相比于现在,大学生的生活略显"单调",但很"纯粹"。师生之间、学生之间的交流、谈心活动很多,学生钻心学业,苦读精研,他们的日常生活除了吃饭、休息以外,几乎大部分的时间就是共同在图书馆或教室研读、讨论。他们全神贯注于探索知识,交流思想,参加学术活动。学生的心灵是沉静的、思维是活跃的。在这样的校风学风中,学生的心灵与大学贴得更近,对大学生活的体验更深,大学真正进入学生的心灵深处,大学的"一喜一悲"都会使学生的内心随之波动,大学的生命与学生的成长相互映照。

一、学习秩序井然

潘懋元说,"抗战时期,厦大最令人怀念的,是当时良好的学风。学校山坡上、树林间到处都是用功读书的学生。教室是简易的木板房,教室里似乎总有学生在学习,学生们夹着笔记本匆匆进出。"[1]夜晚,图书馆是同学们最经常光顾的地方,每到开馆之时,"门外鹄立者顶踵相接,启馆之后,时告满座,后至者往往向隅。"[2]为了能让更多人充分享用学校图书资料,当时有一个特殊的借书制度:一本书只能借一个小时,如果没有人来借,可以续借;晚上十点钟图书馆闭馆,如果所借的书没有看完,可以将书借回宿舍继续看,但必须在第二天早晨开馆后一小时之内归还,否则取消借书资格。[3]

跑警报,是长汀厦大学生共有的深刻记忆。但即使是面临这种情况,也并没有打乱同学们的学习计划。1945届历史系学生韩国磐回忆说:"在中山公园后面紧靠龙山脚下,有一条宽敞的路,在这里,前可以俯视中山公园的景色,上可以仰眺山顶寺院的楼阁。路的两旁,绿树

---

[1] 潘懋元口述,肖海涛、殷小平整理:《潘懋元教育口述史》,北京师范大学出版社,2007年版,第79页。

[2] 《母校迁汀后之图书馆》,见黄宗实、郑文贞选编:《厦大校史资料》(第二辑),厦门大学出版社,1988年版,第85页。

[3] 潘懋元口述,肖海涛、殷小平整理:《潘懋元教育口述史》,北京师范大学出版社,2007年版,第80页。

成荫。在露珠晶莹的清晨,可以看到执卷勤学的身影;在凉风嘘拂的夜晚,可以听到圆润悠扬的歌声;在白天,这里还是体育场,是学生们赛跑的跑道。这条路本无名字,同学们私下称它为霞飞路。对于我来说,这里也是我经常徘徊踯躅的地方。学校为躲避敌机轰炸,在山麓开挖了许多防空洞。这条路距离防空洞很近,所以我经常在这条路边或附近看书,一听到警报声,就可很快跑进防空洞内。由于当时空袭频繁,有时一日多次。留在这条大路附近,就不必多次奔跑,且可多利用时间读书。抑且处于山边的花光草色、泉声松涛之中,心情会更宁静些。"①

图书阅览室一角

校园生活并不因战事的影响而沉闷,学生的学习也井井有条。1942级吴厚沂回忆:"四年在汀州,所学的委实太多了!修了152个学分(不含三民主义军训体育),主修教育,辅修中文,还修了11个学分的化学,英文学会、教育学会、本级级会等的常务干事,学生自治会筹备会的主席和以后的理事会的常务等,使我在工作上,深深地认识了抗战中生长的青年,体会到难以数计的人生经验。学习之外,我还上

---

① 韩国磐:《无限师恩忆长汀》,见厦门大学校友总会编:《厦大校友通讯》第七期,1988年7月。

台演中西话剧,出城作越野赛跑,爬山、演讲、参加作文竞赛等……"①学生在紧张、充实而有序的大学生活中历练成长。井然的秩序,保障了厦大学子学有所成。

1940、1941年度,教育部举办"全国专科以上学校学生学业竞试",在成绩特优的十余所高校中,按得奖人数比率计算,厦大均冠于全国。②

二、在研究中学习

长汀厦大学生在完成课堂学习之外,参加各种学术活动的热情很高。各系学生组成的学会活动内容丰富多彩,有学术演讲、学术讨论、出版学术刊物、社会服务等,特别是学术讨论会,大大活跃了学术氛围,扩展了学生的知识范围。例如数理学会1939年春季自开学以来,每半个月举行一次学术讨论会,既聘请教授主讲,又为一些尚未开课的助教就其思考的问题进行研讨。讨论的课题及主讲人先后是"方阵在电路上之应用"(萨本栋教授),"超导性"(陈世昌教授),"磷光及荧光"(黄启显副教授),"超复数"(吴有容讲师),"测距仪—炮位测定仪"(杨龙生助教),"自然及人造放射性"(颜戊已讲师),"热力学公式"(郑曾同助教)。其中1939年3月14日举行的"超导性"讨论会,就科学界"新近发现之导电体在绝对零度附近电阻突减现象"进行研讨,同学们向主讲人陈世昌提问、讨论,会上气氛极为热烈,会后咸感受益匪浅。③ 1944级学生郑寿岩回忆说,他印象最深的是一次参加由经济学会主持的关于平抑战时物价的讨论会,主持人的发言列举影响物价的多因素:生产减少、流通不畅、供需失衡、财政支出大于收入以及通货膨胀等。相继发言的同学都做了充分准备,各抒己见。他由此受到启

---

① 吴厚沂:《母校伟大的赐与》,见厦门大学台湾校友会编:《国立厦门大学五十周年纪念特刊》,1971年4月,第107页。

② 黄宗实,郑文贞选编:《厦大校史资料》(第一辑),厦门大学出版社,1987年版,第108页。

③ 洪永宏编著:《厦门大学校史》第一卷(1921—1949),厦门大学出版社,1990年版,第206页。

发,整理讨论会的材料,写了一篇关于战时物价管理的刍议,不久就刊在《中央日报》。①

学生学习研究风气之浓,更多体现在学生主动参与教师的研究课题。这些课题密切贴近社会现实,研究多建立在实地考察基础上,学生出于个人兴趣,可自主选择。如1938年,有100多人次学生参与教师20项课题研究(详见表4—4)。

表4—4:1938年厦大学生参与教师课题研究汇总表②

序号	院系	教师姓名	职别	研究问题	助理研究之学生数	研究计划及步骤	研究期限
1	文学院文学系	周辨明李庆云	教授教授	大学英文教学问题	不详	就大学第一、第二年级学生实验,如何提高由中学升学学生英文程度,以期增进学生听说阅读英文之能力。	一年
2	文学院文学系	周辨明黄典诚	教授讲师	中国语文大众化、通俗化问题	70	将大学院颁布之国语罗马字方案加以整理及修正后,编印各种国语罗马字书籍及词典。	一年
3	文学院文学系	林庚	副教授	新诗节奏	2	先研究白话与文言在文法上之不同,再研究诗体结构之原理,然后作为节奏而加以实验。	

---

① 厦门大学1944级经济系校友郑寿岩回忆录。
② 根据厦大档案馆资料卷宗号028—8汇总整理。

续表

序号	院系	教师姓名	职别	研究问题	助理研究之学生数	研究计划及步骤	研究期限
4	文学院教育系	李培囿	教授	校舍的建筑与管理	6	参考欧美校舍的建筑与管理情形,并就中国现在的经济状况拟一妥善的建筑计划与管理方法	一年以上
5	文学院教育系	王衍康	教授	1.战时民众教育之研究 2.教育文艺之研究	14	1.就战时民教之理论与实际作有系统之研究; 2.搜集教育文艺作品加以分析并提出在教育上应用之方法	一年
6	文学院历史系	叶国庆	讲师	民族思想之产生及其在历史上之影响	2	拟分作三期研究:汉以上为一期,晋至宋为一期,元明清为一期	两年
7	文学院历史系	谷霁光	副教授	龙岩上杭之计口授田	3	1.利用寒暑假时间往龙岩上杭实地考察并调阅卷宗,先做一精详报告; 2.龙岩上杭实行计口授田有地狭人殷之感,但江西经*各县则人少田多,故须予以比较研究; 3.历史上计口授田之例极多,亦可作为参考,为有系统的讨论于现代问题历史问题两者有益。	一年

续表

序号	院系	教师姓名	职别	研究问题	助理研究之学生数	研究计划及步骤	研究期限
8	理学院数理系	陈世昌	教授	普通物理仪器之改变与制造	5	1.拟定普通物理所应有之试验；2.改良仪器使简单而准确（不求仿造）；3.使大部分仪器可兼作数用，且在国内制造。	
9	理学院数理系	黄启显	副教授	1.土壤之物理学性；2.长汀近边出产之木料之特性	2		一年
10	理学院土木系	俞浩鸣	副教授	改良长汀县容	13	长汀为旧日府城，街道狭小污秽不堪，拟从调查与测量着手，以采用近代城市设计原理而能保留原有幽静为原则，使交通便利街容整洁，计划就后向长汀县府建议改良实行。	两年
11	理学院化学系	刘椽	教授	1.酒精为内燃机之燃料 2.植物油为制汽油之原料	2		一年或两年

续表

序号	院系	教师姓名	职别	研究问题	助理研究之学生数	研究计划及步骤	研究期限
12	理学院化学系	王宗和 陈允敦	教授 助教	福建长汀附近之硫磺能否为制造硫酸之原料	2		
13	理学院生物系	金德祥	讲师	1.长汀动物寄生虫 2.长汀竹蝗	1	1.开始不久，希望在3—4年内告一段落。 2.已有段落，对于除蝗的方法已详载于报告中。	
14	理学院生物系	顾瑞岩	讲师	1.长汀栗树害蛾之生活史及其防治的研究 2.长汀樟树虫的生活史及其产丝利用改良之研究	2	1.注重生态的防治及利用土产药剂；生活史与防治同时进行 2.关于产丝利用改良之研究，拟与化学系同事合作。	已研究半年，约尚需年半可有结果
15	商学院经济系	崔宗埍	教授	中国的行政机构	3	由学校向中央及各省政府机构函索最近印刷之法规与工作报告，先将现行各级行政机构加以研究，然后提出改革意见。	一学期
16	商学院经济系	曾克熙	教授	三民主义的经济政策	不详		一年

续表

序号	院系	教师姓名	职别	研究问题	助理研究之学生数	研究计划及步骤	研究期限
17	商学院经济系	李祥麟	讲师	日俄关系研究	5		一年
18	商学院商业系	冯定璋	教授	中国金融问题	不详		
19	商学院商业系	朱保训	教授	如何促进中国之对外贸易	2		一年
20	商学院商业系	黄雁秋	教授	县地方会计制度	10	拟以福建县地方为根据参酌各省县地方情形,分别财务行政及会计审计诸端作有系统之研究。	半年

第四节 爱国爱校的家国情怀

抗日战争爆发后,民族危机空前严重。在民族存亡的关键时刻,每个人都必须面对如何拯救国家与民族的问题。面对抗战救国的时代主题,厦大学生一方面以根植于心的爱国情怀,从国民的角度共赴国难,自觉尽着救国的责任,尽全力挽救国家于危亡之中;另一方面他们从民族文化复兴的角度奋发读书,珍惜来之不易的学习机会,为维系民族文化血脉贡献自己的力量。

1938年1月16日,全体师生安全抵达汀州,行装甫卸,便在长汀城内外展开抗敌宣传活动。全校近二百位同学分成二十队,出发到城关各大街小巷进行宣传演讲。同学们怀着激昂的感情,运用通俗的话语,以高昂的声调向长汀民众控诉日寇对我国的侵略罪行。这是自"七七事变"以来,古老的汀州首次发出抗战的声音。每一条较为热闹的街道都挤满了人,民众都聚精会神地听着,人群中不时响起抗日救亡的口号声,使整个汀城发出了"打倒日本!打倒日本!"的咆哮。

正式复课后,同学们陆续分头到通衢陋巷做抗日救亡宣传工作。2月12日,学生救国服务团又组织全校学生,分成数十个小队进行家庭访问,与民众面对面沟通座谈,提高全民的抗战救亡意识。1938年3月8日,上学期期考完毕,厦大学生从城关沿着公路步行南下,到河田、策田、蔡坊等乡村进行为时一星期的抗日宣传活动。8月13日"国立厦门大学战时后方服务团"一行18人启程向江西瑞金出发,进行抗日宣传活动,行车于崎岖不平的盘山公路,沿途高声唱着抗日救亡歌曲。当晚,在瑞金的公共体育场演出话剧。开演前同学们还教儿童们唱抗日救亡的歌曲,稚嫩的声音饱含高昂的激情。香港《珠江日报》登载了一篇题为《从长汀到瑞金》的通讯,叙述了全过程。

厦大"铁声歌咏团"合影

晚饭后,时常可见数位同学在北山南麓或中山公园里,聚在一起,或低唱浅吟或引吭高歌。其后,不少聆听者欣然追随,求是斋旁的教室、北山下、公园里,逐渐地成为男女同学引吭歌唱的场所。犹如筑巢引凤,抗战的歌声,像磁铁般地吸引了许多对音乐饶有兴趣的同学,"歌八百壮士""保卫黄河""嘉陵江上""游击队歌""握别"等。同学们自行掏出腰包,油印歌谱分发给同学。1941年3月29日,最初由几个人唱起来的歌咏小组发展到近百人,在长汀孔庙大礼堂正式成立"国立厦门大学铁声歌咏团"。正如在礼堂两壁上挂着的"我们的歌声要有力量""我们的歌声要求普遍"的条幅,歌咏团在成立第一天就呼吁全体团员为抗战做实事,为民众做实事。

当福州沦陷之时,闽南沿海告急之际,"铁声歌咏团"首先发起了"救济闽海同胞演唱会",进行募捐。之后,在"铁声歌咏团"的号召下,长汀各校联合举行了一次"长汀大小中学联合抗敌歌咏演唱会"。"铁声歌咏团"声势日益壮大,得到了师生一致的赞赏,同时也获得学校财政上的支持,逐渐地发展成为定期排练、公演,从学校走向社会,进行声势浩大的抗日宣传活动,同时也丰富了山城的文娱生活。

像一丝心中的不平,

像一点战士的殷勤,

像一声牧女的羊铃,

让我们唱出那热情!

这首由厦门大学教授林庚作词,王政声谱曲的"铁声歌咏团团歌",倾吐了厦大师生的心声,它伴随着厦大,激励着厦大学生,直到抗战最后胜利的来临。

抗战时期,厦大学生有相当部分来自沦陷区。就学生家庭背景而言,不是家破人亡、亲人失散,就是"有家不能回"。许多学生寒暑假留在学校,学校成为学生的避难所和避风港。学生在这里既受到谨严有序的培养教诲,又享受到家庭般无微不至的关心照顾。学生赖久富说,"对我们来说,厦大不仅教育了我们,而且养育了我们!"[①] 1944级丘书院在学时,曾在一篇名为《我爱厦大》的文章中写道:"我不想在戏台里喝彩,但我真正热爱这个学校。在我未入厦大以前,我已经爱慕着她了。进入厦大以后,我爱她更深。我敢相信,在我毕业之后,我爱她的热情定将维持到永远。"[②]学生们特别感激厦大为他们提供安定的

---

① "令人怀念的长汀厦大",厦门大学1942级机电系校友赖久富回忆记录。

② 丘书院:《我爱厦大》,《中央日报》,1947年4月7日。

学习环境，普遍珍惜来之不易的学习机会，立志为胜利后建设国家而奋发读书。学生们热爱厦大，志愿报效国家，这是他们发自内心的情感流露。

第五节　激情浪漫的课余生活

长汀厦大优美的自然环境使得学生们置身其中，浮想联翩，留连忘返。学生们在这一方被他们称为"圣土"的校园里，读书学习、交朋结友，对未来充满憧憬，演绎着他们激情浪漫、丰富多彩的校园人生。

1946年，厦大四年级学生李焕明在回顾自己的大学生活时，写道：

> 在我个人的厦大生活史上，有几幅动人的生活画片，深深地印在我的心坎深处。我生活上的第一张画片是这样的：在深秋的早上，露华正浓，独自攀登北山，凝视着东方的鱼肚白，渐渐变成淡红、殷红、终于万道金光四射，不容逼视，只有一种混沌的感觉。回看山下，炊烟四起，市声隐隐可闻，而庵前鸦雀盘空，怡然自得。此时我坐在石阶上，摊开孙过庭书谱真迹来欣赏，远处一阵阵桂花香随风扑鼻而来，精神为之一爽。这种微妙的经验，真是不可多得啊。下山时，但见满山红叶，殷然可爱，便摘下数片，带回书斋写上心爱的诗句或格言，夹在书中，成为美丽的书签，至今每次看到它，都令我悠然神往。

> 我的厦大生活的第二个片断，是在一个春天的傍晚散步，至公共体育场，与二三知己择一处幽静的草地坐下，面临着汀江，纵情地谈心，一片欢笑声响遍原野。我细数着涨痕，静观鱼跃，天光云影，倒映江中，水波摇荡，幻成万态，我不禁沉浸于"婉若游龙，翩若惊鸿"的水中世界了。忽然朝斗岩的钟声把我从冥想中惊醒，起视暮色苍茫，晚风挟着花香，一阵阵袭来，燻人欲醉。归途上，月儿

已在树梢窥人了。①

学生的创意激情与大学的宽容自由相得益彰。只要学有余力，学生们可以尽情地利用有限的资源和空间创造无限的乐趣和精神享受。

朱一雄，自幼爱好书画，1943年考入厦大中文系后，自认为过上了"天堂一般的生活。"他拿着画板奔向汀江各处，"疯狂地写生作画"，入学不久，就完成了50多幅铅笔和粉笔的写生，10多幅木刻。写生多半是长汀四乡的风物，木刻则是老农夫、挑水的女工、江上的船子和一个每天从映雪斋后面经过的盲丐，手拉胡琴，发出凄凉的乐音。当然还有铁匠等等的画面。而凭想象，他用粉笔在一张大马粪纸上画了一个弹吉他的歌者，背后是红达天庭的烽火，他为这画题名为"狂歌当哭"。在学期间，朱一雄曾把学校的大礼堂"占用"下来，布置出他在厦大的第一回个人画展。他通夜未眠一早就在礼堂门口，正在考虑要做一个广告牌放在廊下，远远走来了萨本栋校长和谢玉铭教务长。萨校长说："我不是布告了大家，今天下午要召集学生到礼堂来开会吗？怎么是何处来的画家在这儿开展览会呢？"谢老师说："不是外地来的画家，朱一雄是我校一年级的新生，这孩子怪特别。"两位老师作为第一批参观者进入礼堂，萨校长说，"画得不错"。朱一雄陪着他们看完了全部作品，萨本栋始终微笑着，离开时在签名簿上写下了："成功不在乎天赋，百分九十九要靠

长汀梅林之忆　朱一雄绘

---

① 李焕明：《我的厦大生活》，见台北市国立厦门大学校友会编印：《厦门大学校友纪念母校创立六十周年专辑》，1981年4月6日。

自己流汗奋斗"。后来,他跟教务长说:"不开会了,通知大家来看画吧"。①

在抗战时期艰苦的环境里,学生们却体会出从另一角度看待世界、看待人生的方法。在他们眼里,生活一样是美好而充满希望的。1944级机电系学生苏林华的回忆,就充分而深刻地反映了当时学生激情浪漫的生活与思想:

> 战时的长汀时代,校园里挂了一口钟,每四小时变化一次,即第一小时敲两下,半小时敲一下,周而复始,如此师生们可从早上、下午或晚上不同的时程判别出时辰。我大三住博学楼,大四住映雪楼,都听得见,尤其上半夜的钟声,颇有"夜半钟声到客船"的情调。
>
> 即使是在山城苦难的日子,如果从另一角度去看,我们的生活还是美好而充满希望的。大一国文,我编在郑朝宗师的甲组,他让我们理工科学生只能照本念"风来蝶有致",而文法商同学便能谱出"蝶来风有致"。他学贯中西,引介了一句西谚:"A thing of beauty is a joy forever!"(美就是永久的喜悦)却给我终身受用不尽。
>
> 当白天日机轰炸之时,我们从集思堂或嘉庚堂躲到旁边大防空洞,假使你能幻想到:如能挖得更深些,便别有洞天,或有无尽的宝藏就很美;空袭完毕,跑到万寿宫图书馆却抢不到 Granville 等三氏微积分参考书或 Poorman("可怜人")的材料力学,便上坡到文法商阅览室借出十大本精装的《鲁迅全集》,翻到他引喻"人要像牛一样,吃的是青草,挤出来的是牛奶"时,那早餐时吃黄豆稀饭的怨气便一扫而光,于是便"有一分热,发一分光"起来,这不是很美吗?
>
> 再说长汀机场施工时,人头滚滚,不下万人,蔚为壮观。等到

---

① 根据厦门大学1943级文学院校友朱一雄口述记录,访谈时间2007年10月15日和纪蔚然:《遗漏在自传里的血泪》,《印刻文学生活志》,2007年第10期整理。

跑道完成,有 B—24 空中堡垒,有比翼双飞的 P—51 野马式战斗机,还有"黑寡妇"的侦察机降落,可是夜间日机来袭,机场没有夜航设备,故无机上空迎战,这时地面上的高射炮火齐放,每四颗子弹便有一颗照明弹,在空中曳成火网,我却优哉悠哉地躺在宿舍上铺,掀开纸窗,看那生命之花迸出光辉,然后酣然入梦,这不是很美的吗?

宿舍里有自孤岛上海来的同学,唱当时正流行的《翠堤春晓》电影插曲,如今再回首:在"When we were young……"的圆舞曲(Waltz)中,你可回味出小施特劳斯追女高音到多瑙河边,船已鼓桨离岸,他呼道:"Half of My Life is gone with you!",然后颓然入梦,得了灵感,谱出蓝色多瑙河舞曲来,多美!①

厦大同学之间充满真挚的友情,既有物质的支持,更有精神的援助,爱情之神也随他们的青春悄然而至。他们的爱情就像山野的花草一样在艰苦的环境中恣意地开放,自然而浪漫。"笔会"是厦大较有影响的一个文学社团,有 10 余名成员,后来结成伴侣的就有 3 对,他们都在人生道路上跨越重重障碍而至白头偕老。

丰富多彩的文体活动

1943 级一位学生回忆,三年级时,其与高年级同学在宿舍闲谈择偶标准,并且每人需列举女生名单以便说明。该同学说自己的标准

---

① 苏林华:《校园忆旧——献给母校厦门大学及校友们》,《厦门大学美洲校友会校友通讯》第 38 期(内刊)。

萨本栋为厦大毕业生婚礼作证婚人

是:"不同级者不取,名花有主者不录,姿色须中上,性情要温和,学业操行体育成绩,总平均在七十五分以上者为合格。"①同学们认为符合其标准者为某某女同学,果然该女生正是其心仪对象,而"列单选妻"也成为这对伴侣日后的甜美回忆。青春岁月,同志爱人,苦读中的相伴,贫困中的支撑,忙碌中的偷闲,平淡中的浪漫,这些都成为厦大学生美好、充实而深刻的记忆。

---

① 原沂:《风雨对床列单选妻》,见厦门大学台湾校友会编:《国立厦门大学五十周年纪念特刊》,1971年,第99页。

第五章　患难与共：校友与母校在一起

　　桃李不言，下自成蹊。大学认同主体中，学生和校友是同一群人。学生时代有形成大学认同的"因"，成为校友后，感恩、回馈——认同的"果"才会长久且持续地表现出来。

校友认同自己曾经就读的大学，并对其怀有一种"母校情结"本是人之常情。然而这种情感普遍而强烈地蔓延在某个特定的校友群体当中，成为一种普遍现象，并且这种"认同"对大学发展和校友成才起到了重要、独特的作用，就不能不发人深省了。一位抗战时期毕业的厦大校友分析这一共有的情结时写道："在校时，我们有的还不相识，即使来往也是很有限的；可是奇怪的很，出了校门，再碰到时便截然不同了，任他是什么孤介怪癖的同学，这时候总不只是点点头，招招呼而已；热烈地握掌后，一定还要和你倾诉别后的经过，追寻在校时事迹；如果是先后同学，时间差得久一点的，还是不同院系没有往来过的，便会提起几个共同认识的朋友来作谈资，非常要好地亲热起来。"①

1941年4月6日，厦门大学庆祝20周年校庆，特别安排了一位校友②代表在庆祝大会上发言。校友对长汀厦大的情感认同发自内心、令人动容："母校是全国最高学府之一，规模宏大，所以移到长汀，几年来对于本地的经济建设，智识解放，都有相当的帮助，这谁亦不敢否认

---

　　①　《厦门大学校友会福安分会成立的经过》，《厦大通讯》第三卷第四期，1941年4月25日。

　　②　后文中"校友"专指抗战时期的厦门大学毕业生。

的。母校迁移的路线，比其他国内大学短，损失比其他大学小，地点却比其他大学安全，可见得当时校方主持人眼光的准确，亦是东南学子无穷的幸运。本来福建是滨海的省份，人们都认为不安全的，可是现在听说已经有几个大学移到福建内地来了，这亦可说是母校为之先导，很光荣的。同时，无论中央方面，社会方面，对母校都有深刻的认识，良好的印象，母校的地位一天天地提高；希望战事结束，母校搬回厦门的时候，能够在长汀设一个分校，或者把校址留做有价值的用处，来纪念这光荣的史迹。"①

半个多世纪以后，抗战时期厦门大学在长汀的校址已为长汀中区小学所用，校中设有长汀厦门大学旧址纪念馆。到馆里参观的除了尚不谙世事的中小学生外，满头银发的厦大校友一批又一批地从世界各地"回家"，成为这里涌动的别样风景。

第一节　校友认同表征：以《厦大通讯》词频统计为例

认同，根源于深层次的心理。要理解校友认同长汀厦大的行为，寻找校友形成认同的根源，必须分析其内在性的心理表征和原因。现存回忆录或相关史料多从个体角度反映校友认同厦大的情感因素，几乎没有整体性的描述和量化分析。笔者尝试以1939年旅汀毕业同学会创办的《厦大通讯》为例，将1939—1945年《厦大通讯》刊载的所有校友来信和反映校友与母校关系的评论性文章转录成电子格式，然后用专门的词频分析软件进行总体量化分析，汇总统计高频词，并在此基础上重新解读史料，分析高频词出现的原因，通过这种方法，试图从整体上反映校友的认同心理。

---

① 《纪念会》，《厦大通讯》第三卷第四期，1941年4月25日。

一、词频统计概述

词频,即一定范围的语言材料中词的使用频率。运用词频分析软件,可以对某一专题领域的语言材料进行词频分析,统计出该语言材料中所有词汇出现的频次。高频词能够简单、直接、较全面地概括出语言材料的核心内容,同时,高频词隐含着对相关问题的关注程度、规律和发展趋势等线索。通过对文字材料高频词的归类和内容分析,以对研究者(作者)的心理倾向、语言习惯和各种社会现象的变化等进行定量研究,可以在一定程度上揭示问题领域的内在规律。该软件自20世纪60年代被广泛用于社会科学的研究中。由于使用词频分析方法搜集到的数据具有可重复性和可验证性的特征,同时这些数据能够应用于构建统计模型,因而受到普遍的重视。① 实践证明该方法具有一定的科学性和可操作性。

二、关于《厦大通讯》的说明

《厦大通讯》是厦门大学迁至长汀后,由旅汀毕业同学会于1939年1月1日自发组织创办的,后由校友总会接办。由于刊物的民间性和自发性,该刊成为当时校友与厦大之间情感交流和信息互通最重要的历史资料。"各地校友对此唯一联络性之刊物备极关心,数年来在人力财力的种种困难条件下,无稍间断。"②可以说,在艰苦卓绝的战争年代,校友们竭尽所能创办、维持这份刊物,体现的就是对学校的高度认同。因此,以《厦大通讯》为分析文本具有很强的针对性和可行性。

从1939年创刊,至1945年,萨本栋正式离任,汪德耀就任校长,这期间,《厦大通讯》共出版了七卷68期。笔者通过档案馆、图书馆和向当时校友征集,共收集到七卷55期。期别如下:

第一卷1—12期

---

① 谢维和:《中国的教育公平与教育发展》,北京:教育科学出版社,2008年版。
② 《"厦大通讯"复刊》,《厦大校刊》第一卷第二期,1946年1月16日。

第二卷 1—12 期

第三卷 1—12 期

第四卷 1—10 期

第五卷 6、7 期

第六卷 1—5 期

第七卷 1、2 期

如果以客观内容和主观感受对该刊栏目及内容进行考察、划分，"厦大校闻""校友会、同学会会务""校友动态"等栏目大多可归入"客观内容"部分；而校友的评论性文章、"校友来信"①等多属于反映校友与厦大关系的主观性内容。因本研究关注的是校友的心理和情感取向，因此，刊物中反映主观性内容的栏目"校友来信""校友文章"就成为主要研究内容。

笔者用 Excel 录入了《厦大通讯》中"校友来信""校友文章"两个栏目的所有文字材料，共 256 份。其中，校友文章 65 篇，校友来信 191 封，史料转录成电子文稿总数近 25 万字。录入工作完成后，笔者运用 Rost Word Parser 词频分析软件，对以上文字材料进行词频统计，获得 11 448 个不重复的分词，并对每个不重复分词出现的次数进行统计，为建立词频分析的元数据库奠定了基础。

三、词频统计和元数据库的建立

通过 Rost Word Parser 词频分析软件，笔者首先从 11 448 个不重复的分词中挑选出由 2 位汉字以上（含 2 字）组成的频率词，共有 9 376 个频率词。其次，限于篇幅，重点关注频次在 25 次以上的频率词，共有 400 个，删去其中没有实质性意义或包容度低的频率词及其频次，比如"一个""对于""没有""可以""所以""因为""这样""不能""方面""其他""这里""时候""将来""什么""过去""于是"等。再次，参照原文

---

① 《厦大通讯》的栏目主要由母校新闻、校闻简报、校友近况、校友来信、分会消息、总会公告以及校友文章组成，其中反映校友主观意念和想法的是校友来信和校友文章。——笔者注

含义,对于部分代表同一含义的词进行"合并",并重新计量其对应频次,比如"陈先生""陈校主""嘉庚先生""校主""陈氏"均指"陈嘉庚","校长""萨先生""萨博士""萨校长"指"萨本栋",再比如"本校""厦大"指厦门大学,"汀州"与"长汀"同义,"我国""国内""中国""全国"和"祖国"所指相同,等等。通过对频率词进行"原型"修复后,将剩下的频率词及其频次列成单表。通过以上步骤就建立了一个出现频次在25

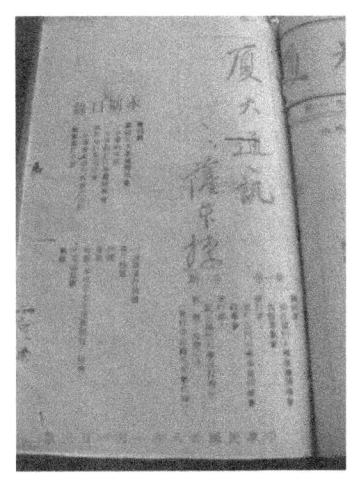

厦大通讯第一卷第一期

次以上的高频词的数据库(几乎覆盖到256份文字材料中的80%,详见表5-1),而该数据库就是进一步归类和分析的元数据库。

表5-1:1937—1945《厦大通讯》高频词词频分布

序号	频率词	频次	序号	频率词	频次	序号	频率词	频次
1	母校	918	2	同学	484	3	我们	321
4	毕业	250	5	校友	238	6	陈嘉庚	221
7	希望	217	8	总会	188	9	组织	173
10	祖国	172	11	萨本栋	157	12	教育	130
13	精神	125	14	工作	121	15	大学	112
16	教授	108	17	学校	104	18	学生	101
19	长汀	97	20	抗战	94	21	生活	94
22	通讯	80	23	福建	73	24	联络	67
25	研究	65	26	事业	64	27	意见	64
28	服务	64	29	学长	60	30	图书	60
31	同学会	59	32	他们	57	33	厦门	56
34	华侨	56	35	集美	54	36	发展	54
37	欢迎	54	38	伟大	53	39	南洋	52
40	各地	50	41	中学	50	42	努力	49
43	需要	48	44	校友会	46	45	地方	42
46	介绍	42	47	知道	42	48	关系	42
49	人才	42	50	创办	41	51	侨胞	41
52	国家	41	53	问题	40	54	青年	40
55	师资	39	56	毕业生	38	57	分会	38

续表

序号	频率词	频次	序号	频率词	频次	序号	频率词	频次
58	图书馆	37	59	健全	36	60	指导	34
61	离开	34	62	校舍	33	63	大家	33
64	学术	32	65	环境	32	66	困难	31
67	发生	31	68	文化	30	69	自己	30
70	职业	29	71	力量	29	72	刊物	29
73	聘请	29	74	国立	29	75	三年	29
76	扩充	29	77	宿舍	29	78	代表	29
79	你们	29	80	第一	28	81	小学	28
82	办法	28	83	经济	27	84	师范	27
85	负责	27	86	注意	26	87	学院	26
88	进步	26	89	历史	26	90	机关	26
91	各界	26	92	报告	25	93	设立	25
94	主任	25	95	建国	25	96	设备	25

需要略作解释的是，在表5-1中，"希望"和"组织"的频次很高，排名也在前10名之内。这两个词出现高频的原因主要是该刊物向所有校友征集对"组织总会之意见"和"对母校之希望"，因此，统计校友文章和来信中，"希望"和"组织"出现的频次较高。

四、校友认同心理表征

对于历史研究，美籍华裔学者林毓生曾倡导"不以考据为中心目的之人文研究"，其功效在于阐发史实对当下生活的意义。基于此思路，本研究首先从五个方面或者说五个视角对元数据库频率词进行大致分类（这五个方面的频率词覆盖了元数据库的2/3）。在此基础上选取其中部分高频词，结合校友文章和来信内容，分析校友认同心理的主要表征。

（一）人物类高频词：对"陈嘉庚""萨本栋"的进一步解读

在表5-2中，表示人物类的高频词共有18个，但有明确所指的人物类高频词只有两个："陈嘉庚"和"萨本栋"。而且，这两个频词在元数据库中的频次排名均比较靠前。根据认同心理的形成规律，如果组织的领导者具有人格魅力和威信，并且有较强的感召力，那么，成员对组织的认同感往往就会很强。结合具体内容分析发现，"陈嘉庚"和

"萨本栋"确是形成校友认同心理的关键人物。

表5-2：人物类高频词

序号	频率词	频次
2	同学	484
3	我们	321
5	校友	238
6	陈嘉庚	221
11	萨本栋	157
16	教授	108
18	学生	101
29	学长	60
32	他们	57
34	华侨	56
51	侨胞	41
54	青年	40
55	师资	39
56	毕业生	38
63	大家	33
69	自己	30
79	你们	29
94	主任	25

"陈嘉庚"的频次是221次，其中包含"陈嘉庚"48频次、"陈先生"84频次、"嘉庚先生"74频次、"校主"15频次。根据文献阅读，与这些词一起出现的高频词还有"欢迎""伟大""精神"等，这清楚地表明"陈嘉庚"在校友心目中的特殊地位。1940年陈嘉庚莅临长汀厦大视察，《厦大通讯》第二卷第九、十期合刊以"欢迎陈嘉庚先生专号"出版。因此，"陈嘉庚"出现的频率非常集中，90%出现于第二卷第九、十期合刊。校友们撰写的专题文章有《颂嘉庚先生》《我所认识之嘉庚先生》《陈校主莅汀感言》《从欢迎嘉庚校董回校谈到母校教育学系应扩充为师范学院》《陈嘉庚先生人格之崇高与精神之伟大》《嘉庚精神》《陈嘉庚先生行踪记》等。从文章中可以感受到校友们对陈嘉庚"毁家兴学、为国育才""领导南洋华侨抗敌救国"等事迹如数家珍，对母校校主充满了敬意、感佩和自豪，"陈校主离开祖国约略二十年了，今天竟得到长汀来，叫人喜极。古书云'见贤思齐焉'，料想人同此心，心同此风，

闻风而兴起者,岂止我同学们而已。"①校友认为对嘉庚先生"除共致其最诚挚最崇高之敬意外,诚宜以陈先生服务社会之伟大精神为精神,以陈先生崇高之人格为人格,人人重义务,轻权利,坚毅卓绝,自强不息,在抗建工作上,共尽最大之努力,斯乃不失欢迎陈先生之意。"②

"萨本栋"的频次是157次,其中包含了"校长""萨先生""萨博士""萨校长"等频词。校长把握大学发展方向,是大学的灵魂。根据内容分析,当时校友认同厦大,重要原因之一是他们对萨本栋执掌厦大的一致认可。校友文章中多次提到"萨本栋与全体员生秉苦干、硬干、实干精神,一切校务按照预定计划,获得快速发展"③"母校自经改为国立,迁移长汀以后,在萨校长精神领导之下,教授学生联合一起,共同站在学术战线上,努力奋斗……现在我们母校的教授多是国内外闻名的学者,同学更多是各省各县的人,甚至隔离福建极远的省区的青年及南洋各地华侨的子弟亦不少。我们并非夸大地说,我们母校不单是福建的最高学府,而且是全国,尤其东南的一个伟大的黉宫"。④"母校,在贤明的萨校长以苦干的精神领导之下,进步有一日千里之势,堪以告慰。"⑤即使是私立时期毕业生,有些并没有到过长汀厦大,对萨本栋也褒扬有加。如卢嘉锡校友,1934年毕业于化学系,后赴美留学,他说:"母校搬到了一个新的地方,那个小城(长汀)不能提供基本的水电供给,非常艰苦。学校得益于校方以及全体教职员工的持续努力,尤其是我们的新校长萨本栋的有效管理,两周前,我收到了《厦大通讯》这本小册子,其中生动地展现了学校遇到的困难以及为顽强克服困难

---

① 叶国庆:《陈校主莅汀感言》,《厦大通讯》第二卷第九、十期合刊,1940年11月9日。

② 叶书德:《陈嘉庚先生人格之崇高与精神之伟大》,《厦大通讯》第二卷第九、十期合刊,1940年11月9日。

③ 曾省:《校友来信》,《厦大通讯》第二卷第一、二期合刊,1940年3月20日。

④ 李学龙:《母校与中国文化前途——一个诚恳的建议》,《厦大通讯》第三卷第三期,1941年4月6日。

⑤ 《一封谈厦大在长汀的信》,《厦大通讯》第一卷第四期,1939年4月1日。

所做的努力。我相信,通过它,每一个厦大校友都将为我们光荣的厦门大学而钦佩,并激发出团结合作的精神。"①校友们甚至认为,"凭着校长的诚毅与努力,即使厦大前途还有困难,也一定可以迎刃而解。校长的健康,就是厦大的健康。萨校长以壮盛不惑之年主持校务,我们还挂虑厦大没有比过去更光荣的前途吗?厦门大学与咱们的国家同是抗战时期重生的,所以在抗战胜利后复兴的中国与新生的世界,厦大对于国家,对于人类,将有无可限量的贡献。"②

(二)对"精神"的进一步解读

"精神"的频次达到125次,虽然排第13位。但和前面12个高频词有明显的不同,仿佛从一个领域跨越到了另一个领域,从一个视角转换到了另一个视角,该词超过了对"教授""学生""长汀""抗战"等高频词的频次,说明大学的"精神"是形成校友认同心理的重要表征之一。经统计,校友文章和来信中,对"精神"有具体解释和说明的就有15种之多:"嘉庚精神""萨校长精神""厦大精神""校友护校的精神""团结合作的精神""学府精神""亲爱互助的精神""母校精神""伟大精神""止于至善之精神""毁家兴学之精神""人格精神""为国育才的精神""牺牲精神""勤俭精神"等。有校友认为,"母校之发展进步,不在于厦大有名教授,而在于厦大精神。"对此,厦大20周年校庆时,周辨明对厦大几种"精神"的解释具有代表性:"1.关于嘉庚精神。过去我们所说的嘉庚精神,也许只是狭义的"毁家兴学"的嘉庚精神而已。抗战以来,嘉庚先生在海外领导侨胞,努力捐输,其公忠为国的精神,已为全国上下所钦佩。去年四月间,先生竟以花甲之年,返国慰劳,寒暑无闲,万里奔波,到处备受欢迎。其伟大精神,至此已表达无遗。到了十一月间,先生莅临本校,亲向全校员生演讲,其至诚至公的精神,遂更深刻地灌注在每人的头脑中。所以到现在我们更应庆幸,庆幸我们有这样一个抱负不凡的创办人。他竟赋给厦大员生,无论在什么地方

---

① 卢嘉锡:《校友来信》,《厦大通讯》第一卷第六期,1939年6月1日。
② 周辨明:《母校二十周年致词》,《厦大通讯》第三卷第四期,1941年4月25日。

服务,都能表现出来一种独特的精神。2.关于校友护校的精神。三年前我说校友爱护母校,那就只是单独个人的表现而已。现在,校友总会早经成立,而各地分会亦先后产生。分会与分会,声气沟通。分会与总会及母校之间,又取得切实之联络。校友刊物《厦大通讯》,至今按期出版。毕业同学八百人精诚团结之表现及爱护母校之热忱,均可称道。3.关于校长治校的精神。萨校长受命于危难之中,就具决心,复兴厦大。三年来,一心一德,一切长足的进步,都是校长惨淡经营的结果。"①

(三)组织类高频词:对"总会""祖国"的进一步解读

在表5-1中,最高的词频是"母校",频次高达918次,遥遥领先于其他频词,这也证明了基于此文本材料进行校友认同母校的分析具有一定可行性。值得关注的是,元数据库中,与"母校"类似的代表组织名称的高频词还有9个,见表5-3。该类高频词中,根据组织性质大小大致可分为三种:祖国、国家;母校、大学、学校;总会、同学会、校友会、分会。从中我们可以发现:校友认同心理与校友国家观念和校友对校友会组织的认同具有相关性。下面以"总会""祖国"为其代表分析如下:

表5-3:组织名称类高频词

序号	频率词	频次
1	母校	918
8	总会	188
10	祖国	172
15	大学	112
17	学校	104
31	同学会	59
41	中学	50
46	校友会	46
52	国家	41
57	分会	38

---

① 《母校廿周年纪念日隆重庆祝盛况空前》,《厦大通讯》第三卷第四期,1941年4月25日。

1."总会"代表"母校"

组织名称类高频词中,紧随"母校"之后的是"总会",频次为188次。"总会"在此文本材料中,专指"校友总会"。主要有两方面原因导致该词成为高频词:

(1) 1940年校友总会成立之前,曾向广大校友征求对于"成立总会之意见",因此,在第一、二卷通讯中,校友来信的内容之一,就是表达对成立总会的看法,故"总会"出现的频率较高。对此,98%以上校友来信表达赞成成立校友总会,而且希望尽早成立。校友认为成立总会的意义在于"对于星散四方之毕业校友,固多精神上之安慰,而于抗战建国,尤多裨益"①"发扬母校精神及沟通各地同学"②"指导各地同学会之进行"③"协助母校健全校友职业介绍机构,尽量为毕业同学谋出路"④等。并且,校友希望"总会能成立为一永久之机关,对校友情形有详细之调查。"⑤

(2) 校友总会成立后,校友来信多是直接写给校友总会,报告个人近况或请求给予帮助等,因此,"总会"出现的频率也较高。"总会"在校友心目中,代表着"母校",校友对母校的认同通过"总会"这个组织得到实现并进一步强化。

2.祖国危难激发了校友的大学认同

组织名称类高频词中,排第三位的是"祖国",频次为172次。根据文献阅读和内容分析,发现出现"祖国"的同时,经常出现的还有"抗战"(频次为94次)、"建国"(频次为25次)、"困难""危机""保卫"等词。在校友心目中,把对母校的情感寄托与抗战必胜、建国必成的爱国思想联系在一起。如黄泽浦在来信中写道,"看了厦大通讯,最令我感到快慰的是,从中得知我们的母校正像我们受难的祖国一样,一天

---

① 杨兆爵:《校友来信》,《厦大通讯》第一卷第七期,1939年7月11日。
② 梁惠溥:《校友来信》,《厦大通讯》第一卷第七期,1939年7月11日。
③ 唐煊:《校友来信》,《厦大通讯》第一卷第八期,1939年8月21日。
④ 叶培元:《校友来信》,《厦大通讯》第一卷第八期,1939年8月21日。
⑤ 卢嘉锡:《校友来信》,《厦大通讯》第一卷第六期,1939年6月1日。

天在苦斗中发荣滋长！"①又如宋庆琏写道："回忆起五年前的厦大生活，真够令人玩味。充满严肃空气的闽南最高学府，曾被我们狂啸的呼声震破。静若止水的笃行楼，朝朝暮暮，也传出些幽美的歌声。虽然现在她已为祖国的生存，而牺牲于无情的炮火，变为残瓦颓垣，成为废墟。不过，在我梦想中的厦大，仍然是巍峨壮丽而又温柔的。"②再如叶秉立所写"大学教育，在今日的我国，有他特殊的使命和重负。五年以来，政府一面抗战，一面建国……谢谢抗战，使我们本来不可能聚首的在这里一起攻读，我们同情，了解，相爱，四年严格的训练，使我们茁壮成长，此去彼此将走向不同的天地，负起社会期待我们的责任，开拓祖国更辉煌的命运。"③此外，厦大校友赴南洋工作的较多，海外校友对国家和母校的安危非常关心，校友的共识是：爱国即爱校，爱校即爱国。祖国危难，大学遭殃，校友对母校的同情和爱护之心更加高涨。

（四）地名类高频词：对"长汀"的进一步解读

"长汀"的频次是97次，在元数据库中虽列19位。但在地名类高频词（见5-4）中，却列第一位，高于"福建""厦门""集美""南洋"等。

表5-4：地名类高频词

序号	频率词	频次
19	长汀	97
23	福建	73
33	厦门	56
35	集美	54
39	南洋	52

查阅内容发现，校友对"长汀"怀有深厚的感情。关于"长汀"的主题文章有：《一封谈长汀的信》《母校迁汀后对于长汀社会之影响》《毕业同学在长汀》《别长汀》等。校友由刚开始的陌生——"长汀并不如我昔日所想那样荒僻，我们动身时，拼命的买金鸡纳霜，雪文，面巾，袜子

---

① 黄泽浦：《校友来信》，《厦大通讯》第一卷第三期，1939年3月1日。
② 宋庆琏：《校友来信》，《厦大通讯》第一卷第五期，1939年5月1日。
③ 叶秉立：《校友来信》，《厦大通讯》第四卷第五、六期合刊，1942年6月30日。

……现时想起不禁一笑。夹在临江中的水东街,那里日常应用东西都有……",①到毕业时"不舍得离开长汀"。校友的文字中,"长汀"常常表示"母校":"七月十二日早离开长汀时,因决定不久会重回母校,心理倒不觉有若何难过。在八月廿一日再别那曾经与许多朋伴欣欢读游的地方,情绪就两样了。"校友在多处文字中表达离开长汀时的心情:"像是失了衷心所依傍的东西,现在我的心就因离开了她而漂游无定了。"②厦大在汀办学时,时任县长叶长青校友,曾对母校给予很大支持,为厦大在汀的稳定和发展做出了特殊的贡献。他离任时写了一首《别长汀》③:

  上道秋风直远人,黄尘巨辇趁霜晨。
  家山破后情何限,篱菊黄初酒不贫。
  但恐声光过宝相,全凭肝胆照齐民。
  青山此际宜千赏,面目他年孰失真。

校友对"长汀"的深厚情感转化为厦大在汀壮大和发展的重要力量。校友认为,厦大"在长汀渐奠定了相当的基础,其中几经惨淡经营,从仅有的旧学院及长汀饭店二处房舍,扩展至三十六座,占据了半个长汀城。"④

(五)校园设施类高频词:对"图书""图书馆"的进一步解读

"图书"的频次达60次,排第30位;"图书馆"的频次达37次,排58位。两者合一,频次达97次,远远高于"校舍""环境""宿舍""设备"等其他表示大学设施条件的词的频次。这说明,图书、图书馆在校友认同心理当中的地位特殊。

---

 ① 《一封谈长汀的信》,《厦大通讯》第一卷第四期,1939年4月1日。
 ② 邹幼臣:《忆念的信——给已是熟悉和似是生疏的同学们》,《厦大通讯》第四卷第八、九、十期合刊,1942年10月31日。
 ③ 叶长青:《别长汀》,《厦大通讯》第三卷第十期,1941年10月25日。
 ④ 傅津:《特写:厦大素描——写给有志升学厦大的青年们》,《厦大通讯》第四卷第五、六期合刊,1942年6月30日。

表 5－5：校园设施类高频词

序号	频率词	频次
30	图书	60
58	图书馆	37
62	校舍	33
65	环境	32
77	宿舍	29
96	设备	25

查阅文章内容，主要因为，校友在学时，对图书馆满意度非常高，以至于他们离校时，图书馆成为一些校友最留恋的地方。校友说，"学生最感重要的是精神食粮。厦大的图书，并不受迁移或轰炸而影响其原有的丰富，加以近年来陆续增购，于是益见充实。据图书馆最近统计：现有中日文书 94 550 余册，西文书 20 460 余册，中文杂志 5 875 册，西文杂志 19 420 余册，合计共有 140 300 余册，其他订购未到的中西文书籍尚不在内。厦大每年的经费，较其他重要院校少，但数年来所以陆续获得荣誉，无非厦大具有丰富精美的图书仪器，及幽静宜人的读书环境，同时还有循循善诱的宏博学者"。① 还有的校友说："我个人方面也觉得有许多值得留恋的地方，第一是图书馆好像一种精神上的粮食，可免掉因为从事谋生，而荒废了学业，在从前一有空闲，我就溜到图书馆去，报纸杂志，琳琅满目，尽人浏览。至于书籍，我是借在夜间阅读，孤灯相对兴味无穷，日间疲劳便已驱之千里以外。现在虽然因室家之累，没有机会到图书馆，但书籍仍可借出阅读，我之所以能够执笔写文，对学问稍稍发生兴趣，不能不归功于图书馆供给精神上的粮食。"② 校友走入社会，了解了其他地区、其他高校的文化发展，对母校图书之丰富就更有切身体会，他们常常关切地问"图书馆近况如何？我经历这许多城市，每想及母校图书之可爱，东南半壁恐甚难得，桂林文化食粮如是充足，可是要看几本英文杂志还太难了，连 Asia 都

---

① 傅津：《特写：厦大素描——写给有志升学厦大的青年们》，《厦大通讯》第四卷第五、六期合刊，1942 年 6 月 30 日。
② 黄伯寅：《我与厦大》，《厦大校刊》第三卷第三期，1941 年 4 月 6 日。

旧到不可言,我本门的 Chem Ed 到以及 Ind Chem Eng 等等更无影无踪了。"①

解读暂且到此。实际上,对元数据库的解读还可以继续深入。校友对母校的心理认同源于多方面的原因,这使得元数据库中的高频词甚至其他频词都成为本研究当之无愧的研究对象,比如教授、学生、华侨、第一、进步等。它们都有利于深化对校友认同心理的认识。

第二节 校友大学认同的阶段分析

校友的大学认同虽然形成于在学期间,但是,认同的维持和延续是在毕业之后。那么,是什么因素使得校友的认同不断得到传承呢?从史料分析和访谈来看,校友组织对校友传承认同发挥了重要作用。

一、迁汀前:零星、分散的联谊

迁汀前,也就是厦大的私立时期,厦大共有 12 届毕业生,636 人(参见表 5-6),主要分布在东南诸省、香港、新加坡、菲律宾、日本等地。散布各地的校友感觉到彼此需要"消除隔阂,互通声气",开始互相联络,组织毕业同学会,希望能达到研究学术,互通声气的作用。②海外厦大校友首先成立了旅星、游菲、旅港、旅日校友会,会员除毕业同学外,包括曾在厦大任职、任教及肄业的人士。新加坡校友会会长为首届毕业生陈育崧,香港校友会主要负责人为1931级外语系毕业生谢德贞和郑其琛。③

---

① 沈祖馨:《校友来信》,《厦大校刊》第三卷第八期,1941 年 8 月 25 日。
② 厦门大学编译处编:《厦门大学教育学院概况》,1930 年 1 月。
③ 洪永宏编著:《厦门大学校史》第一卷(1921-1949),厦门大学出版社,1990 年版,第 181 页。

表 5－6：私立时期历届毕业生数①

年度	1926	1927	1928	1929	1930	1931	1932	1933	1934	1935	1936	1937	合计
毕业生数	35	23	18	47	23	37	31	35	98	119	109	61	636

　　国内各地的校友会，较早成立的有福州、漳州两地，会员限于毕业同学。福州毕业同学会人数曾多至 70 余人，先后由叶松坡、刘荣、何幼卿、王祖望等主持会务；漳州毕业同学会主要负责人为郑鸣岐、吴方桂等。1936 年 4 月 5 日，旅沪校友也成立了"上海厦门大学同学会"，选举游大涵、黄寄萍、沈雨儿为干事，主持会务。此外，在潮州的校友也成立了厦大潮州同学会。

　　毕业同学会总会，早在 1930 年 6 月就曾经组织过，但未正式成立。至 1935 年 4 月 28 日，在林文庆主持下，厦大毕业同学代表会集于校长会客厅，选举产生了干事会，由黄傍桂（总务）、龚达清（文书）、颜迺卿（调查）、曾郭棠（交际）、林惠祥（研究）等五人组成，但因条件限制，会务也未开展。②

　　从第一届毕业生开始，就有校友撰写学校史志，如第一届毕业生彭传珍（教育系）和黄天爵（商学系）合写了《厦门大学志》③，第一届教育系毕业生叶国庆专写了描述当时学生学习生活状况的《我们那时候》④，第四届化学系毕业生陈炳勋撰写了《母校创办初期纪述》⑤，还有署名为"然"的同学写了《介绍闽南最高学府——厦门大学》⑥，郑德

---

① 黄宗实，郑文贞选编：《厦大校史资料》（第一辑），厦门大学出版社，1987 年版，第 119 页。

② 洪永宏编著：《厦门大学校史》第一卷（1921－1949），厦门大学出版社，1990 年版，第 181 页。

③ 黄天爵，彭传珍：《厦门大学志》，见台北市国立厦门大学校友会编印：《厦门大学校友纪念母校创立六十周年专辑》，1981 年 4 月 6 日。

④ 叶国庆：《我们那时候》，《厦大校史资料》第一辑，厦门大学出版社，1987 年版，第 353 页。

⑤ 陈炳勋：《母校创办初期纪述》，《国立厦门大学六十周年纪念特刊》，1981 年，第 33 页。

⑥ 然：《介绍闽南最高学府——厦门大学》，见厦门大学校史编委会编：《厦门大学校史资料》（第一辑），厦门大学出版社，1987 年版，第 369 页。

坤写了《厦门大学校址考》①，许荣度写了《炸前厦大之追忆》②，等等。他们为何如此热衷于记录校史，可能是有感于陈嘉庚私人独资创办大学之不易，可能是因为对厦门大学深厚的母校情结，原因已经难以确凿考证，但这些资料一方面成为保存大学办学历史弥足珍贵的史料，另一方面对于形成和确立校友的情感归属和认同起到了不可估量的作用。总体来说，这一时期校友活动基本以地区性的、自发的联谊为主要形式，校友与厦大的联系随意性较大，有组织地进行互动并不多见。

二、迁汀后：有组织的广泛互动

厦大内迁长汀后，沿途得到各地毕业同学的热情招待，漳州校友还将他们主办的崇正中学全部腾出来做接待站，专供一批批迁汀厦大师生借宿之用。到达长汀后，校舍不足，原在汀城主持义教师资训练班的校友把班址让出来，作为厦大校舍之用，自己另找地方。校友对母校的关切和帮助，使得学校当局及在校工作的毕业同学深感很有必要加强校友之间的联系。③

1938年4月18日，在长汀的全体毕业同学召开大会，选出彭传珍（交谊）、叶国庆（文书）、顾瑞岩（庶务）、黄启显（调查）、黄克立（会计）等五人组成干事会，并宣布"旅汀厦门大学毕业同学会"正式成立。当选的五位干事都是毕业留校任教的同学，他们不仅在校友当中具有号召力，在校内师生中也影响广泛。如彭传珍，1926年教育系毕业、美国哥伦比亚大学师范研究院硕士，时任总务长，与萨本栋校长、周辨明教务长都是校务核心领导小组成员；其他四位都是在校内受到学生拥护的专任教师。他们的当选，使得旅汀同学会与校内师生很快融为一体，互动频繁。旅汀同学会成立不久，很快发起为母校献金的运动，同

---

① 郑德坤：《厦门大学校址考》，见厦门大学校史编委会编：《厦门大学校史资料》（第一辑），厦门大学出版社，1987年版，第375页。
② 许荣度：《炸前厦大之追忆》，见厦门大学校史编委会编：《厦门大学校史资料》（第一辑），厦门大学出版社，1987年版，第359页。
③ 洪永宏编著：《厦门大学校史》第一卷（1921—1949），厦门大学出版社，1990年版，第182页。

时在校内协助组织各种文娱、体育活动，成为校部的得力助手。旅汀同学会还组织了考生招待委员会，专门接待前来长汀投考厦大的青年，为他们提供种种方便。

为支持校友会的工作，学校于1939年指拨图书馆斜对面刘家祠堂为旅汀毕业同学会会所，并拨专款2万元兴工修葺。4月9日，全体在汀毕业同学及母校师友、回校校友共五十余人，举行会所开幕典礼。当天，会场四周悬挂着校内教授及学会所赠匾额联对，灿然生辉。萨本栋在典礼上说："学校与毕业生息息相关，美国若干大学之能发扬光大、蜚声环宇者，多赖于其毕业生精神物质之帮助。旅汀毕业同学会在母校扶助下既已蔚然成立，望以后能努力协助母校之发展。"除了提供会所以外，为了更好地开展校友工作，学校另拨专款资助旅汀同学会出版刊物《厦大通讯》。

1939年初，以在校工作的毕业同学为骨干，陈大燮、陈国珍、叶国庆、彭传珍、顾瑞岩、蔡启瑞和章振乾等60人在《厦大通讯》（一卷二期）刊登公告，首次发起筹备成立"国立厦门大学毕业同学会总会"，发出了《筹备国立厦门大学毕业同学总会启事》，提出必须组织总会的理由：

> 做事与治学凭着个人的力量固可以，能够得到团体的帮助却常可以做得快些好些；而有时却非得团体的帮助不能成事。问难，切磋，搜集材料，沟通见闻，非靠学友不可；补过，益智，非靠知交不可。从何处去寻觅学友、知交和团体呢？把"生自同根"的毕业同学们集合起来，不是一个很好的团体吗？我们能够组织一个毕业同学总会，东西南北，声气相通，问难切磋，无所不可。组织完善的时候，我们只要一纸书一张电，则凡同学所在地无不同声相应。以此做事，以此治学，效率胜过个人多了。国难严重，吾人欲为社会国家致其最大努力，也莫如有团体力量。……就效劳母校来说，总会也不可不早成立。我们时刻爱戴母校，可是我们个人的力量究竟有限，厦门母校的校舍已遭敌人焚炸，我们念及母校缔造的艰难，何日重见我们浩荡的鹭江，崔巍的太武，我们所负的责任重

大。撑眼远望,前途有无量的事要我们同学来干。我们必须努力,必须矜慎,秉着最纯洁的爱国和爱校的心,排除党同伐异和损人利己的偏见,迅速把总会组织起来。①

启事发布后,得到各地毕业同学的热烈响应,校友纷纷来信,声明愿作发起人。龙岩、大田两地校友,受到该《启事》鼓舞,很快组织起同学会。福州、漳州两地同学会因抗战爆发暂停会务,至此也积极行动起来,福州同学会还重新选出徐馨、王祖望、傅家麟为干事。省外重庆等地也陆续成立厦大毕业同学会。

旅汀同学会的成立以及各地毕业同学会的成立引起校长萨本栋的重视,他认为"本校创立虽然只有十八年短短的历史,而十三届以来,省内外以及南洋一带服务的六百八十余毕业同学,都能够以各地同学会为中心,发生密切联系,发扬母校精神,推进社会事业,这是一种很可喜的现象。"②

萨校长认为,同学会不同于社会上有些"党同伐异"的组织,同学会的用意是非常纯洁高尚的。它最重要的任务有两个:一是帮助母校发展,使母校所培养出来的青年,在质与量方面,都可与日俱增;二是把生自同根的人才的力量集中起来,和同学以外的优秀分子取得联系,为社会国家致其最大努力。萨本栋希望同学会所取的方针是:对于母校的缺点及母校校友的短处,坦白地批评,且互相劝勉,不抱家丑不可外扬的态度;各地毕业同学会能尽量发挥与他人合作、自身内省的力量,为社会国家谋福利,对于他校的优点及他校毕业生的长处,多多赏识并引为借镜,不存忌妒的心理。萨本栋的校友观,在今天看来,仍富有远见和指导价值。

至于名称,校友认为"毕业同学会"名称存在地域偏见,且有"党同伐异"之嫌,不利于最大限度地团结包括在校肄业或任教的师生,认为

---

① 《筹备国立厦门大学毕业同学总会启事》,《厦大通讯》第一卷第二期,1939年2月1日。

② 萨本栋:《献给厦大毕业同学会》,《厦大通讯》第一卷第一期,1939年1月1日。

称"校友总会"较为合适。在校内师生的支持配合下,经过一年多的筹备,1940年5月6日,厦门大学校友总会召开全体会员大会,彭传珍主持会议,筹委会通过通讯投票,通过校友总会章程草案,选出彭传珍、陈荻帆、叶国庆、顾瑞岩、蔡启瑞等17人为校友总会理事,林惠祥、沈祖馨、潘懋鼎等7人为候补理事,厦门大学校友总会正式宣告成立。①

校友总会的成立,唤起了分散各地的校友成立分会的极大热情。抗战期间,重庆、云南、浙江、广东等省市先后成立了26个分会,新加坡、香港、马尼拉、宿务等原来因抗日战争停止活动的校友会也纷纷恢复活动。海内外厦大同学在精神上有了共同归属,通过总会与母校进行通畅的联络。在特别困难的情形下,校友总会达到了群策群力的组织效果,校友作用日益突显,并成为厦大历史发展进程中不容忽视的力量。1941年,厦门大学举行庆祝建校20周年,语言学家、厦大创校伊始即在校任教的周辨明先生在庆祝大会上特别提出了"校友护校的精神",他说,"三年前我说校友爱护母校,那还只是单独个人的表现而已。现在,校友总会早经成立,而各地分会也先后产生。分会与分会,声气沟通,分会与总会及母校之间,又取得切实之联络。校友刊物《厦大通讯》至今按期出版,毕业同学八百余人精诚团结之表现及爱护母校之热情,均可称道。"②

第三节 校友在大学发展中的作用

校友通过组织的形式——校友会来支持大学,其力量便立刻显现出来。抗战时期在校友总会和各地校友分会的带领下,校友对学校发展竭尽所能,全力支持,成为一支不可忽视的支持力量。国学大师钱

---

① 根据洪永宏编著:《厦门大学校史》第一卷(1921—1949),厦门大学出版社,1990年版,第182页和黄宗实:《厦大校友总会的历史沿革(1938—1949)》,《厦大校友通讯》综合整理。

② 《纪念会》,《厦大通讯》第三卷第四期,1941年4月25日。

穆曾指出,"学生对学校所负之责任,主要还在其毕业之后"。他认为,学校的存在,"必要有一团体来支持,这就是我们校友(毕业生)的责任。待到校友(毕业生)能来维护此学校,此学校才算真正的有基础。这是我们的事业,我们的理想。"①而校友对大学的强烈认同正是长汀厦大的突出特征之一。

一、反对大学"更名"

大学校名是一所大学的标志,是一所大学的代表符号。自清末民初创办近代高等学校以来,中国的高等学校受社会变动和战争的影响,更名和搬迁很多。在院校更名普遍存在的情况下,厦门大学算是一个独特的例外。然而,即使是厦门大学,也曾出现过改名风波。②

1940年初,社会上忽传出厦门大学拟更名为福建大学的消息,闽省及重庆等地的一些报纸还公开加以报道,引起全体师生及校友的惊诧。开始大家以为是谣传,纷纷加以驳斥。3月下旬,国民政府教育部正式来电,称根据福建省教育厅的意见,拟将新办的福建大学并入厦门大学,并拟将厦大改名为福建大学。全校因之哗然。

厦门大学可能改名的消息像长了翅膀似的传遍海内外校友会。这时,新加坡校友会首先站了出来。3月28日,新加坡校友会召开特别大会,会长、南洋爱国华侨领袖薛永黍主持会议。会上群情愤慨,即以快邮代电分致重庆国民政府行政院长、教育部长及福建省政府主席,恳切地陈述道:

顷闻新办福建大学并入厦门大学,拟将厦大原名改为福建大学。消息传来,群情骇异!本会徇多数会友之情,特于本月廿八日召开特别大会,当经慎重讨论,佥以厦门大学原名,未可轻易更改。

他们提出不可易名的三条理由:

---

① 钱穆:《新亚遗铎》,生活·读书·新知三联书店,2004年版,第305—323页。
② 刘海峰:《院校合并、升格与发展中的更名问题》,《高等教育研究》,2005年第11期。

    1. 厦门大学为南洋侨领陈嘉庚先生所创办，苦心经营，约近廿载，个人捐资，计达国币千余万元；后虽营业遭受不景气影响，犹复苦心维持，迨民国廿六年，陈先生为谋厦大前途尽量发展起见，爰自动呈请政府收归国办，政府为纪念陈先生创办功绩，特于收归国办之时，明令保存"厦门大学"原名，藉垂永远，并允竭力扩充，使成为国内最完善之大学，仰见我政府笃念贤劳，策励来兹之至意。今敬轻易改名，在重实际轻虚名之陈先生，或将不以为意；惟在政府方面，为维持策励初衷计，自无轻于更易之理。此其不可者一。

    2. 历考中外著名大学，每多以所在地命名，后虽经扩大范围，亦无轻易改名之举。例如：我国之北京、武汉两大学；英之牛津、剑桥，美之芝加哥，德之柏林大学等，是其明证。厦门大学创办迄今，已历廿载，负有国际上、学术上之荣誉，苟予轻易改名，过去光荣历史，势将付诸东流，可惜孰甚？此不可者二。

    3. 厦大毕业同学之留学欧美者为数甚多，在校学业成绩，早经欧美大学正式承认。此种信誉，自非朝夕所可幸致，如果一旦遽予改名，将来同学进修及学校行政必多困难。此其不可者三。

该快邮代电最后写道：

    基于上述三点理由，用是一致议决：即日由本会分呈钧院部暨各有关方面，务恳保存"厦门大学"原名，勿予更改。为此，理合沥情呈请钧长察核，准予如请施行，实盛德便！

    新加坡厦门大学校友会特别大会主席薛永黍叩①

新加坡校友大会立即得到国内校友的响应，3月31日，旅汀毕业同学会召开全体会员临时大会，议决：

    1. 由本会即电陈校主，请其支持本会意见，反对改名；2.征求校友总会筹备会同署名；3.提请校友总会致电教部表示反对；4.电重庆校友会共同表示反对，并函各地分会一致行动；5.电文交由

---

① 《厦大通讯》第二卷第七、八期，1940年。

干事会负责,限明日发出。①

厦大校友总会筹备会、旅汀毕业同学会、厦大全体学生分别致电重庆海外部转陈嘉庚,极力反对将厦门大学改名为福建大学。

> 校友总会筹备会暨旅汀毕业同学会致陈校主电:重庆海外部转陈嘉庚校主钧名福建大学,生等极端反对,乞就近向教部力争,余容航函详,厦大校友会筹备会,旅汀厦大毕业同学会同叩江。②

经过多方努力,特别是由于陈嘉庚于1940年3月底在重庆明确表达反对当时行政院长孔祥熙和教育部长陈立夫关于厦门大学改为福建大学的意见,国民政府被迫改变决定,厦门大学的校名幸而得以保存。

厦门大学的更名风波在中国大学发展史上是一特例,在大学独立性不强的社会环境中,多数情况下,一所大学尤其是公立大学基本上无法违抗教育主管部门的合并和更名决定。提出厦大改名的1940年,大半中国已沦陷,抗日战争处于最严酷阶段,厦大已搬迁到长汀两年多,在有些人看来,抗日战争何时能够胜利甚至是否能最后胜利都还是个未知数,既然大学已不在厦门,长期仍称厦门大学是否名不副实?而用"福建大学"之名,名称似乎更大,涵盖面更广,无论是一直在长汀或将来回厦门办学都无不可。而且,厦门大学既已在1937年抗战前夕改为国立,政府根据需要将其改名也是不足为奇的事。然而,就是在当时那样特殊的情况下,校友以满腔爱校热情坚守着"厦门大学"的名称,动员一切可以动员的力量,通过陈嘉庚先生的影响,硬是迫使国民政府收回成命。最终成就了厦大这个行到长汀偏不改名,坐在厦门永不改姓的唯一"好汉"。③"厦门大学"虽寥寥四个字,却蕴涵着校友对其丰富而深刻的意蕴和期许。

---

① 洪永宏编著:《厦门大学校史》第一卷(1921—1949),厦门大学出版社,1990年版,第186页。
② 《母校易名风波》,《厦大通讯》第二卷第三、四期,1940年4月20日。
③ 刘海峰:《院校合并、升格与发展中的更名问题》,《高等教育研究》,2005年第11期。

二、援助在校贫寒学生

校友总会成立后,积极通过多种举措帮助在校学生解决生活困难,并号召校友给予在校生力所能及的帮助。总会的倡议得到校友们的热烈响应。有一位校友来信说:"毕业同学是大哥,在校同学是弟弟,大哥和弟弟同为一家人,应当手儿携着手儿在一条线上努力前进。我是一个苦学生出身的,深知一般好学而受经济压迫的同学的苦痛,尤其是这国难严重的时候,更有许多同学,脑子里专门在研究伙食钱的来源;即使念到毕业,也感觉到谋业的不易,大哥虽然贫苦,但有职业,一点小款总会有的。除了专学放钱的犹太人外,大部分都愿意帮助勤学的穷弟弟们。"有一位校友提议:"组织一个公积金委员会,请校友随时捐助基金,以便借与穷弟弟,待小弟弟毕业后按期奉还,同时大哥要尽力代小弟弟介绍职业。"①1941年3月8日,校友总会召开全体理事会议,商讨帮助在校生的方案。会议决定筹集捐款设立校友奖学金基金并开设"厦友书局"。与此同时,新加坡校友会募集国币一千元,汇校充救济战区贫寒同学贷款之本金。②

在抗战进入最艰苦时期,萨本栋校长曾亲自写信给校友,请求他们帮助贫困学生。战争年代,校友的生活境况虽也堪忧,但他们仍千方百计筹集资金,帮助在校学生解决困难。1941年,一位校友在给萨校长的回信写道:

> 校长钧鉴:
>
> 敬肃者顷诵六月念四日教诲,敬悉一切,对于捐助我校优秀贫寒同学之举,极表赞同,并愿就力之成及,尽量捐助。兹谨认捐本年度银行系优秀贫寒奖学金一名国币一百元正。生初出校门,所入未几,兼之毕业之际,先父弃养,又遇榕市失陷,东奔西走,耗费

---

① 余素亮:《我对于母校的希望》,《厦大通讯》第一卷第三期,1939年3月1日。

② 《一位母校教授的来信——林觉世先生》,《厦大通讯》第一卷第四期,1939年4月1日。

不＊，故至今乏有余裕，未能多多认捐，至感抱憾。容俟所得略丰，生活较定，当再酌情认捐或储存些小基金，逐期捐助也。兹谨将该款分二期寄奉，本期之数，托由在汀同学＊＊＊君执交，钧长，至请，将款交得奖同学，并乞赐教为幸。

　　　　　　　　　　　　　　　　　　　　　　　教安

　　　　　　　　　　　　　　　　　　　十一月九日　永安①

三、争取政府、社会各界对大学的支持

　　1941年5月16日，国民政府派由梅公任、顾毓琇、萨孟武等组成的闽政视察团来汀视察。该团上午参观厦大，对学校校务进展之迅速及图书仪器设备之丰富，备极赞赏。下午，校友总会、旅汀毕业同学会在会所接待视察团一行。会晤中，厦大办学之不易与师生校友团结之精神给视察团留下了深刻的印象。视察团对厦大战时办学状况更同情与了解。②

　　1943年7月13日，教育部部长陈立夫视察长汀校况，校友总会立即召开常务理事会，商讨为学校争取教育部更大支持等事宜。因陈立夫留汀期短，校友总会推举三位代表，"带书面意见面谒"。据当时报载："三代表于十四日下午三时得与陈部长会谈，校友会首对陈部长之长途跋涉，视察母校，表示欢迎与敬意。次即提出意见五点：1.母校与萨校长之不可分性；2.请求增加母校经费；3.请求在母校增设研究院；4.请求在母校设置部聘教授；5.将来出洋考试请在东南分设考区；陈部长对五点意见一一给予答复。如就经费问题，他说，'因厦大办理优良，故教育部对于厦大经费，特别增加，惟因厦大先天不足（私立时代改为国立时代经费过低）故现数仍不算大，如以比例言之，则厦大经费之增加，较任何国立大学为高也。此后教育部自必另行设法增加厦大经费，以符诸君之望。惟君等全体校友亦应负起责任，以补国家力量

---

　　① 见厦门大学档案馆案卷号015—14
　　② 《闽政视察团到汀，参观母校备极赞许》，《厦大通讯》第三卷第五期，1941年5月25日。

之不足也'。"①

四、创办刊物，见证学校历史

厦大迁至长汀后，由于战争、迁校、经费匮乏等多方面原因，《厦大校刊》停办，学校没有专门而全面反映办学情况的正式出版物。1939年1月1日，旅汀毕业同学会自发组织创办了《厦大通讯》（月刊、每年一卷）。主要栏目有"母校新闻""校务政策""教务通知""师资组成""图书资料新到情况""校友动态"等。创刊不久，《厦大通讯》即成为反映厦大办学动态的最有影响的刊物。1940年5月，校友总会成立后，该刊改由总会编辑出版。抗战时期，《厦大通讯》见证了学校办学的全貌，并成为其时社会了解厦大的窗口。

《厦大通讯》还为厦大吸引优秀教师来校任教起到过积极作用。1941年，萨本栋曾力邀朱自清来校讲学并希聘其为文学院院长，朱因故无法长途赴汀应邀，他在给萨校长的回信中写道："从厦大通讯中，知兄推进校务，不遗余力，甚佩。今日接昆明一电，电尾署名'瑞'字，疑是误译，当是端升兄。电中转示尊意，嘱往长汀讲学，并备旅费千元云云……"②

厦大林作瑜校友写信给《厦大通讯》编辑："母校自从厦门迁到长汀后，日日在滋长之中，我非常关心他。我认为《厦大通讯》是一个负着报道校闻使命的专差，我无时不盼望他的来临。"③校友收到寄来的《厦大通讯》都非常激动和兴奋："前几天忽然接到旅汀同学会的一本《厦大通讯》，我一下子把它连读两遍，觉得这本小册子比西厢、红楼梦还亲切有味。"④"接到你们寄发的《厦大通讯》，真使我不禁雀跃三尺！看了厦大通讯，就如同亲和你们见面一样，我感到又快乐，又满足；并且，

---

① 《教育部长陈立夫先生莅母校记》，《厦大通讯》第五卷第八期，1943年9月15日。
② "朱自清写给萨本栋的信"，厦大档案馆案卷号015—12。
③ "校友来信"，《厦大通讯》第六卷第四、五期合刊，1944年6月30日。
④ 余素亮：《我对于母校的希望》，《厦大通讯》第一卷第三期，1939年3月1日。

更令我快慰的,是从此中我得知我们的厦大正像我们受难的祖国一样,一天天在苦难中繁荣滋长。"①

《厦大通讯》除了全面反映学校的最新动态外,也被校友们誉为"校友联系的生命线"。"各地校友对此唯一联络性之刊物备极关心,数年来在人力财力的种种困难条件下,无稍间断。"②1945年9月,编者就通讯七年来的历程进行了回顾:"主办的校友会负责人甚至一直是把它当做一个婴孩似的在细心地呵护着:民国廿八年一月它诞生,那时,它还属于旅汀毕业同学会。二岁时,总会成立,它始属总会。这时候它肥硕可爱,正牙牙学语呢。三岁时,生活特别规则,所以较健康。四岁时,又换保姆,但因环境关系,生活略不规则,也还健康。五岁到六岁,时值物价高涨之秋,定额的养育费,无法使它得足量的滋养,难怪它瘦了(页数减少),但天真活泼,一片朝气。六岁半,找不到保姆(这时理事会改组)看顾,随意它病了。关心它的校友,也许会问:何致没有保姆?"③怜惜、疼爱之情溢于言表。可以说,在艰苦卓绝的岁月里,校友们竭尽所能定期出版《厦大通讯》,该刊既是厦大特定时期办学全貌的记录,同时,也是校友关心母校、爱护母校、支持母校的历史见证。

第四节 大学认同促进校友成才

抗战时期,厦大学生普遍在困境中求学,在富有人文关怀的大学氛围中成长,在谨严自由的大家庭中与校长、教师进行亲切而自由的生命交流。在他们人生成长的关键时期,厦大的大学精神和文化深深地影响了他们,形成了他们对厦大这个组织高度的归属和认同。而这种心理和行为倾向,在校友走上工作岗位后持续发挥了重要作用。

---

① 黄泽浦:"校友来信",《厦大通讯》第一卷第三期,1939年3月1日。
② 《"厦大通讯"复刊》,《厦大校刊》第一卷第二期,1946年1月16日。
③ 《厦大通讯》第七卷第九期,1945年9月20日。

一、校友成就

抗战时期,厦大克服了种种不利因素和困难,以服务国家、研究学问和砥砺品行为育人目标,实施了高水平的教育教学,弦歌不辍,① 校友当中涌现了一批学界翘楚、政界名流、商界精英。

表5—7:当选两院院士和美国国家工程院院士的校友

姓名	级(届)别	系(专业)	两院院士	当选时间
邓从豪	1941级	化学系	中国中科院院士	1993年
林幼堃	1941级	土木工程系	美国国家工程院院士	2000年
谢希德	1942级	数理系	中国中科院院士	1980年
林尚安	1942级	化学系	中国中科院院士	1993年
曾融生	1942级	数理系	中国中科院院士	1980年
葛文勋	1942级	机电工程系	国际电机及电子学会院士	1976年
张存浩	1943级	化学系	中国中科院院士	1980年
张乾二	1943级	化学系	中国中科院院士	1991年
艾 兴	1943级	机电工程系	中国工程院院士	1999年
苏林翘	1943级	机电工程系	国际电机及电子学会院士	1970年
张启先	1944级	航空工程系	中国工程院院士	1995年
田昭武	1945级	化学系	中国中科院院士	1980年

表5—8:在人文社会科学领域校友中的知名学者

姓名	级(届)别	系(专业)	研究领域
陈诗启	1937级	历史学系	海关史
裘宗舜	1940级	会计学系	经济学
潘懋元	1941级	教育学系	高等教育学
江举谦	1941级	中文系	语言学
余绪缨	1941级	会计系	经济学
韩国磐	1945届(转学生)	历史学系	历史学
葛家澍	1945届(1942年由江苏学院转学至长汀厦大)	会计学系	经济学

---

① 胡师杜:《少甫文集》,台北荣昱印制厂股份有限公司,2005年版,第395页。

表 5-9：在台港澳地区与海外校友中的各界领军人物

姓名	级(届)别	系(专业)	突出成就
沈祖馨	1935级	化学系	台湾化工企业家、原聚合化学公司董事长
何宜慈	1940级	机电工程系	台湾新竹科技园创始人
黄保欣	1941级	化学系	全国人大常委会香港基本法委员会副主任、香港实业家、社会活动家
姚一苇	1941级	银行学系	戏剧、文艺理论
陈玉开	1941级	机电工程系	台湾电信局原总局长
谢又华	1941级	银行学系	台湾教育厅原厅长
陈树勋	1941级	机电工程系	台湾中国钢铁公司创办人
李陆大	1942级	政治学系	新加坡实业家、慈善家
刘诗华	1942级	机电工程系	台湾电信局原总局长
陈振华	1942级	机电工程系	台湾电力公司创办人、首任董事长
陈俊德	1942级	机电工程系	台湾中国钢铁公司创办人、首任董事长
傅百屏	1943级	政治学系	台湾税务局原总局长
金世添	1943级	机电工程系	台湾电讯电子企业家、原联合光纤通信董事长
邵建寅	1943级	机电工程系	菲律宾实业家、华文教育家
庄汉水	1943级	机电工程系	菲律宾实业家、社会活动家
朱伯舜	1943级	法学院	纽约时报原董事长、美国共和党亚裔共同原主席
丁政曾	1944级	会计学系	泰国实业家
周詠棠	1944级	机电工程系	食品、保健品企业家
蔡悦诗	1945级	教育系	泰国实业家
严启昌	1945级	土木工程系	台湾公路局原总局长

由于分类原因，还有许多长汀厦大培养出的优秀人才未罗列出来，如参与两弹研制专家、1934级化学系学生陈国珍，美籍化学家、1943级化学系学生李联欢，土木工程学家、1944级土木工程系学生严家睽，美籍医学家、1942级理工学院学生李景昀等等。

二、校友理想人格的养成

校友之所以对长汀厦大高度认同，与厦大对其人格养成的作用息息相关。一位厦大校友说："人生好比一株植物，种子决定了其形体，但怎么长却是受到社会环境和教育的影响，厦大的学习改变了我的一生。"①在追求人格完善的过程中，校友们抱着"要在尽可能范围之内，

---

① 厦门大学1945级教育系校友龚文京回忆材料。

发挥一个生命最大的光芒"的意志和心态,形成了坚韧、独立、自强的品格。而这样一种品格,在他们毕业之后,在其人生价值和社会价值的实现过程中,起到了极为重要的作用。

1940级机电系校友何宜慈,在学成绩优异,任萨本栋助教,深受萨本栋言传身教的影响。毕业后赴斯坦福获电机工程博士,后在IBM工作,获杰出贡献奖、杰出发明奖等。1980年主持筹划并成立台湾新竹科学工业园区,成功推进了台湾工业转型,加速台湾经济发展,此模式后为世界各国争相效尤。1993年他荣获台湾40年企划典范选拔决选委员会、联合报等合颁"历史的创造者"金象奖,以表彰他对台湾经济发展的贡献,何宜慈被业界誉为"台湾硅谷的科技推手""当代高科技界的播种者",他认为自己所取得的一切"皆源于当时厦门大学萨本栋校长的精神感召"①。他一生奉行的座右铭是:蜗牛角上争何事,石火光中寄此身,乍贫乍富乍贵贱,不开口笑是痴人。他的座右铭与萨本栋奉行的"不与世人争是非、只向自然计长短"异曲同工。

何宜慈:厦门大学入学照

1940级经济系校友郑道传,在学时就是一个热血青年,为国家的民主和进步上下求索。新中国成立后,由于遭受文革等政治运动的迫害以至双

郑道传:1940年厦门大学入学照

---

① 何邦立:《何宜慈先生纪念集》.财团法人何宜慈科技发展基金会出版,第606页,2004年。

目失明。1980年,平反昭雪的他靠着坚忍和坚强,以惊人的热情和记忆,创下了盲教授重上讲台,重写论文,重著新书的奇迹,成为名闻遐迩的自强模范,创造了"人可以被摧毁,但绝不能被打败"的不屈精神。①

1941级教育系校友潘懋元,58岁(1978年)重新开始从事高等教育研究,创办了中国第一个高等教育研究机构;61岁时,成为全国第一个高等教育学硕士生导师;64岁时,主编了中国第一部《高等教育学》,标志着高等教育学在中国正式诞生;66岁,成为全国第一个高等教育学博士生导师;68岁,他所创办的厦门大学高等教育学成为全国教育学五个重点学科点之一;2015年,近95岁高龄的潘懋元仍奋斗在教学科研第一线,引领着一批中青年学者在高等教育研究领域不断开拓创新。他认为,他一生事业激情的动力之源是以萨本栋为代表的长汀精神如春风化雨,潜移默化地影响着他,令他终身受益,所以他一直信奉:凡事从我做起,踏踏实实,从现实着手谋求改进。

潘懋元:厦门大学毕业照

1942级银行系校友姚一苇,在学时热衷于参与学校剧团的各项活动,毕业后进入台湾银行工作36年之久。他一生共完成十四个剧本、七部专题论著、六本结集的散文和评论,而这些

姚一苇:厦门大学入学照

---

① 参见郑启五主编:《热血与坚忍:郑道传纪念文集》,当代中国出版社,2006年版。

著作基本都是在他谋生养家的隙缝间完成,物质生活的压力从来没有让他迷失自己的精神追求。据姚一苇回忆:"我自小爱好戏剧,二十七年(笔者注:1938年)进入高中,当时所接触的只是一些国人作品和翻译。三十一年(笔者注:1942年)进入厦大后,在图书馆发现大批英文本西方戏剧,使我眼界大开,只要得暇,就捧着字典读。读得越多,就越着迷……"。① 厦大读书时姚一苇创作了学生话剧《原野》《杏花春雨江南》《清宫外史》等崭露头角。在台湾戏剧界,姚一苇不但是著名的美学家、艺术理论家,同时也是剧作家、导演及戏剧教育家,被誉为"台湾的曹禺"。

1942级数理学系校友谢希德,从小就开始经历病痛折磨。进入厦大后,对安谧的学习环境特别珍惜,每天早上5时半起床,上课、做实验、查图书资料,以优异的成绩毕业,后赴美留学获麻省理工学院博士学位。学成归来,文革中政治运动的迫害,三次复发的癌症,这些灾难都没有压倒她,她回顾厦大的经历,深感萨本栋对她的影响既深且远。她深有感触地说:"我有幸在1942—1946年就读于长汀厦门大学,而且亲自听到萨本

谢希德:厦门大学毕业照

栋校长讲授的微积分。他当时作为一校之长,肩负着许多行政的重担。为了克服师资不足的困难,他亲自担任机电系的许多课程和基础课微积分。在我听他的课时,他经常有胃病,最严重时,他弯着腰还到课堂讲授,使听课的学生们深受感动。他那种热心教育事业的忘我精神,使我们这些做学生的终生难忘。"② 在厦大精神的影响下,在坚强意

---

① 朱双一:《姚一苇学生时代的文学创作和戏剧活动》,《新文学史料》,2003年第1期。

② 谢希德:《序言》,见许乔臻、林鸿禧编:《萨本栋文集》,厦门大学出版社,1995年。

志的支撑下,谢希德一直保持着自己的生命激情和学术热情,62岁时,谢希德成为复旦大学校长,也是新中国第一位女大学校长。

三、深度扫描:以赴台校友群体为例

抗战胜利后,刚刚光复的台湾面临着重建政治、经济、文化的繁重任务。大陆具有各种专业知识的人才纷纷赴台工作,一水之隔的厦大大批校友踊跃前行,仅1941—1945级厦大赴台毕业生就达300多人,①占毕业生总数的35%。政府接收台湾的百余位中高级要员中,厦大校友就占十多位。②1939年厦大化学系毕业生、曾任厦大台湾校友会理事长、在台湾化工及塑胶业界颇负声望的沈祖馨说:"光复后,台湾由稳定而繁荣,贸易发达,经济蓬勃,使世界认为奇迹,其中亦至多我校友之心血与精力在:如培育新一代的教育,参与教政、开创及执掌学校均成绩斐然,如粮政措施,充裕军糈民生,繁荣农村经济;工业有廉价之员,亦多出我数位校友之筹谋;财政收益,初期实赖于公卖之支撑,而有我校友侧身帷幄;沟通侨情,引导侨胞投资促进工业发展,有我校友辛劳奔走其间;创造对外贸易突飞猛进有利条件之港口,电力电信及加工区之建设,更多校友是居于关键性地位;投身工商企业界之翘楚者更多,不胜枚举。"③长汀厦大赴台校友们在民族危亡年代求学,饱受家国危难之苦,在逆境中克难成长,他们的群体特征和他们在台湾重建中做出的突出贡献反映了明显的时代特征。

(一)群体特征

据粗略估算,长汀厦大赴台校友共近400名。由于史料缺乏,目前无法完整收集到他们的名单。根据厦门大学台湾校友会编印的"国立

---

① 史习培:《台湾光复后两岸交流专家学子》,《炎黄春秋》,2001年第12期。
② 沈祖馨:《付梓感言:母校之光芒无涯》,《国立厦门大学六十周年纪念特刊》,1981年,第14页。
③ 同上。

厦门大学50周年、60周年、70周年纪念特刊"①和"厦大校史资料第六辑（学生毕业名录）"统计，仅收集到1937－1945年入学的毕业生348名。这是厦大历史上赴台工作人数最多、最集中的一批校友，他们作为一个群体，主要特征如下：

1. 踌躇满志，报效祖国

光复前，日本长期占据台湾，国家蒙辱，匹夫有责。当被侵占了50年之久的台湾终于回归祖国，台湾社会和大陆民众都沉浸在强烈的民族自豪感和积极重振社会面貌的热烈情绪之下。受整体社会形势和气氛感染，厦大校友明知赴台参与社会重建和教育改造的任务繁重，但他们踌躇满志，怀着对中华民族复兴的强烈情感，欣喜莫名地投身到台湾的建设当中。把积蓄的爱国热情转化为创业激情，这成为他们富有社会责任感、使命感，不畏艰难、不求回报、奉献于台湾的精神动力。

1940级经济系校友黄子铮回忆这段经历时说："当时我们是带了一颗热诚的心，学习的心，为台胞服务的心，由永安、福州搭乘美国的军舰来到台湾……最初我们是集中在台北，做接收工作，也曾奉派到全岛各角落去宣传粮政的事情，大家心里都感觉到非常愉快。"②他认为"最值得全体校友安慰的是，每个校友在各地都以极大的热忱投入工作，台湾人民对厦大学生的评价是'有人气''风评好''真优秀'"。③厦大校友以满腔热忱，与当地民众共同努力，向前推动台湾各项事业的发展。在访谈部分校友时，他们多次强调，国难当头，他们很自然想到的是为国家、为别人做出贡献，而不是为个人谋取利益。

2. 闽南籍为主，语言互通

台湾地方语言为闽南语，与闽南百姓不仅方言相通，而且习俗相

---

① 参见厦门大学台湾校友会编：《国立厦门大学五十周年纪念特刊》，1971年；厦门大学台湾校友会编：《国立厦门大学六十周年纪念特刊》，1981年；厦门大学台湾校友会编：《国立厦门大学七十周年纪念特刊》，1991年。

② 黄子铮：《带一颗诚心，为台胞服务》，《母校创立五十周年厦门大学校友纪念专辑》，台北市国立厦门大学校友会编印，1971年版，第67页。

③ 同上。

同。从厦门大学赴台校友的籍贯分布（表5-10）可以看出，62%为闽籍生源。1946年6月16日《厦大校刊》刊发的一则报道称，1945年赴台工作的两批厦大校友在致母校的电函中特别表达了台湾急需懂英语且精通闽南语的厦大毕业生。由于长汀厦大赴台的大部分毕业生与台湾本省人血缘相亲，语言相通，交流便利，特别是光复前，日据台湾长达50年时间，台湾人日常被迫用日语交流，国语不通，闽南语等福建方言在光复时成为重要的交流工具，因此，台湾特别欢迎懂闽南语的厦大毕业生前往工作。

表5-10：赴台校友籍贯

地区	人数	地区	人数	地区	人数
福建	217	浙江	35	江西	32
广东	21	江苏	13	台湾	5
安徽	7	湖南	7	湖北	6
海南	7				

校友到台湾后的地区分布（表5-11）显示，厦大校友赴台工作的城市遍布台湾各主要城市，以台北特别突出，这与当时整个台湾百废待兴，而台北由于其处于经济文化中心地位，因此更加与众不同有关。

表5-11：赴台校友在台地区分布

地区	人数	地区	人数	地区	人数
台北	236	台中	21	台南	17
基隆	19	高雄	23	新竹	9
嘉义	7	屏东	8	花莲	8

3. 专业与岗位高度相关

群体系别分布包含了当时厦门大学设置的全部13个系，所学专业分布（表5-12）显示，以工科、经法类应用型系别为主，占67%；文科校友占22%；理科占11%。机电、土木、银行、会计四个系是长汀厦大新设系别，所占人数达44%。行业分布（表5-13）涉及台湾各行各业。根据校友所学专业与行业人员情况的具体分析，发现：文理科校友多从事政府、文教部门工作，工科和经法类校友多从事电信、电力、交通、港务等实业领域工作，专业对口率超过70%。长汀厦大校友在台的工作与其在厦大所接受的专业教育有高度相关性。如厦大机电系第一届(1940级)校友有3名赴台发展：一位是何宜慈，台湾新竹科技园区创始人；一位是欧阳谧，经台赴美任美国GE公司高级工程师，在国际电力研究方面享有盛誉；一位是陈中柱，台湾机电领域赫赫有名的工程师。

表5-12：赴台校友系别分布

文科	人数	理科	人数	工科	人数	经法	人数
中文	12	数理	9	机电	73	经济	61
政治	31	化学	25	土木	40	法律	20
教育	28	生物	5	/	/	银行	18
历史	5	/	/	/	/	会计	21
小计	76	小计	39	小计	113	小计	120

表5-13：赴台校友行业分布

政府机关	人数	文艺、教育、司法	人数	实业界	人数
政府各部门	69	学校	80	电信、电力	51
省议会、国防部、立法委	6	文教、出版	11	港务、水利、造船、建筑	39
/	/	司法、律师	7	石化、钢铁、水泥	23
/	/	/	/	民营企业	21
/	/	/	/	银行、保险	19
/	/	/	/	交通业	12
/	/	/	/	糖业	8
/	/	/	/	高科技	2
小计	75	小计	98	小计	175

（二）校友群体在台湾光复重建中的作用

在台湾光复重建中，涌现出一批杰出的长汀厦大校友：如台湾剧运第一人、著名剧作家、美学家姚一苇，新竹科技园创始人何宜慈，台湾省教育厅长谢又华，台湾公路局局长、台湾中横公路建设总指挥严启昌，台湾电信局局长刘诗华、陈玉开，台湾邮政局局长夏荷生，台湾税务局局长傅百屏，台湾建设厅厅长黄启显，台湾"石油之父"、中油创始人沈觐泰，台湾电力公司创办人陈振华，台湾中国钢铁公司创办人陈树勋、陈俊德，台湾化工企业家沈祖馨，食品、保健品企业家周詠棠，电讯电子企业家金世添，台湾大学教授、著名水利工程学家卢衍祺，台湾东海大学文学院院长江举谦，等等，他们的成功与成就成为一种群体现象，值得我们对史料进一步整理和深入挖掘。

1. 光复前夕培训接收台湾的行政骨干中有厦大校友

早在《开罗宣言》发表后不久,中国政府就开始着手收复台湾的准备工作。培养接收台湾的骨干力量的工作,由原福建省府主席陈仪负责。陈仪时任中央训练团教育长,在该团设置"台湾行政干部训练班"。据何况《拥抱阿里山——一九四五年光复台湾纪实》称,训练班中除挑选一批福建、广东籍官员和集美学校青年学生入班受训外,厦大的部分学生也在其中。① 第一批赴台工作的是长汀厦门大学的8名毕业生。② 据1946年6月16日《厦大校刊》第一卷第六期载,1945年上学期时值台湾光复前夕,厦大"毕业生会计系林尔芬去会计处工作;机电系张汝湘、钱新学、许益鹤、章京南、章洪官、林颐璧等六名,去矿处工作;政治系林帼英,会计系陈人信等多名,去民政处工作;银行系邓添保等多名,去救济署工作。"这些厦大校友受训完毕后,先期赴台工作,在台湾光复接管过程中勇挑重担。

2. 厦大校友在台湾各项事业中发挥重要作用

(1) 电力、电信

1946年5月1日,台湾电力公司成立,经营全省公用电力。在台电的厦大校友前后共计有39位,主要以机电系校友为主,还有会计、经济、银行、土木、数理等系校友。他们分布在不同部门,各自发挥所长,至60、70年代,从台电总经理到各主要部门的负责人,均为厦大校友担任。厦大校友所集合担任之工作,已把台电的所有功能发挥尽致,俨然成为台电之缩影,其对台湾电力行业所作的贡献,影响深远。台湾电力公司创办人陈振华说:"本人有幸于35年(1946年)6月自厦大机电系毕业后进入台电,从甲种实习员起直至78年(1989年)7月底以总经理职位届龄退休,前后历时43年,可说一生与台电共成长。"③

---

① 孙玉平:《厦门大学与台湾光复》,http://xcb.xmu.edu.cn/Article。
② 史习培:《台湾光复后两岸交流专家学子》,《炎黄春秋》,2001年第12期。
③ 陈振华:《台湾之电力》,《厦门大学七十周年校庆特刊》,台北耀煌企业有限公司印制,1971年,第56页。

1940级机电系学生在实验中。该级共6名毕业生,图中的5位依次为何宜慈(台湾新竹科技园区创始人)、符达(机电专家)、石清镇(无线电专家)、欧阳谧(国际电力专家)、陈中柱(台湾电力设计与制造专家)

1946年9月24日,厦大1942级机电系校友陈贞堃、郑衍孚、杨肇凤三人首批进入台湾电信局工作,之后又有1942、1943级机电系的葛文勋、陈玉开、刘诗华、黄扬、陈希杰、金世添、朱希曾、黄士煌等十多人进入该局工作。分别在电信局的技术、业务、管理三大部门工作。从1946年至1989年,在近半个世纪的时间里,台湾电信每一阶段的建设,都有长汀厦大校友主持或参与重大建设工程,他们在其中做出了突出贡献。特别是有8位校友(金世添、杨肇凤、朱希曾、陈贞堃、陈玉开、刘诗华、黄扬、陈希杰)在台湾电信局一直工作到退休,他们分别在电信各机构担任要职,被台湾新闻媒体称为"厦大八金刚"。首批进入台湾电信局的毕业生杨肇凤说:"新闻媒体所称'厦大八金刚'其褒贬是否平实或夸张,姑且不论。但从而可窥见这些校友在三万多电信局员工中,所处的地位和对台湾电信的影响程度了。他们彼此间容或有不同见解,却从无人怀疑他们曾搞小圈圈或弄权营私。饮水思源,就当归功萨前校长所陶冶的敦厚踏实埋头苦干学风。"①

（2）高科技

20世纪70年代末期,台湾面临以技术密集产业代替劳力密集产业的重大转变。为了引进先进科技、加快研究发展和生产高精密科技产品,台湾科学委员会于1979年起开始规划建立新竹科学工业园区,1984年蒋经国把科技园区建设列为国家十大经济建设成果之一。当时进入科技园区的公司后来都获得了巨大的成功:像联华电子、宏基电脑、神达电脑、全友等都成为台湾顶尖、国际知名的高科技公司。台湾科技园区成为世界资讯产品的第六大供应区,并使台湾在世界经济贸易中占据重要地位。创办台湾科技园区的主要创始人之一就是长汀厦大校友何宜慈,他1944年毕业于厦大机电系,后赴斯坦福大学研究,荣获电机工程博士,曾在IBM从事科技研发工作十多年。1974年他获聘为台湾大学讲座教授,在台湾大学电机系讲授"微处理机之设计与应用",同时协助台湾国科会推动大型研究计划,培育了大批科技人才。1979年他开始筹划新竹科学工业园区,任新竹科学园管理局首任局长。他采取措施吸引了大批海外人才回流创业投资,使台湾电子、电脑及通信工业得以脱胎换骨。就像普罗米修斯一样,他把硅谷的火种引到台湾新竹,成功创办了新竹高科技园。他担任台湾资策会执行长7年,推动台湾软体工业发展,并促进台湾行政机关资讯化、效率化。卸任后,他一方面协助青年学生创业,一方面奔走于国内外,推广新竹经验,在美被誉为当代高科技界的播种者。② 新竹科技园的发展推动了台湾地区经济转型,带动了台湾科技的发展。

（3）交通

由于战争影响,光复之初,台湾公路多数被毁,能通车线路只有40%。恢复公路交通成为百废待兴之第一要务。参与公路建设的长

---

① 杨肇凤:《台湾电信与校友》,《厦门大学七十周年校庆特刊》,台北耀煌企业有限公司,1971年,第60页。

② 何邦立:《何宜慈先生纪念集》,台北何宜慈科技发展基金会,2004年版,第64页。

汀校友前后共有 11 位，先后在公路局任主要负责的就有四位——杨延英(1942级土木,任副局长、总工程师)、尉迟铮(1942级土木,任副总工程师)、叶燊(1944级土木,任副局长)、过鲍生(1944级土木,任副局长),其他校友均为各处管理或业务的主要骨干力量。到 70 年代,台湾公路经拓宽改为双车道达 6 200 公里,四车道 1 500 多公里,大小村镇均有公路相通,远非光复初期的土石狭路所能相比。1945 级土木系学生林发枝认为,参与台湾公路建设工作的厦大毕业生大部分是土木系毕业,他们将在厦大所学的专业知识用于台湾公路的工程规划、设计、施工、业务、管理、研究发展等方面,因此,才能作出突出成就。①

（4）水利

1948 年台湾开始大力举办各项水利事业,需要大批基层工程师。台湾当局特向厦门大学发出邀请,希望厦大给予支持。② 当时,厦门大学选派了严家骙、陈振安、陆允熙、王用奇等四位土木系毕业生到台湾水利局。除王用奇抵台不久因病逝世外,其余三人均贡献了毕生精力于台湾水利事业。

严家骙推演的计算洪水量公式,被称为严氏台湾洪水公式,至今仍为台湾水利、农林、电力各界所采用。陈振安主要从事水力发电的开发工作,他曾在深山工作达 20 年之久,为开发水电不辞辛劳,常与家人分居两地。陈振安负责施工技术部门,以当时台湾的科技水平与物质条件,非雇用发达国家的营造厂商来施工不可,然而,他领导其部门自力更生,参考外国工程文献,首创了多种施工方法,增进了开挖速度且降低了施工危险,顺利完成各项重大工程,并开台湾采用喷凝土于隧道之先河。陆允熙校友至水利局工作后,长期供职于台湾屏东工程处(15 年),主要为台湾水利计划作技术服务和技术输出工作。

（5）文艺、教育

---

① 林发枝:《台湾公路与厦大校友》,《厦门大学七十周年校庆特刊》,台北耀煌企业有限公司,1991 年版,第 65 页。

② 陈振安,严家骙:《厦大校友对台湾水利事业之贡献》,《厦门大学七十周年校庆特刊》,台湾耀煌企业有限公司承印,1991 年。

光复初期，台湾教育师资紧缺的现象非常严重，大批大陆专门人才赴台任教。长汀厦大1938级毕业生吴国梁是首批8位赴台办理接收工作的校友，他到台后，被派在台湾行政长官公署教育处任督学，兼负"推行国语"的任务。他说："这是一项非常快乐而有意义的工作，台湾民众热烈学习国语，自我禁说日语，所有学员都抱着热切求知，即学即用的心情前来学习，师生在自然、和谐、热烈的气氛下进行'教''学'：教者越详尽，学者越认真，学者越振奋，教者越有劲。大家都感觉无比的快乐。"①厦大校友先后有90余位在台湾从事文艺、教育工作。在教育行政部门工作的有8人，其中包括台湾省政府教育厅长谢又华（1941级银行），副厅长罗旭升（1944级法律）②；在大学任教的有39人，包括台湾东海大学文学院院长江举谦（1941级中文），台湾著名戏剧家、国立艺术学院戏剧学系主任姚一苇（1942级银行），台湾考试委员、台湾大学土木系教授卢衍祺等高校知名专家、学者；在中学工作的有33人，有多人担任中学校长和骨干教师，如台中女中校长余丽华、省立屏东中学校长钟治同、省立花莲中学校长林民和、屏东市立一中校长郑亨观、屏东市立二中校长华启球以及这几所学校的多位骨干教师均为长汀厦大校友。

另外，在台湾的水泥、钢铁、造船、石油、石化、粮食、糖业、保险、财税、银行界、侨务等行业、领域，也有很多长汀厦大毕业生从业其中，大部分为该行业、领域的主要负责人和业务骨干。

3. 在台湾十大工程建设中表现突出

1973年，台湾宣布推动十大建设的重大计划③，其中六项工程的建设是由长汀厦大校友主持或参与主持。

---

① 吴国梁：《校友参加台湾地区教育工作之事迹》，《厦门大学七十周年校庆特刊》，台北耀煌企业有限公司，1991年版，第135页。
② 厦门大学台湾校友会编：《厦门大学七十周年校庆特刊》，台北耀煌企业有限公司承印，1991年版。
③ 林忠编著：《台湾光复前后史料概述》，台北皇极出版社，1983年版，第102页。

——高速公路工程：由基隆至高雄全长373公里，所需经费466亿余元。当时，长汀厦大1944级航空系校友过鲍生作为该项目的规划设计专家，从始至终参与了项目建设的全过程，并任高速公路局总工程师。该高速公路竣工后，过鲍生主持该高速公路的交通管理工作，任高速公路工程局副局长。

——电力工程（包括创设核能发电厂）：此项目的总负责人为长汀厦大1942级机电系陈振华，他从1946年进入台电工作直至退休，历时43年，"从黑发到白发，一生与台电共成长"。该项目所需经费为190亿元台币。核能第一厂第一部于1977年11月完成，第二部于1979年8月完成。

——石油化工工程：总投资为560亿元，1978年大部预期任务完成。主要负责人有1935级化学系校友沈祖馨，1943级机电系校友席德鳌。沈祖馨任台湾聚合化学公司总经理，席德鳌任副总经理。

——建立大钢厂：台湾中钢1971年成立，我校1941级机电系校友陈树勋任工程处处长，负责建厂的主要任务。1942级机电系校友陈俊德主持中钢电气系统与设备之企划与建设，并逐步引进电脑化整体控制系统。台湾从丝毫没有建设钢厂的经验到建设当时世界最先进的连贯作业大炼钢厂，其困难可知，但在二位校友的努力下，该项工程提前顺利完成。陈俊德荣获蒋经国颁发的五等景星勋章。中钢成功建厂后，台湾钢铁业蓬勃发展起来。陈树勋、陈俊德分别担任该厂的执行副总经理、业务副总经理等要职。

——建设台中港：该工程经费由台省府筹出，第一期工程于1976年10月完成。每年营运量为180万吨。校友章家资（1941级土木）任台中港筹备处副主任，后任副总工程师直至工程完工通航，1977年任台中港总工程师。在台湾港务系统，共有18位校友先后供职其中，徐人寿曾任基隆港务局局长17年，王俊二任基隆港务局高级主管20年之久，其他如林幼塈（1941级土木）、陈人信（1942级会计）、王之槐（1943级土木）等均为台中港项目建设中的专家或管理俊才。

——北环铁路工程：北环铁路全长88.1公里，1979年底完成。长汀厦大校友林理严担任工程处副处长,并负责施工管理,由于他在该工程建设中表现出色,荣获政府颁授五等景星奖章。

台湾光复后,海峡两岸一度阻断往来近40年,大部分厦大赴台校友在台湾扎根下来,将毕生精力投注斯土。约50名左右校友经台赴美国、加拿大、新加坡等国发展,其中不乏业界领军人物:如美国工程院院士林幼堃、国际传感器协会主席、美国CWR大学电机工程学荣誉教授葛文勋、奥地利著名土木工程学家严家骥、美国纽约《华美日报》社董事长朱伯舜等。这批校友走出校园时,台湾的光复和重建正在紧锣密鼓地进行,美国、加拿大、新加坡等也正步入经济快速发展的轨道,他们用青春年华和才智参与其中,成就了他们的人生奇迹。他们是社会变革和经济发展的受惠者、推动者。

历史时代与教育群体之间存在着一种互动互造关系,厦大以其与台湾一衣带水的地缘优势和拥有大批优秀毕业生的人才优势,对光复后台湾各项事业的发展做出了巨大贡献,其历史功绩永远闪耀着灼灼的光辉。高等教育在社会发展和人才流动中的作用往往在历史的某些关键时刻表现得更为突出:长汀厦大赴台校友群体的人生经历体现出一种时代与人物交互影响的关系。特定的时代造就了他们施展抱负的机会,而他们当时所接受的专业教育为其事业发展积蓄了足够的能量,也为台湾经济建设和社会发展贡献出了智慧和力量。历史不一定记得他们中单个人的所作所为,但一定会记得这一群体的所作所为。①而他们对厦大高度的认同和归属,成为他们成才的共同的重要因素。

第五节 传承认同"反哺"大学

国学大师钱穆先生在《师友杂记》中说到:"能追忆者,此始显吾生

---

① 刘海峰:《时代与人物的互动:77、78级大学生群体扫描》,《教育研究》,2008年第12期。

命之真,其在记忆之外者,足证非吾生命之真。"一个人如此,一所大学也不例外,一所大学若能被无数学子追忆不止,方是此大学之真。① 对于厦大来说,抗战时期厦大毕业生不仅在特定历史时期表现出强大的校友力量,对母校表现出高度的认同,并且,这种认同作用于在校师生,强化了他们对组织的自豪感、归属感,校友传承认同的实际行动,构成了厦大特有的"反哺"②母校的文化。

抗战胜利后,厦大复员厦门③,曾在长汀厦大就读过的学生不断以各种方式纪念这段大学经历。他们在国内外倡导成立了 20 多个校友会④,团结凝聚各地厦大毕业生,出版十多种校友刊物⑤,成为同学之间互通声气、砥砺学行的重要纽带;他们著书立说,表达对母校刻骨铭心的记忆。特别是改革开放以来,他们身体力行,从物质和精神等多方面积极推动大学发展:上世纪 80 年代至 2010 年,长汀厦大校友先后捐建楼堂馆所 6 座,设立 20 多项奖教奖助学金,据统计直接捐赠金额 5000 多万元人民币,占学校校友捐赠总数的 40% 以上。⑥ 在他们的倡议下,1996 年,学校修缮了校长萨本栋的墓园。1998 年,在这些校友的建议下,厦大科学仪器系复名为机电系,并成立了萨本栋微纳

---

① 眭依凡:《大学的使命与责任》,教育科学出版社,2007 年版,第 194 页。
② 指乌雏长大,衔食喂养母亲,后比喻报答亲人之恩。出自晋成公绥《乌赋》:"雏既壮而能飞兮,乃衔食而反哺"。"反哺"虽是一种生物现象,在人类理解中,却是一种美好的道德品质和情感表达。
③ 1946 年 11 月 13 日,长汀厦大留汀办事处结束工作,全校复员厦门始告完成。见洪永宏编著:《厦门大学校史》第一卷(1921—1949),厦门大学出版社,1990 年版,第 237 页。
④ 厦门大学校友会活动特别踊跃、组织凝聚力特别强的,如美洲校友会、泰国校友会、菲律宾校友会、新加坡校友会、香港校友会、台湾校友会、北京校友会、上海校友会、广州校友会等,至今这些校友会仍然是厦门大学各地校友会活动最活跃的地区。
⑤ 《美洲校友会通讯》《晚霞》《窗谊》《鹭汀窗谊》《机电系系友通讯》等,现已编辑了数百期,如 1990 年创刊的厦门大学机电系系友通讯,19 年来一直由 1945 届机电系校友鲍光庆学长主编,已办了 227 期。
⑥ 数据统计来源厦门大学教育发展基金会编:《殷殷深情 巍巍丰碑——厦门大学接受社会捐赠概览》和厦门大学教育发展基金会网站捐赠统计 http://edf.xmu.edu.cn/。

米研究中心,使长汀厦大重要学科之一的工科重新走上复兴之途。为了支持学校学科建设,他们设立了北美教育基金会,筹集基金100多万美元。校友不断地"反哺"大学,他们的行为直接、间接地影响了在校师生对厦大的认识、评价。

一位年青教师说:"到厦大工作两年来,一直没有归属感,直到有一次参加学校校庆大会,听到一位长汀厦大老学长的发言,他对厦大深沉而热烈的爱令我对厦门大学肃然起敬。"①世纪之初,厦大49名在校生自愿组成五个小分队,到福州、厦门、北京、上海、西安寻访长汀厦大校友,他们共采访

1946届毕业生的毕业照

1948届学生毕业60周年大会

了211位老校友,撰写了近200篇心得。学生亲炙于长汀厦大的学兄

---

① 厦门大学王亚南经济研究院紫微老师访谈记录,访谈时间2010年6月12日。

学姐,从中窥见厦大悠远学统的余影,吸啜如芝兰般的气息,这学统和气息,不知不觉成为后辈学生成长历程中重要的给养。他们与老校友亲密互动,理解和感受老校友反哺、支持母校的精神动力和文化内涵,校友对大学的认同已经深深植入这所大学的历史和生命当中,长汀厦门大学俨然成为这所大学的一个象征、一种信念和精神支柱。

第六章　民族危机中的大学认同之省思

抗战时期(1937—1945年)是中国近现代大学教育发展史上极其重要的阶段,而厦门大学内迁长汀的发展演变史正好亲历和见证了在这一重要时期的整个风雨历程,并以特色鲜明的"大学认同"文化,成为一个可资分析和研究的典型样本,①确立了厦门大学的文化教育范式,形成并丰富了抗战时期大学文化精神。

列维·斯特劳斯在《野性的思维》中,就如何走出"过去的历史碎片",逐步过渡到现实社会中的"活着的分类"的研究困境,提出"万花筒的思维":万花筒用有限的碎片为我们提供了美丽而多样的图像,但每转一下眼前的图像就消失,不留任何痕迹。当我们的眼睛紧贴在万花筒上,迷恋于美丽而多样的图像时,却完全没有意识到,筒与镜所形成的结构始终是同一个结构。因此,对于"万花筒的思维"而言,"关系的存在"比"关系的内容"更为重要。② 在论文开始写作之前,笔者所做的主要工作有三项:一是翻拍了抗战时期厦大近9 000张原始档案资

---

① 笔者在此无意说抗战时期厦门大学是分析这一时期大学认同的唯一且最好的样本,因为更多研究者倾向于选择西南联大或者也有可能选择圣约翰大学等教会大学。实际上,正如笔者研究所表明的,厦门大学一度作为抗战时期东南仅有的一所国立大学,其抗战前的历史和抗战时期独特的大学环境和文化,使其形成有别于其他大学的大学认同特征及其研究价值,因此在某种程度上讲,也许更能反映中国私立大学转为国立大学的个性特点乃至共性元素。

② 彭钢:《困境中的教育美丽——法国电影〈放牛班的春天〉的教育叙事研究》,《教育学报》,2008年第8期。

料(包括部分刊物和书籍)①,并进行了分类整理。为了便于对档案资料进行量化统计,又将其中6 000多张照片(档案资料)转录成文字(如校务会议记录、教师档案资料、学生档案资料、《厦大通讯》等),字数合计超过37万。二是重点访谈了14位长汀厦大校友。如1937级校友陈诗启,1938级校友陈碧玉,1940级校友何宜慈,等等(详见参考文献二),并访谈了萨本栋校长之子、美国国家工程院院士萨支唐。笔者与他们先后进行了20次深度访谈,每次访谈时间约90分钟左右,所做访谈文字记录近10万字。三是笔者得到200多位健在的长汀厦大校友的支持和帮助,收集了大量校友回忆录和回忆文章,并收到59位校友亲笔撰写的回忆材料(详见参考文献三)。研究过程中,我常常感觉自己就像把眼睛一直紧贴在万花筒上的人,专心投入且迷恋于长汀厦大历史中美丽而多样的大学认同图景。行文至此,该是认真思考一下"筒和镜所形成的结构"的时候了。

一、研究结论

(一) 民族认同与厦门大学的大学认同之"双向传导"关系

民族认同是指一个国家或民族的成员通过其语言、伦理、传统、精神价值等的认同来形成国家与民族自觉,从而将每一个人与其国家或民族连接起来。抗战爆发,民族危机与厦大办学主体转变在同一历史时空相遇,学校面临生死存亡的考验,厦大能否"重生"、如何"重生",其责任和使命落在了每一位大学成员的肩上。创办人陈嘉庚先生为厦门大学树立了"教育乃国民之天职"、"教育"才能救国、"教育"才能振兴民族的先天品质,在民族危机中,这种先天的品质特别突显,特别是在全校师生尤其是校长萨本栋的身体力行和有效建构之下,大学认同与民族认同交融,民族认同成为激发大学成员的大学认同的导火索和催化剂,大学认同得到空前强化,大学成为充满向心力和凝聚力的生

---

① 为避免原始档案资料在复印时损坏,厦门大学档案馆规定,只允许以拍照方式获取资料——笔者注。

动活泼的学术共同体。

面对民族危机,萨本栋认为"为战后培养建国人才"是厦大应有的使命。他坚持把厦大的发展与承担民族的危难联系起来,统一了全体师生的思想和行动,在实践中他把教师选聘、人才培养、学科设置与建设国家、与民族复兴紧密结合在一起,引导师生从国家前途命运的角度来思考问题。萨本栋为救国而办教育,因爱国而爱厦大。他正是在此大学认同的价值和理念下建构起厦门大学成员的大学认同。

对教师来说,抗战爆发,教师通过全方位的育人来实现其救国的国民责任。教师在育人中注意培养和形成学生对民族形象、民族内涵的理解和体认,教师救国的行动就是教师全身心育人的行动。从这个意义上说,教师培养学生具有延续民族文化血脉的意义。师生志同道合、亲密无间,教师不仅是学生学业的导师,更是他们形成民族观念和民族认同的导师。

对学生来说,民族危机使他们充满为民族危难勇担责任的壮志豪情。战争使学生经历了人生的重大转折。据前文统计,学生进入厦大前有失学缀学经历的比例达到70%,并且相当部分学生经历了家庭变故,如父母双亡或变成单亲,家庭经济困难,生源多来自沦陷区。这些学生进入厦大读书时,家仇国恨使他们愈挫愈奋,更加踌躇满志,"服务即人生"是他们的"座右铭"。他们团结奋进、刻苦向上的动力,不仅来源于其强烈追求自我成长和完善的愿望,而且更具有为民族危难勇担责任的壮志豪情。

对校友来说,国家富强的希望就在大学的存继和发展之中。厦大从厦门到长汀途中,校友沿途设点接待,跟随至长汀。抵汀后,校舍不足,校友将自己的办公场所无偿出让供学校使用,自己另寻他处办公。校友自发投入大量的时间和精力,健全校友组织,竭尽所能帮助母校发展,通过他们的努力,为厦门大学争取了多方面的支持。

在当时历史条件下,厦门大学成员一切的研习学术、爱校护校行为,无不缘于热爱祖国,认同在苦难中求生存、在世界民族之林争地位的中华民族。换句话说,民族认同促成了大学成员在思想、行为等方面上的高度一致性,而这种"一致性"通过自然迁移或者说延伸,成就了大学成员强烈的大学认同;进一步地,大学认同反过来激发、强化了大学成员在思想和行为等方面上的高度一致性,而这使得他们共同的爱国主义情感更为浓烈。可见,"民族认同"与"大学认同",通过"大学成员一致性"得以双向"传导"。在这一传导过程中,大学认同和民族认同都得到了进一步的增强,其内在机理如图6-1所示。

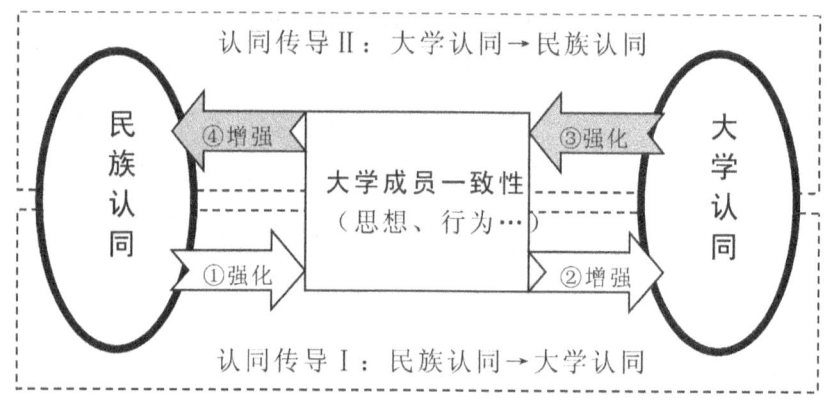

图6-1:民族认同与大学认同的传导机制

(二) 学术认同是厦门大学的大学认同之核心因素

大学认同的独特之处在于大学是一个传播知识、创造知识、培养人才、服务社会的学术机构。大学认同的基础是学术认同,是对以学术为核心的大学活动的共同追求和体认。

厦门大学的大学认同核心是学术认同,大学的一切活动围绕学术活动展开,学术认同是形成厦门大学持久的组织向心力和凝聚力的核心因素。今天理解,学术活动包含的内容很多,概括地说,围绕大学人才培养、科学研究、社会服务三大职能所进行的各项活动都属于大学学术活动范畴,就抗战时期的厦大而言,其学术活动主要是人才培养活动。厦门大学形成了浓厚的学习气氛、教育气氛,形成了"未到'最后一课',就应加紧人才培养,以备将来服务于国家"的大学氛围。

萨本栋校长把为战后建国储备人才作为厦大办学的主要目标,他建构认同的核心是举全校之力,为学生成长创设条件,一切办学的出发点都是围绕培养学生。例如,作为学校最高行政权力机构,校务会议所讨论的事项中有关学生事项所占比例达到45%,学生个案问题可以直接提请校务会议讨论;学校规定,由院长、系主任亲自指导每一位学生的选课。而校长本人则将全校学生分组,轮流与学生进行座谈,每位学生都有机会直接向校长反映自己的思想与建议。

教师以发现学生的特长、促进学生的成长为荣。从长汀厦大教师的日记中反映,教师大部分的时间都与学生在一起,上课是教师心目中最重要的事情。学生的社团活动,常常是在教师的直接支持和参与下进行。当年厦大教师施蛰存曾回忆说:"厦大有一个文化特色,就是这个学校的老师常常宴请学生,学生常常到老师家做客,沙龙是这所学校颇为流行的师生互动形式。"校长、教授及他们的家人经常参加学生的文体活动,与生同乐。

校友在自身经济窘困的情况下,想方设法解决在校生的生活和学习困难。校友与大学患难与共,力求"反哺"母校,其根本原因也在于对母校人才培养理念的高度认同。如,当年校友给萨本栋写信,最关心的就是在校学生的学业问题。这种大学成员之间频繁的互动和心灵的体验,围绕的核心都是学生的成长与发展。

当年学生回忆长汀厦门大学时,经常追忆的是他们与老师的某一次谈话、师生散步的情景、校长忙碌的身影、校友为学弟学妹顺利完成学业无私捐助的往事。学生们认为,虽然学校没有高喊"热爱学生、关心学生、一切以学生为中心"的口号,但植根于大学成员头脑和落实于言行中的对学生人格的尊重、对学生专长的保护、对学生成长的关心,这种思想和行为足以胜过任何口号和表白,使他们把对厦门大学的热爱深深扎根于心,一旦有合适的机会,就发芽开花,芳香四溢。历史证明,长汀厦大卓有成效地为社会培养了一批杰出人才,并奠定了厦门大学关爱学生的历史传统。近年来厦门大学的"校长有约"早餐会、学生免费吃米饭、开设"爬树课"等多项举措,为学生创造温馨而优越的学习、成长环境,形成了浓厚的、富有人文关怀的大学氛围,从某种意义上说,也是对抗战时期优良的认同文化的传承。

二、对建构现代大学认同的启示

(一) 危机与契机:大学认同的新起点

人们通常把突然出现的较大的且又令人忧虑的中断了连续生活进程的事件称为危机。① 危机无处不在,教育过程是连续性和非连续性形式的统一。教育人类学家 O.F. 博尔诺夫从存在主义哲学的视角这样解读危机:"人只要生存着,任何时候都会处于危机之中。人只有通过危机——基本上没有其他途径——只有通过这种最大的威胁才能获得真正的自我,……所以我们也可以这么说,向某个新的生命阶段的过渡只有通过危机才能得以实现。任何人除了坚定地渡过困扰人的危机以外就不能获得内在的独立性。"②大学组织也一样,在其生存和发展历程中,常常处于各种各样、大大小小的危机之中:战争危机、经济危机、能源危机、理念危机、学科危机、生源危机等等。大学的变迁充满了危机,大学只有在危机中或经历过危机,组织才能成熟、完善起来。本研究再现了民族危机成为大学认同的新起点,对大学认同的巩固起到了极大的激发和促进作用。如果我们把民族危机看成是大学所经历的一次特殊的危机,它对大学组织的成熟无疑具有有益的作用。正确理解和把握危机与大学认同的关系,明确大学作为学术机构的使命和目标,是建构现代大学认同必然面临的抉择。

研究启示我们,积极应对危机,将危机理解为开创新起点的机会。危机越严重,对大学的挑战和威胁越大,越需要大学成员摒弃偏见与不合,拧成一股绳,以团结的精神和负责的态度考虑学校的前途和命运。这时,危机正是建构大学认同的最好契机。在危机中注意加强各方的理解和沟通,正确认识大学发展过程中的非连续性,明确大学长远目标,激发内部的团结和共识,有意识地加强大学成员在心理与行

---

① O．F．博尔诺夫著,李其龙译:《教育人类学》,华东师范大学出版社,1999年版,第62页。

② O．F．博尔诺夫著,李其龙译:《教育人类学》,华东师范大学出版社,1999年版,第63页。

为方面与其所在的大学的一致性,建立不同主体对大学的归属感、责任感,激发他们在共识的基础上对大学发展尽心尽力。一旦战胜危机,大学重新步入常态时,经历灾难历练的情感认同将更加稳定而持久。

(二)互动与体验:大学认同的实现路径

抗战时期厦门大学成员与厦门大学高度依存,认同是校长、教师、学生、校友共同活动、感受、思考大学前途和命运的自然结果,是经常的学术对话、思想碰撞、情感交流、集体活动的必然结晶。实现认同的内在机理是"互动与体验",或者说"在互动与体验中认同"。

现代大学组织规模越来越庞大,成员之间关系松散;不同主体从各自的立场出发思考,不同学科之间、不同院系之间壁垒森严,虽然现代科技发达,网络、电话信息资讯手段先进,但学校领导与师生之间、教师与学生之间的分歧、冲突频频发生,大学成员之间充满纷繁复杂的矛盾、分歧和冲突,大学远没有形成合力。如何进行有效的互动与体验,加强大学认同特别是学术认同,是现代大学必须思考的问题。

抗战时期厦门大学的案例启示我们,首先,营造"一起思考"的大学氛围。大学要充分听取不同主体的意见,提供较多的机会,使校长与师生间有对话,使不同专长的教师间有对话,使师生间有对话,使师生和校友间有对话,使不同学科的同学间有对话,这种对话是经常的,是不拘形式的,是头脑与头脑、心灵与心灵的相遇和对话。其次,倡导思想自由,兼容并包,不强求共识。通过各抒己见的、真诚的表达,了解大学成员的真实想法和意见建议,在相互尊重的基础上达成相互理解,更易形成认同。最后,要明确"互动与体验"的目的是形成大学成员的责任感和担当精神,使一切思考、对话都负有责任。这样才能彼此真正地影响和感染,实现有效的互动,形成充满向心力的、生动活泼的共同体。

(三)理想与现实:大学认同的价值反思

大学组织的特殊性在于其学术性。不同主体形成大学认同的根本都是基于大学作为学术组织的考量。理想的大学认同应具有"世界精神"和"超国界"的品格,正如金耀基先生所说,大学认同的基础在科学的思想,在共认的知识品格。①

今天,中国大学具有了较为稳定的社会环境和较好的物质基础,学术活动具有更优越和开放的发展空间,但是大学却面临一个无奈的现实:学术活动并没有就此成为大学认同的核心,大学认同并没有比民族危机中的状态更令人满意。相反,大学的功利化倾向使得大学更加分崩离析:大学像标准化人才的流水线生产车间,而非大学社群的互动场域;学生将自己视为大学的顾客、教育服务的消费者、课程的购买者,而不是大学共同体的一员;教授无暇顾及师生交流,个人闲逸的好奇和思想的碰撞成为奢侈的活动,他们更关注课题的申请和科研指标的达成;大学管理者以学校代言人的身份自居,与师生缺少心灵的沟通和互动;校友对母校市场化行为颇感无奈并颇有微词。"大学正在变成一个全然不同的机构,它不再是民族文化理念的生产者、保护者和传播者",②大学更无法将自己与民族国家的命运和前途联系在一起。

历史不是外在的约束现代人的紧身衣,而是内在的形成现代人的DNA。历史研究的任务是通过揭示这种DNA使人类更好地了解自己的本质、自己的现在和未来。③ 越是珍惜历史,越能写好未来。研究表明,爱国情感、民族认同不仅仅在特殊历史时期增进和巩固了中国的大学认同,从历史传统来说,爱国主义孕育于中国悠久的文化传承,"从古代太学起,中经国子监,一直到近代大学,学生都有以天下为己任的抱负"及"天下兴亡,匹夫有责"的精神。④ 从长沙岳麓书院的"忠孝廉节",到无锡东林书院的"依德之行、庸言之谨""风声雨声读书声,

---

① 参见金耀基:《大学之理念》,生活·读书·新知三联书店,2008年版,第2页。
② Readings, Bill, *The universities In Ruins*, Cambridge, MA: Harvard University Press, P3。
③ 王晓华:《断裂中的传统:人文视野下的大学理想》,首都师范大学出版社,2002年版,第1页。
④ 季羡林:《我和北大》,《光明日报》,1998年2月11日。

声声入耳；国事家事天下事，事事关心"，再到近代北京大学、南开大学、厦门大学等学校"爱国""民主""进步""科学"的精神，"爱国"是大学这个组织的遗传基因，"爱国"是大学的个性和精神。随着中国现代国家制度的成熟，"爱国"是每个公民的基本义务和道德底线，作为文化精英栖息地的大学，应更坚定地担当起这一公民义务，更决绝地据守这一道德底线。

中国大学要建构高度的大学认同，就必须加强大学成员爱国情感、民族认同感的教育，学会理解和尊重传统中国，确立中华民族文化的主体地位，把大学与民族国家的命运联系在一起。余英时曾深刻地指出："中国近百年来的变化，一个最大的动力就是民族主义。"[1]而且，"民族主义与爱国情操都必须建立在对民族与国家的正确认识之上，民族不能完全脱离文化价值、共同传统等而孤立存在；国家也不是抽象的概念，可以与其组成分子——公民——的权利和自由分家。个人能不能向民族或国家认同，分析到最后，还得看他对这一集合体能不能发出生乎内心的归属感。简言之，对国家民族的归属感是爱国情操的核心，也就是国民身份中必不可少的一个组成部分。"[2]

现实是历史的延续，中国大学在放眼世界的同时，不能忽视民族文化的深远影响，我们只有树立民族自豪感和责任感，敢于担当、甘于奉献，切实遵守和尊重大学作为学术组织的内在规定性，大学才能真正成为富有整体性的、充满向心力的、生动活泼的学术共同体。

---

[1] 许纪霖编：《20世纪中国思想史论》（上卷），东方出版中心，2006年版，第430页。

[2] 张诗亚主编：《直面血与火：国际殖民主义教育文化论集》，内蒙古大学出版社，2006年版，第350页。

附 录

附录一 长汀厦大学生档案图例

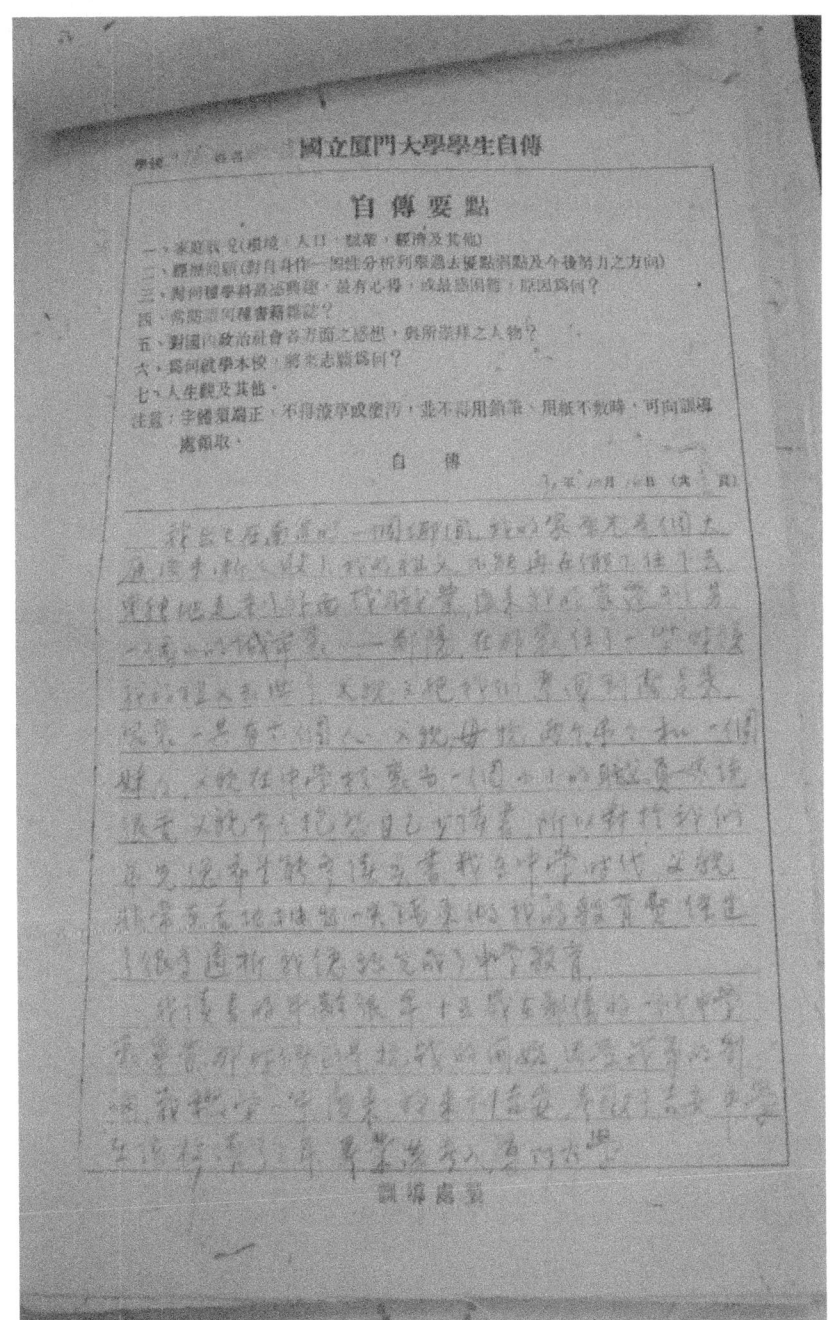

附录一 长汀厦大学生档案图例

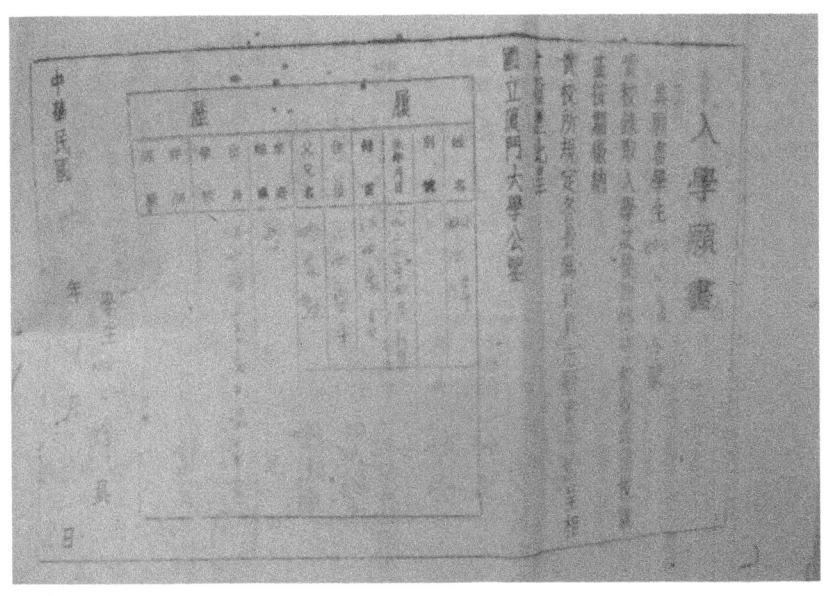

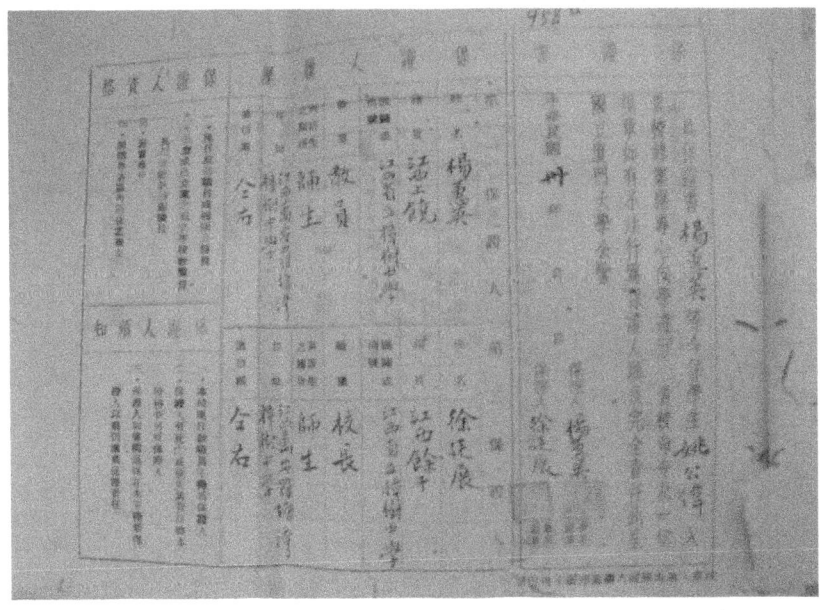

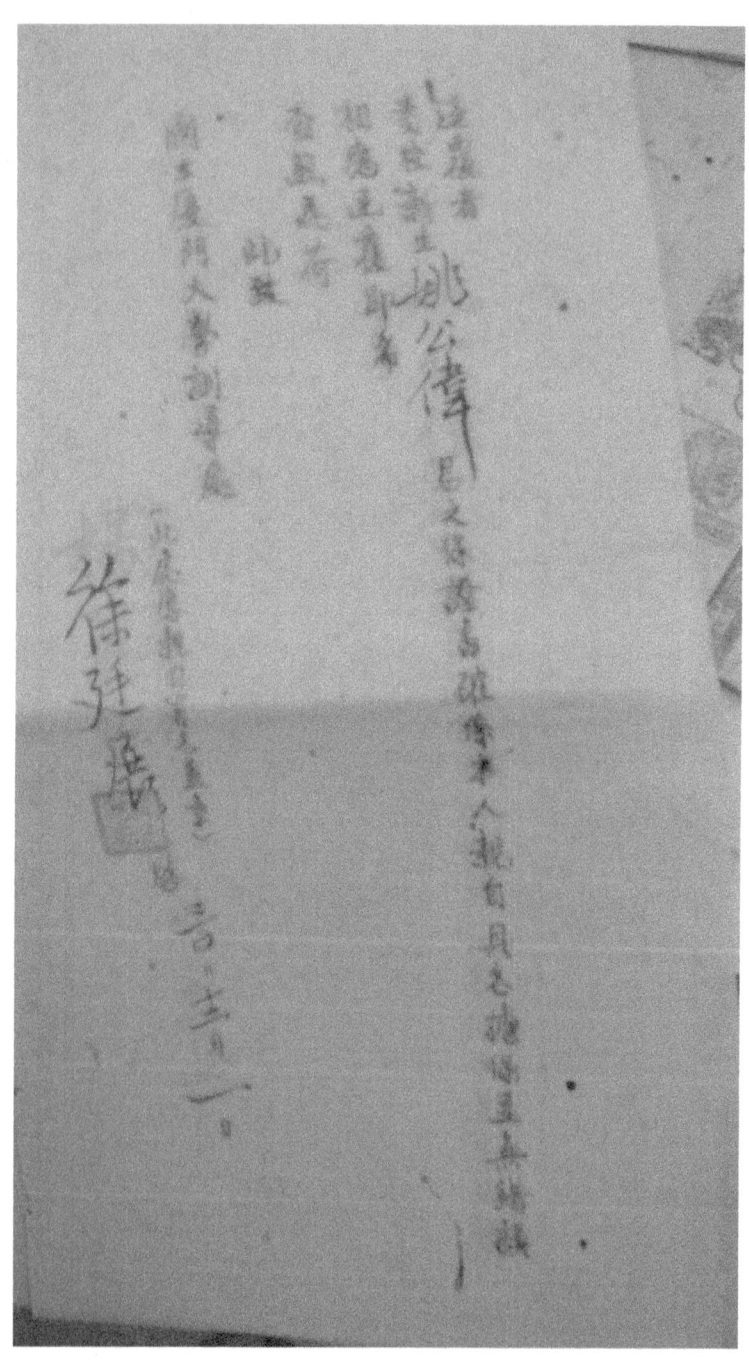

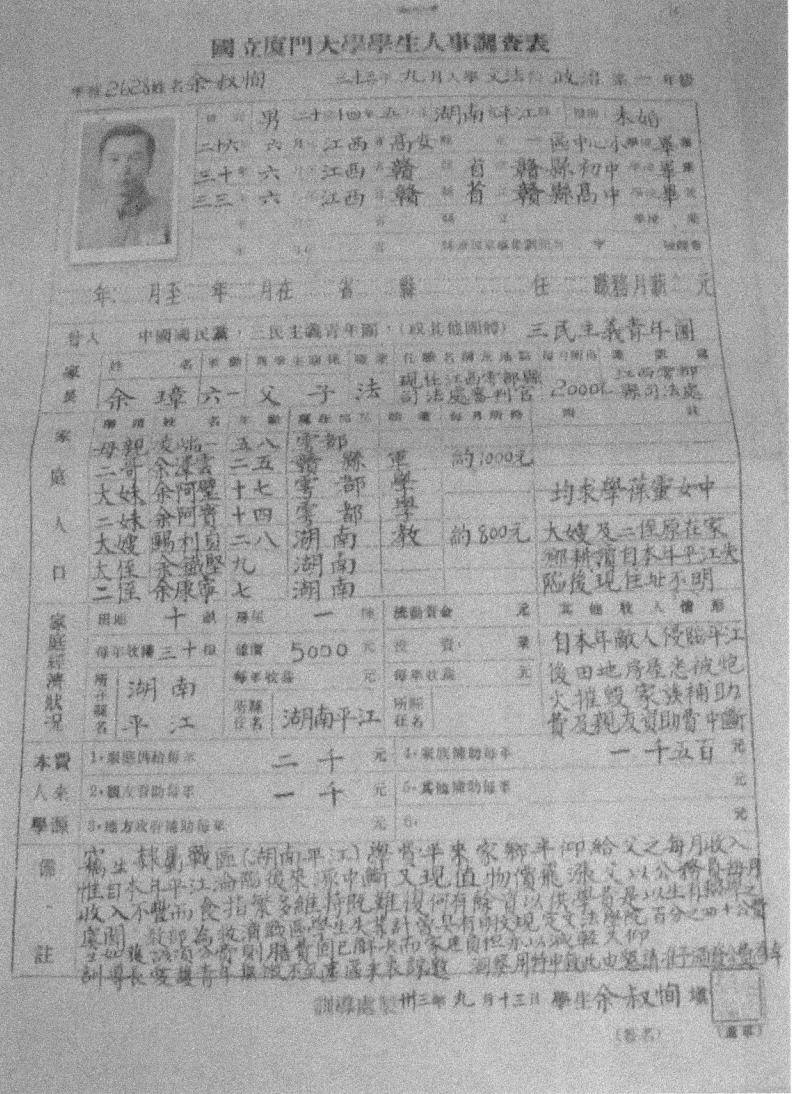

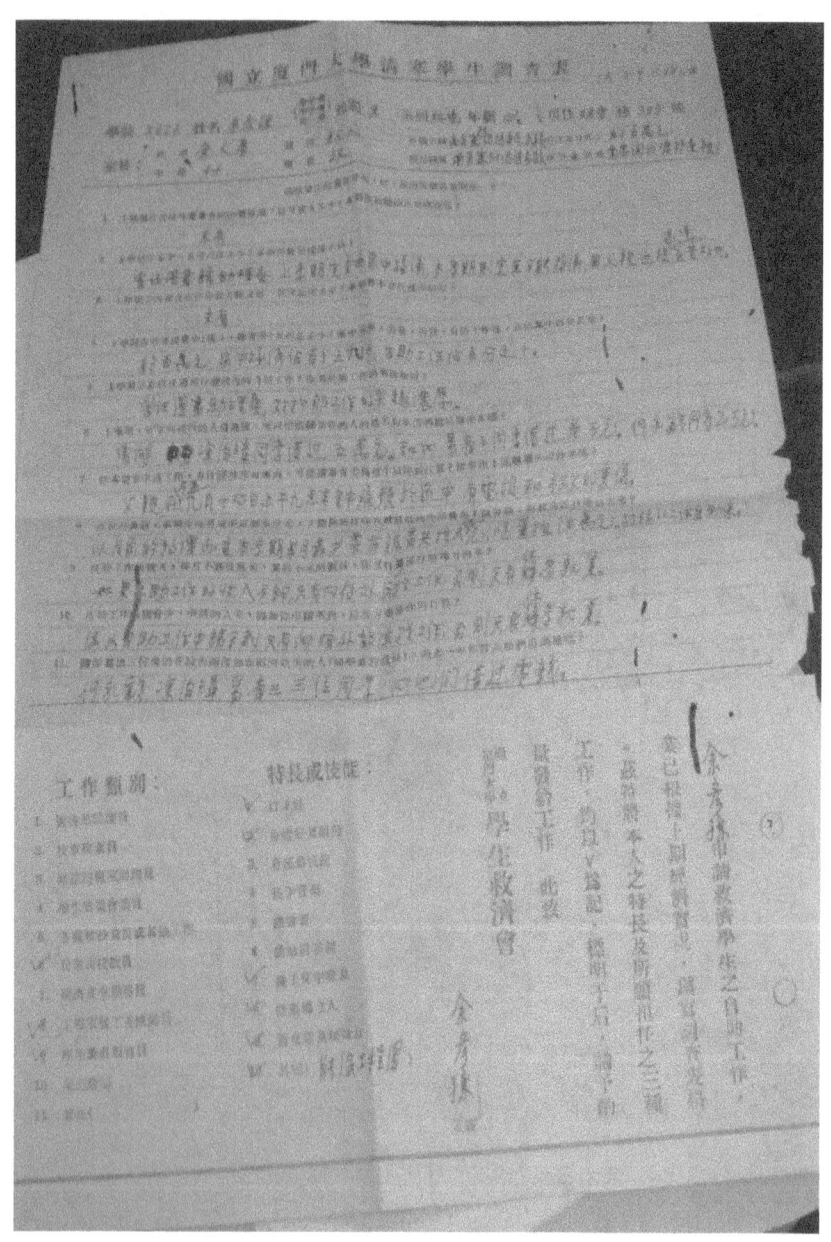

附录二 学生口述抗战中的厦门大学

忆恩师萨本栋校长

1940级机电系 何宜慈

1940年入学时的何宜慈

我个人在1940—1944年四年间幸列萨师本栋校长门墙,希望藉此文能将他的伟大志业略述一二,以纪念他并致我个人的怀恩感德之忱。

1940年是萨本栋担任国立厦大校长第三年,也是他创办机电系的第一年,所以我们是机电系第一届学生。机械、电机合为一系。多年以后,日本人才开始提倡"机电"(Mechantronics)一词,我们算是"先行者"。由于机电合一,机电系要修习的课业很重。记得要修满146个学分才能毕业,比其他各系多修十几、二十几个学分。

一年级时,机电系同学颇多,约有三四十人。第一年的《微积分》是萨师亲授。他说,如果你们对微积分和普通物理学两门课学习感到困难,最好不要读机电系,以免耽误了自己宝贵的时间。由于他的警告和机电系繁重的课业,加之当时邻省某国立大学因抗战迁校,较迟开学,于是转学、转系的人便逐渐离开。还有些同学四年无法完成学业,多读一年,一九四五年才毕业。所以1944届学生毕业时,只有六名同学。

虽然只剩下六个人,但是我们都有特别大的收获,四年中,每年都有萨师亲授的课程,这是以后各届机电系校友所不能得到的。因为他于1944年春夏之交,离开厦大,到美国治病去了。

记得四年级时,萨师的身体已经十分衰弱,腰伸不直,头也抬不起来,但是,他还要我们去他家里上课,他在客厅里挂的黑板上歪歪斜斜地写着字,他自己看不见,我们有时也看不清楚。但是,他的坚持执着,鞠躬尽瘁的精神,对我们产生了无比的震撼和深刻的感受。

萨师办学以严格闻名。他令出必行,建立诚信。开学注册日期绝不能通融,这是长汀厦大同学都清楚记得的例子。抗日战争期间,交通极为不便,有些同学注册截止后才赶到学校,不管什么理由都不能例外注册,他是藉此训练学生们未雨绸缪,不存侥幸之心。

他禁止同学们办同乡会等"小"组织,但对于学术性集会则加以鼓励和支援。我们从来没有听他说过福州方言话。孙中山先生曾说中国人是一盘散沙,这是由于大家惯用家族、亲友、同乡等,将人分为圈里圈外,因而互生猜忌,极可能破坏团结。萨师这样做,是在训练我们破除区域思想,培养开阔胸襟。

他规定夫妻不能同时在厦大工作。教务长傅鹰师的夫人张锦博士是非常好的老师,也是厦大急需的师资人才,受此限定,只能到永安地区的一个研究所去工作。萨师夫人遵守这一规定,在厦大担任义务女生指导员,不领任何薪酬。他的做法是在训练我们不要为私利所囿,方能养成大公无私的胸怀。

萨师非常重视一、二年级基本课程的教学。一年级他亲自讲授《微积分》，已如上述。《普通物理》由理工学院院长谢玉铭担任。二年级时，萨师讲授《电工原理》，傅鹰师讲授《普通化学》，这样的师资阵容，这种藉由名师替学生打好基础的教育方法，即使在今天来看，也是很难复制的。如果用建筑物来做比喻，萨师的教学方法是打好建筑物的地基。盖好的华屋顶楼，虽然可以是美轮美奂、十分风光的，但是如果根基不固，整个建筑便有可能倒塌，成为所谓豆腐渣工程了。

他非常关心学生们的生活福利，我们一年级时，新生分住同安堂和博爱斋。同安堂在校本部，是大统舱式的宿舍。博爱斋距离远一些，住的人比较少，读书环境会好一点，但是二处都没有电灯，晚上自修只有煤气灯。不久以后，有了一台发电机，萨师便把他的座车引擎拆下来带动发电，使全校大放光明。

综上所述，萨师在厦大的办学方针是如何迅速提升厦大的学术地位和替国家培养一批人才。他聘请名师、严格办学，他注重教学、不鼓励地域组织，等等，都是为着这个大目标服务。由于他无私无我、鞠躬尽瘁的身教、言教，所以全校师生都能翕然一致追随着他走。

由于他的标杆榜样，他的学生们应该都能体会到一个人对国家、社会应有的责任。在提升厦大学术地位方面，厦大在1941、1942年的全国竞赛中两度夺魁，被一位国外的访问学者誉为加尔各答以东最好的大学。

1960年，我在斯坦福大学，听到美国新任总统肯尼迪的上任演讲提出的名言"不要问你的国家能替你做什么，要问你能替你的国家做什么？"我立即的反应是这和萨师所教导我们的大方向不是一样吗？另外一次，我读了曾经写过600多首圣诗的华特的一首诗：

> Most people creep into the world
> And know no reason why they are born
> Except to consume the corn and fish
> And leave behind an empty dish

讥笑许多人迷迷糊糊过一生，好像只为了私利而来，我也就记起萨师的训诲,而不会感到尴尬。

下文我将用个人和他的接触经验来显示他在严师印象后面对学生温馨关怀的一面。

他十分关心学生们的工作出路。1944年他离开长汀以前,便介绍我们机电组的三位同学到桂林资源委员会无线电器材厂去服务。我因离家日久,想回闽东家乡支教一年,可以就近侍奉父母,他说没有关系。1946年,他又介绍我去台湾资源委员会去工作,我因接受杭州之江大学(现并入浙江大学)讲师职位,他说留在教育单位也好,都没有责怪我的意思。

1947年,我到南京去见他,他留我在他家里吃饭。记得他还提到他的两个孩子,支唐和支汉①求学兴趣的不同。1948年,我离开之江大学到上海中国航空公司去工作。不久,萨师由夫人陪同,从南京经过上海去美国求医。我去拜谒时,他已是病体难支,自知即将不起了。辞别时,他还特别嘱咐,不要对萨师母提起医疗无望的话。我只能强忍眼泪,默默点头。这是我最后见到他的一面。1949年初,萨师便在旧金山,以不足四十七岁的英年仙逝了。

1949年,先父病逝,我回福建奔丧。上海中国航空公司不久调派我到台湾服务,我乃与内人陈寅侍奉先母,并携幼妹于四、五月间抵台。我在台湾工作七年后,1956年,又重贾余勇,到美国萨师的母校斯坦福大学继续学业。我到斯坦福,还是受到萨师身后的余荫。萨师生前在美国出版的《交流电机》一书,其中文译本分别由厦大陈德昭师和我担任翻译和校对。萨师在中文版序言中提到此事,我乃将这篇序文译成英文,附在向斯大申请入学的文件中。不久,获得斯大回信,给了我一个不需要工作的奖学金。1956年抵校后,学校又给了我一个助教奖学金。二者合计,除了一切费用,每月还可以汇回台湾80美元养家,比之当时台湾公教人员待遇约仅月薪20美金高出许多。台湾到斯大求学的学生,由此双重奖学金的,少之又少。这是我再次受到的

---

① 萨本栋的两个孩子:萨支唐、萨支汉。

萨师的恩泽。

萨师在斯大求学时的前后期同学,托曼博士、史基林博士,当时分别担任史大工学院长和电机系主任,他们和萨师都有很好的交情。我在担任史基林教授无线电工程课的助教时,用的是托曼博士的书。我说我们读大学时,这本书是第二版,现在是第四版,材料增加了一倍有余,恐怕会有困难。他说你是萨博士训练出来的,我相信你一定可以胜任。史博士的话,给了我信心,我也就尽力地承担下这项工作来。

至于托曼博士,更是闻名世界的"硅谷之父"。由于斯坦福大学和硅谷高科技企业之间的相辅相成,密切合作,使得硅谷地区成为世界高科技产业的鳌头重镇。而斯坦福大学的学术地位,也就不断提升。加州前任州长威尔逊曾说过,如果加州是一个国家的话,加州的GDP可以排全世界第六、第七。美国 US News 杂志,用广泛的调查、咨询、统计办法,每年一次评比美国各大学工、商、法律、教育、医五研究院的成绩。2002年的结果,斯坦福以两个第一、两个第二而荣居榜首,总成绩在哈佛、耶鲁等校之上。我不厌其详地提出这些细节,是因为他们的辉煌成就,十分值得厦大和厦门经济特区取法、仿效的。

在斯坦福,支唐兄先我而至。我1956年抵校时,他已完成他的博士论文。而我的博士学位,则迟至1961年春天方才完成。这期间,支唐兄在学业上给了我许多帮助,真是感激不尽。我的大孩子何邦仪,在伊利诺大学读博士,又是支唐兄指导完成的。支唐兄是半导体研究方面的权威。他们父子都是中央研究院院士,我们父子两代受教于萨师父子两代,可谓是学术界的佳话。

(作者系台湾新竹科技园区创始人)

大 学 生 涯

1941级教育系　潘懋元

教育学学士学位照(1945年)

回忆是甜蜜的,希望是绚丽的。回忆之所以是甜蜜的,多半是时间的距离,冲淡了悲苦的情感,留下了青春年华金色的图画;希望之所以是绚丽的,就因为有理想,有未来。回忆我的大学生涯是甜蜜的,描述我的大学生涯是绚丽的。长汀四年,书生意气,每一个日日夜夜,都叫人难以忘怀。

先简单介绍一下长汀。厦门大学的长汀校址位于长汀西北角卧龙山,也称北山脚下。长汀是座有着一千多年历史的古城,历史上是汀州州府所在地,是福建西部政治、经济、文化的中心,也是客家文化的一个重要中心。汀州府所辖县基本上是客家群落,当地居民也基本上是客家人,他们有着独特的客家文化,并体现在语言、建筑和饮食等方面,穿城而过的汀江被称为"天下客家第一江"。长汀城北部一山蜿蜒,山形如巨龙盘曲而卧,故称为卧龙山,又因它在城的北部,又称北山。山上树木葱翠,白云缥渺,山顶有著名的寺庙金沙寺,寺内有建于宋代的北极阁。卧龙山西麓有罗汉寺,东麓有斗姆阁。当年我们在长汀时,那里还有不少文物古迹,如古城楼、古城墙、古城门、汀州府文庙、汀州试院、汀州天后宫、唐宋古井双阴塔、南山古庙、救驾坪、娘娘墓,以及成片保留下来的唐宋以来形成的传统古街区和民居。这些地方都留下了我们的足迹。据说有个外国人曾与长汀结下不解之缘,他说过这样一句话:"中国有两个最美的小城,第一是湖南凤凰,第二是福建长汀。"(可惜现在的长汀在走向现代化的过程中没有保持它固有的特色,这是一大遗憾)在那动荡的年月,这座美丽而有生活气息的小城为我的求学生涯提供了相对安静的学习环境。

我大学念的是教育学系。当年教育学系设在文学院里面,同在文学院里面的还有中国文学系、历史文学系和外国语文系。当时文学院院长是著名语言学家周辨明,他在厦门大学的时间很长,从1921年厦大创校时就来校任教,并曾担任教务长,但在我入学时他出国去了,由闽西专员刘天予继任,1943年他又回任。系主任中,中文系主任是余謇、李笠,历史系主任是吴士栋,外国语文系主任是李庆云,教育系主任是李培囿。

从永安师资养成所转到长汀厦门大学来的,除了我是来上学的之外,还有三位教师。一位是国文组组长施蛰存,一位是中文讲师管雄,一位是数学讲师方德植。由于一起从永安过来的缘故,这三位老师都对我很亲切,特别是管雄对我最好。管雄应聘到厦门大学中文系当讲师,他比较年轻,跟我也比较谈得来,还送了我一本《白香山词谱》,教我学填词。可惜我没有学会照谱填词,辜负了管师的好意。施蛰存在厦门大学给我们开设大一国文和文选课,因为以前就是师生的缘故,第一学期院里安排我给他当助手,帮助做些抄抄写写的工作。在四年的大学生活中，虽然不同系，后来也没再修他的课，但我同一帮爱好文学的青年一样，经常向他请教。直到上世纪80年代，我还同施蛰存师保持师生联系，到上海时多次登门拜访。

大学一年级，主要是念基础课，基础课大多是面向全校的，如英文、国文、体育、三民主义等。上面说到，当时学校非常强调语言文字能力，包括国文和英文。学生入学就必须修这两门课，不及格者重修，重修不及格者退学。国文我是不怕的，我最怕的是英文。当时全校大多数学生最怕的也是英文。入学不久，学校进行了全校英文统一考试，并按考试成绩分为六个组，我分在倒数第二组。刚开始听课都很吃力，偏偏有些英文教师不会讲中国话，如系主任李庆云就是个"不会讲中国话的中国人"，上课全部用英语。语法用的也是全英文课本，好在精读课可以用中文解释，能够听得懂。

第一年，我花了很多时间在英文上面，几乎是全力以赴。每天天一亮就起床，在山坡上读大约半个小时英文才去吃早饭，学习方法就是死记硬背。第一个学期期末，考完英文等待考试结果期间，心里一直七上八下，非常紧张，担心考试不及格。放榜那天，当看到自己英文考试得了六十分而及格时，比其他科目考九十分还高兴。很多同学也和我一样，及格的高高兴兴，不及格的垂头丧气。据说本来有很多同学不及格，老师大概觉得考试题目出得太难了，就给不及格的同学每个人加了五分，这样就让较多同学及格了。

第二个学期，压力最大的还是英文，期末考试仍是六十分，算是及格了。这次是不是有照顾，我就不知道了。但是学习的压力还没有到此为止，根据学校当时的规定，后面还有一次综合考试。综合考试主要是语文特殊考试，包括国文和英文两科，每个学生都要通过语文特殊考试，在规定的期间，自由参加，不及格下次再考，再考后仍不及格就不能毕业。这是自1939年以来就施行的《语文特殊试验办法》规定的，已经施行了好几年。好在等我念到三年级的时候，学校宣布取消综合考试，我们也就幸免了。

第二年开始进入专业学习，主要学习了一些教育学和心理学方面的课程，从知识体系来看是比较完备的。我们教育系的专业课程主要有五大部分：一是教育学，包括教育哲学、教育视导、教育统计、比较教育、职业教育、教育社会学等课程；二是心理学，包括普通心理学、教育心理学、学科心理学、现代心理学派别等课程；三是教学法，包括普通教学法、测验概要、课程编制、教学实习等课程；四是教育管理，包括教育行政、学校行政、中等教育、社会教育、中学教务、中学训导等课程；五是教育史，包括中国教育史和西洋教育史。

教育系教师不多，但大多都很敬业，每位教师要开好几门课，有几位教授我印象比较深：第一位就是系主任李培囿教授。李培囿是从美国哥伦比亚大学留学回来的教育学博士，杜威的学生，他当时翻译和介绍了不少杜威的著作，给我们上课，主要是讲杜威的理论。第二位是陈景磐教授。他当时很年轻，刚从加拿大留学回来，是多伦多大学的博士，他为我们开设教育行政、教育视导等课程。新中国成立后，陈景磐在北京师范大学当教授，是著名的中国教育史专家。因为他是我大学期间的导师，所以他全家我都很熟悉，并且经常来往，如今师母潘欢怀尚健在，是北京师范大学外文系的退休教授，还保持联系。还有一位是阮康成教授。阮康成也是从美国哥伦比亚大学留学回来的教育学博士。阮康成后来离开厦门大学到广东当教育局局长，新中国成立后去了美国。2003年，他女儿女婿回到厦门大学时还来找过我。我当时不巧在外出差，他们就给我留了一封信。之后，我就同阮康成取得了通信联系。2004年，阮康成去世前给我写了最后一封信，也是他一生中的最后一封信，这封信后来由他的女儿女婿转寄给我。他的女儿还说，他有一点遗产，想送给厦大设立阮康成教育奖学金。我把这封信交给了学校，经过多方联络，现在终于在我们教育研究院设立了"阮康成教育奖学金"。

从专业来讲，我们所学的教育理论知识还是比较系统的，虽然主要是一些美国的东西，但为我打下了比较扎实的理论基础。同时我也更清楚地认识到，这些理论与中国的教育实际没有很好地结合。所以在写毕业论文时，我就结合中国实际，写了《中国的劳工教育》。之所以选择这个题目，一方面与我的出身有关，我对劳工比较有感情；另一方面也与我在文学上一向关注大众化的问题有关。我觉得要实行大众化，就必须让劳动者受教育。

除了主修教育系之外，我还修了一个副系——经济系。当时教育系学生在主修系之外还必须修副系。按规定：教育系最低学分总数为134个学分，其中副系最低32个学分。我们教育系同学选的副系各不相同，有的以中文作副系，有的以历史作副系，有的以数、理、化作副系。我因为过去念过一些马克思主义政治经济学，就选经济系作副系，希望进一步探讨中国的社会经济问题。但是当时在大学课堂上占居主导地位的是古典经济学，使我大失所望。考试倒很容易。例如，开设经济思想史的黄开禄教授，很想了解中国古代经济思想，考试是让每个同学写一篇文章，介绍一位古人的经济思想，我就七拼八凑地写了一篇文章：张居正的经济思想，当成考试作业交上去，居然得到高分。

经济学课程里面最有心得的，是毕业前一年听了王亚南教授的课。王亚南开的是高级经济学，他主要是讲中国的官僚主义、中国经济的特殊问题。这门课才是与我过去的东西衔接起来了，我觉得很有收获，也因此认识了王亚南教授。很多同学都觉得王亚南的课讲得很好。大家都知道王亚南是与郭大力一起翻译《资本论》的进步经济学家，当时全校有文、法、商、理、工五个学院，学生还不到千人，全校每个院都有学生选他的课，差不多有四分之一的学生选修或旁听这门课。他上课的教室比较大，可以容纳百人左右，但教室几乎总是满的，有时窗子外面也有人搬着椅子来听，一些助教也来听课。听王亚南的课，最大的收获是方法论上的。王亚南要求我们用研究的态度来学习，他喜欢引用物理学家海森堡的名言："提出正确的问题，往往等于解决了问题的一半。"期末考试是开卷考试，有一道题是请学生们对他所讲的内容提问，然后又上最后一堂课，回答大家所提出的问题。

除了主修和副系之外，我还选修了一些其他科系的课程。当时学校要求学生所修课程要超越专业，同时为了丰富学生的知识结构，推行文理渗透,引文入理,引理入文。我当时念了些社会科学和自然科学的课程,也接触了不少名师。如选修了著名哲学家、诗人和书法家虞愚教授开的因明学课程,也就是逻辑学的课程。由于我中学念几何时就对逻辑感兴趣,所以就选修了虞愚教授开设的因明学,也因此跟虞师认识了,不过当时听得似懂非懂的,但无形之中对逻辑思维训练有好处。20世纪50年代初、70年代末80年代初,我也给学生开设过逻辑学课。此外,还修了叶国庆教授开的中国史、吴士栋教授开的西洋史、邹文海教授开的政治学等。

按规定,文科学生至少还要修一门自然科学方面的课程。我选修了顾瑞岩教授开的生物学,还做生物实验,如解剖青蛙、观察草履虫等,要写实验报告(我现在还保留有生物学课程的笔记)。顾瑞岩教授是位有名的生物学家,他严谨的治学、风趣的讲课,给我留下了深刻的印象。除了一些大牌的文科教授外,我还认识了一些理工科方面的教授,如做过教务长和理工学院院长的谢玉铭教授。谢玉铭教授是留学美国的物理学博士,他的女儿谢希德后来成为著名物理学家和复旦大学校长,谢希德当时念的是物理系,但到教育系来和我们一起修心理学课程。

最令人怀念的,是当时良好的学风。学校山坡上、树林间到处都是用功读书的学生。教室是简易的木板房,教室里似乎总有学生在学习,学生们夹着笔记本匆匆进出。夜晚,图书馆有电灯照明,一直开到晚上十点钟。吃完晚饭以后,我们就三三两两,先沿着树林在山麓散一会儿步,然后去图书馆看书,直到图书馆关门为止。由于图书馆资料不是很充裕,所以有个特殊的借书制度:一本书只能借一个小时,如果没有人来借,可以续借;晚上十点钟图书馆闭馆,如果所借的书没有看完,可以将书借回宿舍继续看,但必须在第二天早晨开馆后一个小时之内奉还,否则取消借书资格。我在辅修经济学时,会计系、经济系的人很多,书老是不够,经常在闭馆之后将书借出来,晚上回到宿舍在豆油灯下接着看,第二天早上开馆后将书迅速送还。

住宿方面,刚进大学的一年级新生住二十多人的大间宿舍,到二年级以上是四至六人一间,由学生自行组合。刚开始时,宿舍没有电,用的是豆油灯,灯光昏暗。晚上,大家经常先去有电的教室或图书馆自修,回宿舍以后,继续看一阵子书。睡觉之前,还有一阵子海阔天空的聊天。

当时整个校风勤奋而朴实,我老老实实连续念了四年书,而不再像以前时断时续。此外,我还参加了不少课外活动和社会活动,锻炼了多方面的工作能力,积累了宝贵的人生经验。

大学生活给人的影响,不仅在专业教育和课堂学习上,而且在课堂之外。有形的教育和无形的影响相结合,更能全面地锻炼人、造就人。虽然在艰苦的年代、相对安静的小城,我的大学生活也是丰富多彩的,多方面的实践,给了我充分锻炼的机会。这里面既有主动选择,也有因为生计所迫,但都是一笔无形的财富,使我终身受益。

大学期间我首先要解决的仍是生计问题。这期间我没有向家里要过钱,主要是靠课外做工和兼课。当时上大学,住宿不用花钱,看病不用花钱,战区来的学生还有膳食贷金。所谓膳食贷金,就是每月盖个印、记笔账,就可以吃饭,说是等毕业后再还贷(后来因通货膨胀,按币面还贷已无意义,因此上面通知说,贷金不用还了),所以基本生活不成问题。从伙食来说,厦门大学比师资养成所好得多,白米饭和水煮青菜任由吃饱,早餐经常有煮熟的黄豆,一人一勺,学校还经常制作豆腐改善伙食。来自战区的学生还可以申请闽西救济金,作为补贴购买衣服和文具的零用钱,但要承担一定的课外服务工作。

第一学期,安排我在施蛰存教授名下做些抄写工作。第二学期,捐助救济金的教会所办的乐育小学要补充师资,知道我曾当过小学教师,就安排我到乐育小学教书。当时厦门大学许多教师的孩子都在乐育小学念书,包括校长萨本栋的两位公子。我一般一个星期去两三次,当兼职教师。

第二年,也就是大学二年级,我就到长汀中山小学兼课教书。一个月的工资大约是一担米的标准,可以维持基本的生活,所以从大学二年级起,我就不再领取贷金救济,将救济金让给了别人。大学三年级时，我就到县立初级中学去当教师。中学的教师待遇好一些，日子就更好过一些。校长是历史系的学长陈诗启，他后来做了厦门大学历史系教授，在海关史研究上很有成就，现在已经九十多岁了。在中学，我算半个教师，主要是教一个班的语文和两个班的公民课，每周十个小时。大学四年级时，就在县立中学当教务主任，还兼两个班的动物学，是全职的中学教师了。教务主任是要坐班的，我待在中学的时间就更多一些。另一名训育主任也是厦门大学学生，叫吴厚沂，1946级的，但年龄比我大一些，他现在美国，也已经九十多岁了。当时县立中学的教师差不多都是厦门大学的学生，学校也办得比较有生气。

大学期间，我还做了一些社会工作。当时学生的组织，以年级为单位，设有级会，相当于现在的学生会。级会不是以院系为单位，而是以年级为单位，全校各个院系打通，组成级会，级会设有一个由九人组成的级会理事会。二年级时我以最高的票数被推选为级会理事，自然也就被推选为二年级（1945级）的级会主席。为什么会选择我呢？不是我有什么能力或背景，而是当时学生中福建的居多，福州籍和闽南籍的学生之间互相不买账，历届主席往往就出自非福建籍的广东、江西、浙江籍的学生中。也就因为这一点，萨本栋校长特别反对搞同乡会和搞小集团。级会主席并不好当，经常要协调各方面的关系，碰到学潮的时候，还得处理一些棘手的问题。

当时每个系的学生还组织有学会，如教育学会、历史学会、数理学会、土木学会等，学会主要是组织全系学生的课外学习和社会活动。大学二年级时，我担任教育学会的干事，从大三起，我就当选教育学会的会长，我们教育学会分为四个小组：仲尼组（孔子；字仲尼），行知组，杜威组，卢梭组。小组不分年级混合编在一起，即小组里面有各个年级的学生，大家经常一起讨论教育问题，交流学习心得。我分在卢梭组，级长是比我高一年级的沈瑶珍，她后来被评为福建省的模范语文教师。我们这一组在沈瑶珍的领导下，特别活跃，活动最多，经常组织阅读和讨论卢梭的《爱弥儿》以及卢梭的一些自然主义教育主张，人家就开玩笑，叫我们组为"啰唆组"。这个"啰唆组"和卢梭的自然主义教育主张对我影响比较大，以后的教学生涯中我始终相信，要尊重学生的个性和学生的主动发展。在研究教学理论时，关于教学原则体系我提出了十条原则，其中一条就是"在教师主导下发挥学生自觉性、创造性与独立性原则"。

大三开始，我担任大学对外开放的社会教育服务处的主任。当时服务处归教育系管理，活动不多，主要是暑期组织平民学校，还办了一个阅报室，对民众开放。我的工作就是订几份报纸和刊物，组织几名低年级学生轮流管理。白天开放，晚上就成为我们自学的小天地（因为有电灯）。

大学期间我还同一帮爱好文学的青年一起搞文学活动。我们这帮文学青年差不多隔两三个星期就聚在一起，将各人近期所写的诗歌、小说、散文等拿出来朗诵，分享经验，交流心得。活动中我也经常出头露面，朗诵自己的"杰作"。记得有一年端午节，我们搞了一个诗人节，大家将自己写好的诗拿出来朗诵。我是主持人，我们还把虞愚教授请来了。虞愚当时也才三十来岁，当年虽不像后来那样著名，但在国内尤其是福建一带已很有影响。他除了在佛学和因明学上造诣很深外，诗词和书法更是声名远扬，还在学校办了书法展。据说他十三岁就在关帝庙口卖春联，十七岁就为一些大商店写巨幅招牌。长汀北极楼藏经阁的横额就是他写的。那次诗人节，虞愚用条幅写了一首《汀江吊屈原》的诗，在会上引吭朗诵：

　　生死荣枯际，昂藏磊落身。
　　谗宵伤日月，气已慑齐秦。
　　授楚天难问，招魂迹未陈。
　　一榑汀柳外，肠断白苹生。

诗人节朗诵会后，虞师把这副字送给了我。后来他又重新写了一副，写上我的名字送给我。我觉得他的字怎么看都是好的，而且原来的条幅更有意义，就都裱起来，珍藏着。

虞愚师的书法后来日益精进，自成一"虞体"。关于书法，虞愚有一个很形象的比喻，"骏马秋风冀北，杏花春雨江南"，他认为这两者一则以刚健胜,一则以婀娜胜,糅合到书法中,自成一种刚柔相济的风格。现在厦门南普陀寺大门外石柱上刻的就是虞愚书写的对联"喜瞻佛刹连黉舍,饱听天风拍海涛"。虞师最让我佩服的,是他能把逻辑思维的因明学和形象思维的诗词、书法和谐地结合起来,达成一种学问上的和谐圆满。今天,当我们思考科学教育和人文教育时,这一点应该对我们有所启发。

我们这帮文学青年中,有些人后来在文学上很有名气,如姚一苇、朱伯石等。特别是姚一苇,他是我的同级同学,本来是学电机工程,后来又转学银行业,但一直热爱文学和戏剧,上大学时还写了不少小说和剧本。他人长得瘦瘦的,可以说是其貌不扬,但他的女朋友范筱兰却是有名的"校花",不仅人长得漂亮,而且在戏剧表演上很活跃,是舞台上的红人。当时很多人追求范筱兰,但范筱兰却选择了姚一苇,大概是喜欢姚一苇的才气,他们后来结为夫妻一起去了台湾,这也是一段风流佳话。姚一苇是1946年毕业的,一毕业就去了台湾,在台湾银行界任职达三十多年,但一直在大学讲授戏剧和艺术评论,后来还创办了台湾国立艺术学院戏剧系,目前活跃于台湾戏剧界的编导人员,许多人是他的门生。1945年我大学毕业离开长汀赴江西时,姚一苇赠了我一首诗:

　　明朝有客去,惜别正依依。
　　莫怨江湖阔,宁伤道路违。
　　时艰知己少,秋老故人稀。
　　一笛铃霖雨,惊乌故故飞。

这首诗我现在还保留着。十几年前,我去台湾访问时,姚一苇还赶来参加厦门大学台湾校友会的欢迎宴会。

大学期间我还谈了恋爱,对象是同班同学龚延娇。当时我们这一级教育系七八个人,到最后毕业的时候也就四个人。龚延娇是江西南昌人,性格温和。我们真正开始谈恋爱是从大学二年级开始的,刚开始并没有刻意地要谈恋爱,后来就很自然地在一起。上课时我们基本上坐在一起,是"同桌的你"。自修的时候,图书馆人多,我们就经常互相帮着占位子,谁先去了,就给对方占一个位子。下自习后,我经常护送她回到宿舍门口(当时规定,女生宿舍只有三八妇女节那天对男生开放)。周末,我们有时一起到野外郊游。回想起来,那段日子很美好。青春岁月,同志爱人,苦读中的相伴,贫困中的支撑,忙碌中的偷闲,平淡中的浪漫,恋爱中的甜蜜,我们都是享受过的。

　　总体来说,这四年的大学生活忙碌而充实。这四年,既读书,又教书——先是到小学兼课,后来到中学兼课,后来还做了中学的教务主任;社会活动也参加了不少——当过级会主席,教育学会主席,学生服务处主任等。所以我的大学生活一直都有机会将所学知识联系实际,培养了自己多方面的能力,更重要的是,学会了"多面作战"的工作方法,我把它叫做"弹钢琴"的工作方法。因为"弹钢琴",讲究的是和谐,"弹钢琴"的工作方法,讲求合理安排时间,和谐处理各种事务。例如,大学四年级,白天,我除了到大学上课之外,就在中学里办公、开会、教书、备课,不误中学的事;从中学放学回来,到服务处转一下,处理当天事务;晚上,到图书馆或服务处自习和写毕业论文。更重要的是,控制住自己的脑袋——读书时不想办公的事,办公时不想功课内容;自学时不想着备课,复习这门功课不想着那门功课。实行起来,我的办法很简单:用一张小纸片,把该处理而未处理的事件一件一件记下来,到时间再处理。虽是麻烦了笔头和纸片,但解放了脑袋。这样,基本上做到统筹兼顾,适当安排,有条不紊。这个习惯养成之后,我终身受益,后来在工作中,教学、科研、行政、社会活动中,我多面作战,靠的就是这种"弹钢琴"的方法。

　　总的来说,我的大学四年是在一个动乱的年代,但又是在一个偏僻安静的小城度过的,消息也不是很灵通,大家都在认真地读书。课业虽然十分紧张,生活却简朴而安宁。在那个特殊年代,在那种朴素向上的校风中,我们能平静地读书,真是很幸运、幸福。当然这期间也有紧张的时候。有一阵子,日本鬼子大规模往中部进军,先是打到长沙,后又打到赣州,长汀也常有敌机来轰炸。那阵子,我们上课时经常拉警报,教室设在山边,旁边就是防空洞,警报一来,师生们就赶紧往防空洞里跑。但也只有那么一阵子,总体来说,这里不是前线或敌占区,还是比较平静的。

1945年暑期,我们大学毕业了,也正是日本帝国主义投降的日子。消息传来,整个山城都沸腾了。我们拼命地放鞭炮,一直到晚上,我们还是不停地唱啊,跳啊,哭啊,笑啊,闹腾了整整一夜。第二天照样如此。想想看,整整八年啊,山崩海啸,喷涌而出。那种欢欣鼓舞,那种喜极而狂,真是难以言表,"初闻涕泣满襟裳"(注:此句应为"初闻涕泪满衣裳"),"漫卷诗书喜欲狂"!长汀还只是一个山城,是那么一个小地方,当时全国人民的欢欣鼓舞、扬眉吐气,更是可想而知!

抗战胜利后,厦门大学也准备迁回厦门了。大家纷纷往外面跑,不再安于这个小小的山城,我的生活也面临着新选择。这时我本来已在长汀县立中学教书,但心里很不安分,想着迟早要走。我的女朋友龚延娇已经确定了毕业后的去向,她要回到她的江西母校教书。不久,我就同我的女朋友龚延娇前后离开了长汀,到了她的家乡江西。

从此,开始了大学毕业后的教师生涯。

(作者系中国高等教育学科创始人、厦门大学教育研究院名誉院长)

抗战时期厦大的"笔会"和"诗与木刻社"

1941级政治系 郑道传

郑道传从长沙一中考入厦门大学(1940年)

40年代抗日战争时期,内迁长汀的厦门大学学生的学习条件和生活环境虽较艰苦,但学生仍勤奋学习,课余文化生活丰富多彩,出现许多由学生组织的文艺团体,"笔会"和"诗与木刻社"就是其中颇具影响者。

1941年,由潘懋元、勒公贞和郑传道等同学发起组织"笔会",同学中各个文艺领域的爱好者纷纷参加。这是一个没有组织章程、也没有组织形式的组织,提倡以文会友,自由结合,自由创作,互相帮助,定期学习、交流,以达到共同提高的目的。"笔会"不设顾问,但进行活动时,有时邀请中文系王梦鸥、施蛰存、林庚和虞愚等老师出席指导。

经常参加"笔会"活动的同学,有潘茂元(即潘懋元,教育系学生,爱好小说及诗歌朗诵。现为厦门大学教育研究所教授)、勒公贞(即公丁,银行系学生,爱好诗歌,现为江西吉安地区作协成员)、郑传道(即稻泉,经济系学生,爱好诗歌及文艺理论。现为厦门大学哲学系教授)、姚公伟(即一苇,银行系学生,爱好小说及戏剧。现为台湾艺术学院教授。名作《红鼻子》曾在北京等地上演过)、朱一雄(中文系学生,爱好木刻和绘画。现为美国华李大学美术教授、维吉尼亚州"艺苑"创办者)、邵循道(教育系学生,爱好散文。现为西安医学院科技英语系教授)、王茂育(即谬雨,爱好小说。现为人民日报记者)、朱遵柱(即朱伯石,中文系学生,爱好小说及翻译。现为华中师大中文系教授)、薛蕃康(银行系学生,爱好散文。现为上海外国语学院教授)、陈兆璋(即晶莹,历史系学生,爱好散文。现为厦大历史系教授)、张万弓(经济系学生,爱好散文及戏剧。现为台湾金融界著名人士)、金纪贤(即金莱,会计系学生,爱好杂文。现为青岛某中学教师)、欧阳述周(经济系学生,爱好小说。现为湖南津市商业学校教师)、陈启典(教育系学生,爱好谱曲。现为上饶某中学教师)、俞锦中(会计系学生,爱好散文。现况未详)、范筱兰(即小岚,中文系学生,爱好散文,现已逝世,生前为台湾某中学教师)及徐元渠(即枫野,政治系学生,爱好木刻、绘画及旧体诗。现已逝世,生前为福建教育学院教师)等人。

短期参加活动的有罗季荣(经济系学生,爱好散文和书法。现为厦大经济学院教授)、郑寿岩(经济系学生、兼长汀《先锋报》主编,爱好散文及文艺理论。现为福建文史馆馆员)、林尚安(化学系学生,爱好漫画。现为中山大学化学系教授)、邹树民(政治系学生,爱好文艺理论。现已逝世,生前为《学习》杂志主编)、姚慈心(中文系学生,爱好诗歌。现为厦大函授学院副教授)、朱鸣冈(长汀侨师青年美术教师,爱好木刻及绘画。现为沈阳鲁迅艺术学院版画系教授)、王菊芳(会计系学生,爱好戏剧。现为苏州某中学教师)、陈凤翔(政治系学生,爱好散文。现况未详)及吴忠翰(政治系学生,爱好木刻。现已逝世,生前为福建师大艺术系副教授)等人。

在"笔会"的许多活动中,学习与练笔是比较重要的项目。大家共同学习文艺理论和文艺作品,如曾对艾青的《诗论》和王西彦的《古屋》等名作进行认真学习,并展开讨论。讨论时大家议论风生,轻松活泼,有时也能争论激烈。大家还在课余练习创作，互相切磋琢磨。这些创作包括小说、散文、诗歌，等等。有的在校内用壁报贴出；有的向重庆、桂林、赣州、永安等地报刊投稿。谁的文章发表了，拿到稿费，谁就请客，佳肴就是长汀花生，美酒就是长汀米酒，边吃边讨论，谈锋更健了。大家还踊跃参加校内外征文比赛，如朱伯石小说《恶性疟疾》参加重庆《文艺先锋》征文、缪雨的小说《夜游魂》参加永安《现代文艺》征文、陈兆璋的散文《我的厦大生活》参加厦大廿五周年校庆征文、谢慎初与郑传道的论文《中西文化比较研究》参加福建教育厅征文等，均获奖。

"笔会"于每年端午节（当时的诗人节）在校内外举办诗歌朗诵会，内容多样化，有国内名家诗歌朗诵、英诗朗诵，也有朗诵自己的诗作等，吸引不少听众。

"笔会"还举办一些有意义的活动，如1943年曾响应赣州文艺界发起的对肺病无钱就医的著名童话作家张天翼的救助运动，在校内发起募捐，所得款项全部捐赠张天翼。又如1944年萨本栋校长调离厦大时，学校举办欢送萨校长展览会，"笔会"主体成员就厦大学生生活各写散文一篇，编成巨型壁报，参加展览。又如1943年曾在校大礼堂举办画展，展出朱一雄、徐元渠、朱鸣冈及吴忠翰等人的作品，等等。

值得一提的是，"笔会"还与校内其他学生文艺团体携手合作。当时，"厦大剧社"是校内著名文艺团体之一，曾演出《北京人》《原野》《蜕变》《家》及《燕市风沙录》等大型话剧，其演出的宣传工作就全部由"笔会"承担。张万弓、朱一雄及范筱兰等人还参加演出。

1945年抗日战争结束，1946年上半年厦大从长汀迁返厦门。这时"笔会"的绝大多数同学都已毕业离校，"笔会"的活动也就停止了。

"诗与木刻社"是"笔会"中爱好诗与木刻的同学另行组织的，不定期出版小型、精致的墙报，定名《诗与木刻》，刊出朱一雄、枫野、吴忠翰及朱鸣冈等人的木刻作品，并由勒公贞及郑传道等人配诗（枫野喜爱自刻自诗）。"笔会"中还有些同学还在长汀中学兼任教师，在他们推动下，汀中爱好诗与木刻的学生，也组织汀中"诗与木刻社"，在汀中校内出版《诗与木刻》墙报。张笔仁、曾士凯、罗道证和廖家桢等人，都是当年汀中"诗与木刻社"的积极分子。厦大"诗与木刻社"的同学们,曾将厦大与汀中"诗与木刻社"的部分作品,送交江西泰和鲁阳主编的《诗与木刻》及永安《中央日报》郑楚材主编的星期版发表。

当"笔会"的活动接近尾声时,"诗与木刻社"的活动也随之结束了。

(作者系全国自强模范、厦门大学教授)

参 考 文 献

一、档案与档案汇编

[1]国立厦门大学档案全宗(1937—1949),重要案卷目录号:002—1至002—14;003—1至003—12;004—1至004—26;007—1至007—26;008—1至008—27;009—1至009—25;010—1至010—9;011—1至011—14;012—1至012—15;013—1至013—17;015—11至015—17;016—1至016—82;017—1至017—58;018—1至018—6;019—1至019—15;020—1至020—11;021—1至021—15;022—1至022—16;023—1至023—11;024—1至024—22;025—1至025—23;026—1至026—21;027—1至027—40;028—1至028—14;029—1至029—12;030—1至030—9;031—1至031—11;032—1至032—26;033—1至033—80;034—1至034—58;035—1至035—46;036—1至036—13;037—1至037—22;038—1至038—18;039—1至039—25;040—1至040—93;041—1至041—28;042—1至042—19;043—1至043—47;044—1至044—17;045—1至045—56;046—1至046—42;047—1至047—57;048—1至048—12;049—1至049—79;050—1至050—21;051—1至051—22;052—1至052—24;053—1至053—71;054—1至054—17;055—1至055—29;056—1至056—6;060至065;以及国立厦门大学学生档案

[2]旅汀厦大毕业同学会.厦大通讯(第一卷第一至十二期).长汀:长汀县城区印刷工业合作社,1939

[3]旅汀厦大毕业同学会.厦大通讯(第二卷第一至十二期).长汀:长汀县城区印刷工业合作社,1940

[4]旅汀厦大毕业同学会.厦大通讯(第三卷第一至四期).长汀:长汀县城区印刷工业合作社,1941

[5]厦门大学校友会总会出版部.厦大通讯(第三卷第一至十二期).长汀:长汀县城区印刷工业合作社,1941

[6]厦门大学校友会总会出版部.厦大通讯(第四卷第一至十二期).长汀:长汀县城区印刷工业合作社,1942

[7]厦门大学校友会总会出版部.厦大通讯(第五卷第六至十期).长汀:长汀县城区印刷工业合作社,1943

[8]厦门大学校友会总会出版部.厦大通讯(第六卷第一至五期).长汀:长汀县城区印刷工业合作社,1944

[9]厦门大学校友会总会出版部.厦大通讯(第七卷第一至四期).长汀:长汀县城区印刷工业合作社,1945;1946;1947

[10]厦门大学校友会总会出版部.厦大通讯(第八卷第一至六期).长汀:长汀县城区印刷工业合作社,1948

[11]厦门大学校友会总会出版部.厦大通讯(第九卷第一至四期).长汀:厦门风行印刷社,1949

[12]厦门大学校友总会编印.厦大通讯专刊:母校廿六周年校庆纪念特刊.艺华印刷公司承印,1947

[13]旅汀厦门大学毕业同学会.厦大同学录,1939.4

[14]厦大通讯专刊:一九四三级毕业纪念特刊,1943

[15]陈立夫题.专科以上学校教员名册,1941—1942

[16]台北市国立厦门大学校友会编.母校创立五十周年厦门大学校友会纪念专辑,1971.4.6

[17]国立厦门大学台湾校友会.国立厦门大学六十周年纪念,1981.4.6

[18]厦门大学校史编委会.厦大校史资料第一至八辑.厦门:厦门大学出版社,1987

[19]洪永宏编著.厦门大学校史(第一卷).厦门:厦门大学出版社,1990

[20]孔熊焰,翁勇青.厦大校史资料(第九辑).厦门:厦门大学出版社,1996

[21]厦门大学档案馆,厦门大学校史研究室.厦门大学校史(第二卷).厦门:厦门大学出版社,2006

[22]校史编写组.校史资料选辑(第一辑),1986

[23]潘懋元,刘海峰.中国近代教育史资料汇编.高等教育.上海:上海教育出版社,1993

[24]福建省长汀县委员会文史资料委员会.长汀文史资料(第19,22,23,26,27,35,36,39辑),1991—2006

[25]长汀县地方志编纂委员会编.长汀县志.北京:生活·读书·新知三联书店,1993

[26]厦门大学校刊,1936年卷

[27]陈烈甫主编.灯塔.第一卷第五期,1947.5

[28]陈烈甫主编.灯塔.第二卷第五期,1947.11

[29]陈烈甫主编.灯塔.第三卷第二期,1948.2

[30][31]福建省政府编印.福建省五年来高等教育,1939

[32]战时全国各大学鸟瞰.汉口:独立出版社,1940

[33]厦大校友总会编.厦大校友通讯(第五集),2001

[34]厦大校友总会编.厦大校友通讯(第六集),2002

[35]王义遒.奇葩是怎样绽放出来的?——读《国立西南联合大学图史》.北京大学校友通讯,2009,(7)

[36]张寄谦.关于北大率先树立西南联大纪念碑的回忆.北京大学校友通讯,2009,(7)

二、口述史、回忆录、口述记录

[1]潘懋元口述,肖海涛、殷小平整理.潘懋元教育口述史[M].北京:北京师范大学出版社,2007

[2]郑启五主编.热血与坚忍:郑道传纪念文集[M].北京:当代中国出版社,2006

[3]何邦立.何宜慈先生纪念集[M].台北:何宜慈科技发展基金会,2004

[4]胡师杜.少甫文集:胡师杜逝世25周年纪念[M].台北:荣昱印制厂股份有限公司,2005

[5]邵建寅.中正五年[M].马尼拉:菲律宾中正学院校友会,1994

[6]黄秩同.草庐散稿[M].北京:中华文化出版社,2006

[7]朱一雄.思乡草——附草叶堂随笔[M].台北:书林出版有限公司,2009

[8]苏林华.苏林华文集[M].曼谷:时代论坛出版社,2000

[9]苏林华.共饮长江水[M].曼谷:留中大学出版社,2006

[10]沈建中.遗留韵事:施蛰存游踪[M].上海:文汇出版社,2007

[11]许乔蓁,林鸿禧.萨本栋文集[M].厦门:厦门大学出版社,1995

[12]陈武元编.萨本栋博士百年诞辰纪念文集[M].厦门:厦门大学出版社,2004

[13]蔡启瑞先生口述记录(1933级化学系).2007年10月16日在厦门大学

[14]陈诗启先生口述记录(1937级秋季本科生).2008年6月24日,2008年6月27日在厦门大学

[15]陈碧玉女士口述记录(1938级理学院).2008年7月12日在厦门鼓浪屿陈碧玉女士家中

[16]何宜慈先生口述记录(1940级机电系).2001年12月11日以电话方式

[17]潘懋元先生口述记录(1941级教育系).2008年8月27日;2010年1月16日在厦门

[18]葛文勋先生口述记录(1942级电机系).2008年4月7日在厦门大学

[19]庄昭顺女士口述记录(1942级法律系).2007年10月15日在武汉

[20]王其灼先生口述记录(1942级文学院).2008年10月20日在厦门大学

[21]陈奕培先生口述记录(1942级数学系).2007年7月12日在龙岩

[22]邵建寅先生口述记录(1943级机电系).2007年10月14日在武汉;2009年4月4日在厦门大学;2010年4月8日在厦门大学;2010年8月16日在厦门大学

[23]朱一雄先生口述记录(1943级文学院).2007年10月15日在武汉

[24]金世添先生口述记录(1943级机电系).2007年10月16日在武汉

[25]庄汉水先生口述记录(1943级法学院).2008年4月5日在厦门大学

[26]洪永宏先生口述记录(1948级商学院).2008年1月4日在厦门洪永宏先生家中

[27]郑启五先生口述记录(1977级外文系).2008年2月13日在厦门大学

[28]萨支唐先生口述记录(萨本栋校长之子).2009年12月2日在厦门大学

三、长汀厦大校友提供的回忆材料

[1]陈共存.1934级历史系.七十年前往事不如烟

[2]陈诗启.1937级历史系.难忘的岁月——长汀点滴

[3]林春生.1938级教育系.怀念萨本栋校长等2篇

[4]曾国熙.1939级土木系.丰功伟绩 饮水思源

[5]郑寿岩.1941年转学生.学习多元,生活多采等4篇

[6]鲍光庆.1941级机电系.山城与围城

[7] 王逵九.1941级机电系.长汀忆旧

[8] 钱学新.1941级机电系.老厦门大学招生的故事

[9] 邓敬存.1942级土木系.长汀学校往事回忆稿

[10] 高学绳.1942级会计系.汀城梦忆

[11] 赖久富.1942级机电系.令人怀念的长汀厦大

[12] 桂迟生.1942级教育系.厦大在长汀时期的片断回忆

[13] 沈根才.1942级机电系.讲长汀精神,应该认真学习

[14] 沈根才.1942级机电系.从成果看效益—感谢母校的教育

[15] 楼庆帆.1942级会计系.重见尘封五十七年前旧帐单的联想

[16] 陈传淡.1942级机电系.油灯,黄豆,笔记,惨胜,破晓

[17] 王其灼.1942级化学系.长汀厦大杂忆

[18] 庄昭顺.1942级法律系.我的大学时代

[19] 高学绳.1942级会计系.怀念李庆云、朱保训老师

[20] 赖延年.1943级机电系.fistens

[21] 乌通元.1943级会计系.回忆长汀校园生活

[22] 刘玉民.1943级银行系.三进母校

[23] 姚史如.1943级机电系.勤俭苦读的四年

[24] 黄典銚.1943级机电系.一只热水瓶

[25] 谭奔涛.1943级土木系.缅怀老厦大汀厦岁月

[26] 罗嘉运.1943级土木系.白头话旧未糊涂——忆王敬立教授

[27] 陈欢熹.1944级生物系.无悔的选择——我的人生故事

[28] 郑克成.1944级会计系.感言

[29] 曾桂生.1944级土木系.一年受业,退老愿酬

[30] 徐其礼.1944级机电系.今非昔比

[31] 陈　华.1944级法律系.忆恩师周楠教授

[32] 蒋同泽.1944级机电系.我在国立厦门大学学习的喜与忧

[33] 蒋同泽.1944级机电系.新鲜人、新鲜事

[34] 黄俊钦.1944级航空系.海峡隔不断 友谊紧相联

[35] 聂能光.1944级航空系."素描"与简历

[36] 何永龄.1944级法律系.庆祝1948级毕业60周年

[37] 何永龄.1944级法律系.厦大校史点滴

[38] 何永龄.1944级法律系.苦中有乐的大学生活

[39] 丘书院.1944级生物系.长汀时期大学生活杂记

[40] 杨位捷.1944级化学系.难忘的小小故事

[41] 林龚亮.1944级航空系.北山楼叙事

[42] 苏林华.1944级机电系.国立厦门大学之四年生涯

[43] 李林仁.1945级法律系.厦大校友在上杭

[44] 龚文京.1945级教育系.母校厦大决定了我的一生

[45] 陶祖行.1945级机电系.老厦大的故事

[46] 刘　浪.1945级土木系.怀念吴瑞玉　回眸人生路

[47] 周纯端.1945级外文系.老厦大的故事

[48] 汪如泽.1945级土木系.忆往昔的峥嵘岁月

[49] 邱澄振.1945级法律系.既勤奋读书而又积极参加爱国运动

[50] 刘惠生.1945级生物系.战争年代名校学子的成长路

[51] 黄宝奎.1945级银行系.难忘四载春风暖

[52] 陶玉灵.1945级化学系.走进厦大

[53] 傅锡寿.1945级航空系.厦大母校培育了我两个专业

[54] 黄榜燔.1945级法律系.厦大师生帮我进厦大

[55] 吕基渊.1945级经济系.缅怀往事　回味无穷

[56] 陈丹心.1945级历史系.傲笑恐怖

[57] 楼乃基.1945级土木系.忆六十年前我的厦大生活

[58] 刘含怀回忆录.1945级经济系."三跨越"中我在厦大的经历

四、专著

[1] 周邦道主编.第一次中国教育年鉴[M].中华民国开明书店,1934

[2] 陈东原主编.第二次中国教育年鉴[M].商务印书馆,1948

[3] 李建勋,许椿生.战时与战后教育[M].陕西城固国立西北师范

学院师范研究所,1942

[4]潘懋元.高等教育学讲座[M].北京:人民教育出版社,1993

[5]潘懋元.多学科观点的高等教育研究[M].上海:上海教育出版社,2001

[6]潘懋元.潘懋元论高等教育[M].福州:福建教育出版社,2006

[7]张元济编.中华民族的人格[M].商务印书馆,1937

[8]生活教育社编.战时教育论集[M].生活书店,1938

[9]蒋中正等执笔.战时教育论[M].汉口:独立出版社,1938

[10]章开沅.离异与回归:传统文化与近代化关系试析[M].长沙:湖南人民出版社,1988

[11]田正平.中国高等教育百年史论:制度变迁、财政运作与教师流动[M].北京:人民教育出版社,2006

[12]刘海峰,庄明水.福建教育史[M].福州:福建教育出版社,1996

[13]刘海峰,史静寰主编.高等教育史[M].北京:高等教育出版社,2010

[14]刘海峰.高等教育历史与理论研究[M].青岛:中国海洋大学出版社,2009

[15]王炳照.中国教育史专题研究[M].北京:北京师范大学出版社,2009

[16]田正平.中国教育史研究(近代分卷)[M].上海:华东师范大学出版社,2001

[17]舒新城.民国十五年中国教育指南[M].南京:商务印书馆,1927

[18]熊月之,周武主编.圣约翰大学史[M].上海:上海人民出版社,2007

[19]魏定熙.北京大学与中国的政治文化(1898-1920)[M].北京:北京大学出版社,1998

[20]黄裳等著.夏日的最后一朵玫瑰——记忆施蛰存[M].上海:

上海书店出版社,2008

[21]李国钧主编.区域教育的历史研究[M].武汉:湖北教育出版社,2003

[22]罗志田.激变时代的文化与政治:从新文化运动到北伐[M].北京:北京大学出版社,2006

[23]罗志田.昨天的与世界的:从文化到人物[M].北京:北京大学出版社,2007

[24]罗志田.乱世潜流:民族主义与民国政治[M].上海:上海古籍出版社,2001

[25]罗志田.近代读书人的思想世界与治学取向[M].北京:北京大学出版社,2009

[26]行龙.走向田野与社会[M].北京:生活·读书·新知三联书店,2007

[27]行龙.山大往事[M].太原:山西人民出版社,2002

[28]钱穆.新亚遗铎[M].北京:生活·读书·新知三联书店,2004

[29]钱穆.中国历史研究法[M].北京:生活·读书·新知三联书店,2007

[30]郑若玲.科举高考与社会之关系研究[M].武汉:华中师范大学出版社,2007

[31]蔡祖卿、廖廷豹主编.鹭岛风云[M].厦门印制,1996

[32](美)丽贝卡·S.洛温.创建冷战大学:斯坦福大学的转型[M].北京:清华大学出版社,2007

[33]王野平.东北沦陷十四年教育史[M].长春:吉林教育出版社,1989

[34]齐红深主编.日本侵华教育史[M].北京:人民出版社,2002

[35]涂文学,邓正兵主编.抗战时期的中国文化[M].北京:人民出版社,2006

[36]施蛰存.北山谈艺录续编[M].北京:文汇出版社,2002

[37]施蛰存.散文丙选[M].哈尔滨:黑龙江人民出版社,1998

[38]施蛰存,马祖熙合编.陈子龙诗集[M].上海:上海古籍出版社,2006

[39]沈建中.遗留韵事:施蛰存游踪[M].上海:文汇出版社,2007

[40](英)彼得·伯克姚明等译.历史学与社会理论[M].上海:上海人民出版社,2000

[41](法)马克·布洛赫.历史学家的技艺[M].上海:上海社会科学出版社,1992

[42](英)O.F.博尔诺夫,李其龙译.教育人类学[M].上海:华东师范大学出版社,1999

[43]刘兆祐.治学方法[M].台北:三民书局,2007

[44]严耕望.怎样学历史——严耕望的治史三书[M].沈阳:辽宁教育出版社,2006

[45](英)阿诺德·汤因比.历史研究[M].上海:上海人民出版社,2000

[46]唐力行主编.国家、地方、民众的互动与社会变迁[M].北京:商务印书馆,2004

[47]J.勒高夫/P.诺拉,R.夏蒂埃/J.勒韦尔主编.新史学[M].上海:上海译文出版社,1989

[48](法)埃马纽埃尔·勒华拉杜里.蒙塔尤——1294-1324年奥克西坦尼的一个山村[M].北京:商务印书馆,1997

[49]郭建荣.国立西南联合大学图史[M].昆明:云南教育出版社,2007

[50]刘云杉.学校生活社会学[M].南京:南京师范大学出版社,2000

[51]E.马克·汉森.教育管理与组织行为[M].上海:上海教育出版社,2005

[52]蓝海.中国抗战文艺史[M].上海:现代出版社,1947

[53]徐天胎.福建民国史稿[M].福州:福建人民出版社,2009

[54] 倪伟. "民族"想象与国家统制——1928－1949年南京政府的文艺政策及文学运动[M]. 上海：上海教育出版社,2003

[55] 陈刚. 西方精神史：时代精神的历史演进及其与社会实践的互动[M]. 南京：江苏人民出版社,2000

[56] 严春宝. 一生真伪有谁知——大学校长林文庆[M]. 福州：福建教育出版社,2010

[57] 林文庆. 孔教大纲[M]. 北京：中华书局,1914

[58] 李元瑾. 林文庆的思想：中西文化的汇流与矛盾[M]. 新加坡：亚洲研究学会丛书,1990

[59] 汤一介编. 北大校长与中国文化[M]. 北京：北京大学出版社,1999

[60] 田玲. 北京大学生存心态及其再生产[M]. 北京：民族出版社,2003

[61] 董云川. 找回大学精神[M]. 昆明：云南大学出版社,2005

[62] 钱理群. 1948：天地玄黄[M]. 济南：山东教育出版社,2002

[63] 金耀基. 大学之理念[M]. 北京：生活·读书·新知三联书店,2008

[64] 许纪霖. 近代中国知识分子的公共交往[M]. 上海：上海人民出版社,2008

[65] 杨东平. 大学精神[M]. 沈阳：辽海出版社,2000

[66] 伍振鷟. 中国大学教育发展史[M]. 台北：三民书局,1992

[67] 金以林. 近代中国大学研究[M]. 北京：中央文献出版社,2000

[68] 谢维和,等. 中国的教育公平与教育发展[M]. 北京：教育科学出版社,2008

[69] 袁振国. 教育政策学[M]. 南京：江苏教育出版社,1996

[70] 王东杰. 国家与学术的地方互动：四川大学国立化进程（1925－1939）[M]. 北京：生活·读书·新知三联书店,2005

[71] 张素玲. 文化、性别与教育——1900－1930年代的中国女大

学生[M].北京:教育科学出版社,2007

[72]林毓生.热烈与冷静[M].上海:上海文艺出版社,1998

[73]王晓华.断裂中的传统:人文视野下的大学理想[M].北京:首都师范大学出版社,2002

[74]哈瑞·刘易斯.失去灵魂的卓越[M].侯定凯译.上海:华东师范大学出版社,2007

[75]宋秋蓉.近代中国私立大学发展史[M].西安:陕西人民教育出版社,2006

[76]岱峻.发现李庄[M].成都:四川文艺出版社,2004

[77]任军锋.地域本位与国族认同[M].天津:天津人民出版社,2004

[78]李桂荣.大学组织变革之经济理性[M].北京:中国社会科学出版社,2007

[79]阎光才.识读大学——组织文化的视角[M].北京:教育科学出版社,2002

[80]王彦斌.管理中的组织认同[M].北京:人民出版社,2004

[81]罗兰·巴尔特著.符号学原理[M].李幼蒸译.北京:生活·读书·新知三联书店,1988

[82]陈向阳.晚清京师同文馆组织研究[M].广州:广东高等教育出版社,2004

[83]邵鹤亭编著.训导原理[M].正中书局印行,1943

[84]西蒙.管理行为[M].北京:北京经济学院出版社,1988

[85]宣勇.大学组织结构研究[M].北京:高等教育出版社,2005

[86]张新平.教育组织范式论[M].南京:江苏教育出版社,2001

[87]洪永宏.陈嘉庚的故事[M].厦门:鹭江出版社,2002

[88]洪永宏.陈嘉庚新传[M].新加坡:陈嘉庚国际学会,2003

[89]周荣德.中国社会的阶层与流动——一个社区中士绅身份的研究[M].上海:学林出版社,2000

[90]浦江清.无涯集[M].天津:百花文艺出版社,2005

[91]斐迪南·滕尼斯.共同体与社会[M].北京:商务印书馆,2002

[92]伯顿·R·克拉克.高等教育系统——学术组织的跨国研究[M].杭州:杭州大学出版社,1994

[93]陈天绶.永恒的怀念——回忆战友叶森毓同志[M].香港:同行出版有限公司,2009

[94]欧素瑛.传承与创新:战后初期台湾大学的再出发(1945—1950)[M].台湾:台湾古籍有限公司,2006

[95]许倬云.中国古代社会史论——春秋战国时期的社会流动[M].桂林:广西师范大学出版社,2006

[96]许倬云.从历史看组织[M].上海:上海人民出版社,2000

[97]余子侠.民族危机下的教育应对[M].武昌:华中师范大学出版社,2001

[98]伯顿·克拉克.大学的持续变革——创业型大学新案例和新概念[M].北京:人民教育出版社,2008

[99]徐辉.高等教育发展的新阶段——论大学与工业的关系[M].杭州:杭州大学出版社,1990

[100]菲利普·库姆斯.世界教育危机[M].北京:人民教育出版社,2001

[101]菲利普·G.阿特巴赫.比较高等教育:知识、大学与发展[M].北京:人民教育出版社,2001

[102]周满生.世界教育发展的基本特点和规律[M].北京:人民教育出版社,2001

[103]陈培甚.同化的同床异梦:日治时期台湾的语言政策、近代化与认同[M].台北:麦田出版,2006

[104]申晓云.动荡转型中的民国教育[M].郑州:河南人民出版社,1994

[105]吴宣德.中国区域教育发展概论[M].武汉:湖北人民出版社,2003

[106]王觉源.战时全国各大学鸟瞰[M].重庆:独立出版社印行,1941

[107]中国人民政治协商会议湄潭县委员会.永远的大学精神——浙大西迁办学纪实[M].贵阳:贵州人民出版社,2006

[108]西南联大北京校友会.国立西南联合大学校史——1937至1946年的北大、清华、南开[M].北京:北京大学出版社,1996

[109]金新政,等.信息方法学概论[M].北京:北京科学出版社,2004

[110]尚智丛.科学社会学:方法与理论基础[M].北京:高等教育出版社,2008

[111]黄澍霖.战争年代的胶东公学[M].济南:山东教育出版社,1993

[112]池田诚.抗日战争与中国民众——中国的民族主义与民主主义[M].北京:求实出版社,1989

[113]R.K.默顿.科学社会学(上、下册)[M].北京:商务印书馆,2003

[114]王明珂.华夏边缘:历史记忆与族群认同[M].台北:允晨文化,1997

[115]温春来.从"异域"到"旧疆":宋至清贵州西北部地区的制度、开发与认同[M].北京:三联书店,2008

[116]丁钢.声音与经验:教育叙事探究[M].北京:教育科学出版社,2008

[117]陈平原.大学何为[M].北京:北京大学出版社,2006

[118][美]乔纳森·特纳,简·斯戴兹.情感社会学[M].上海:上海人民出版社,2007

[119]罗尔纲.师门五年记[M].北京:生活·读书·新知三联书店,2008

[120]侯德础.抗日战争时期中国高校内迁史略[M].成都:四川教育出版社,2001

[121]徐萍.校长和他的学校:校长道德领导研究[M].杭州:浙江教育出版社,2009

[122]伊继东,周本贞.西南联大与现代中国研究[M].北京:人民出版社,2008

[123]爱弥尔·涂尔干.教育思想的演进[M].上海:上海人民出版社,2003

[124]吴家莹.中华民国教育政策发展史[M].台北:五南图书出版公司,1980

[125]黄仁宇.万历十五年[M].北京:生活·读书·新知三联书店,1997

[126]刘德军.抗日战争研究述评[M].济南:齐鲁书社,2005

[127]大学文化研究与发展中心.世界多元文化激荡交融中的大学文化[M].北京:高等教育出版社,2008

[128][美]克利福德·格尔茨.文化的解释[M].韩莉译,南京:译林出版社,1999

[129]高伟强等.民国著名大学校长[M].武汉:湖北人民出版社,2007

[130]郑晓云.文化认同与文化变迁[M].北京:中国社会科学出版社,1992

[131]张京援.后殖民理论与文化认同[M].台北:麦田出版股份有限公司,1995

[132]胡勇.文化的乡愁:美国华裔文学的文化认同[M].北京:中国戏剧出版社,2003

[133]张静.身份认同研究:观念、态度、理据[M].上海:上海人民出版社,2006

[134]余戈,1944:松山战役笔记[M].北京:生活·读书·新知三联书店,2004

[135][美]曼纽尔·卡斯特.认同的力量(第二版)[M].北京:社会科学文献出版社,2006

[136]陶东风.社会转型与当代知识分子[M].上海:上海三联书店,1999

[137]赵宝煦.知识分子与社会发展[M].北京:华夏出版社,2003

[138][法]古斯塔夫·勒庞.乌合之众——大众心理研究[M].桂林:广西师范大学出版社,2007

[139]张德祥,周润智.高等教育社会学[M].北京:高等教育出版社,2002

[140]张建新,董云川.大学文化的传承与创新[M].昆明:云南大学出版社,2006

[141]杨立德.西南联大的斯芬克司之谜[M].昆明:云南人民出版社,2005

[142]中央研究院近代史研究所.认同与国家:近代中西历史的比较[M].台北:中央研究院近代史研究所,1994

[143]李慧敏.社会转型时期的自我认同与教育:以吉登斯自我认同理论为视角[M].北京:高等教育出版社,2005

[144]眭依凡.大学的使命与责任[M].北京:教育科学出版社,2007

[145]何言宏.中国书写:当代知识分子写作与现代性研究[M].北京:中央编译出版社,2002

[146]梁丽萍.中国人的宗教心理[M].北京:社会科学文献出版社,2004

[147]王增藩.谢希德[M].福州:福建科学技术出版社,1993

[148]李天道.中国辩论词名篇快读[M].成都:四川文艺出版社,2005

[149]郭于华等.事业共同体:第三部门激励机制个案探索[M].杭州:浙江人民出版社,1999

[150][英]齐格蒙特·鲍曼.共同体[M].欧阳景根译,南京:江苏人民出版社,2003

[151][美]黛安娜·克兰.无形学院——知识在科学共同体的扩散

[M].刘珺珺等译,北京:华夏出版社,1988

[152]檀仁梅,庄明水.福建师范教育史[M].福州:福建教育出版社,1990

[153][美]Shirley M. Hord.学习型学校的变革:共同学习,共同领导[M].北京:中国轻工业出版社,2004

[154]郑晓云.文化认同论[M].北京:中国社会科学出版社,2008

[155]黄建钢.群体心态论[M].杭州:浙江大学出版社,2004

[156]马作宽.组织凝聚力[M].北京:中国经济出版社,2009

[157]邓治文.我们是谁:合并型组织的社会认同研究[M].长沙:湖南人民出版社,2009

[158]胡云生.传承与认同:河南回族历史变迁研究[M].银川:宁夏人民出版社,2007

[159]延安时事问题研究会.抗战中的中国文化教育[M].上海:上海人民出版社,1961

[160]吴民祥.流动与求索:中国近代大学教师流动研究(1898－1949)[M].杭州:浙江教育出版社,2006

[161]储朝晖.中国大学精神的历史与省思[M].太原:山西教育出版社,2006

[162]何兹全.大时代的小人物[M].北京:北京大学出版社,2010

[163]萨万乔尼.道德领导:抵及学校改善的核心[M].上海:上海教育出版社,2002

[164]埃里克·霍布斯鲍姆.民族与民族主义[M].上海:上海世纪出版社,2006

[165]徐小群.民国时期的国家与社会:自由职业团体在上海的兴起(1912－1937)[M].北京:新星出版社,2007

[166][美]珍妮·H.巴兰坦.美国教育社会学[M].刘慧珍等译,北京:春秋出版社,1989

[167][美]詹姆斯·杜德斯达.21世纪的大学[M].刘彤等译,北京:北京大学出版社,2005

[168] 赵瑞蕻. 离乱弦歌忆旧游[M]. 武汉:湖北人民出版社,2008

[169] 丁致聘. 中国近七十年来教育记事[M]. 台湾:台湾商务印书馆,1935

[170] 编者不详. 战时全国各大学鸟瞰. 独立出版社印行,1941 初版

[171] 熊贤君. 近现代中国科教兴国启思录[M]. 北京:社会科学文献出版社,2005

[172] [美]魏斐德. 讲述中国历史[M]. 北京:东方出版社,2008

[173] Jerry Gaston. *The Reward System in British and American Science*[M]. A Wiley-Inter-science Publication, 1978

[174] W. Chickering Linda Reisser. *Education and Identity*. San Francisco: Jossey-Bass Publishers, 1993

[175] Miller, warren E. and J. Merrill Shanks. *The New American Voters*. Harvard University Press. Nathan, James A., and Richard C. Remy, 1996

[176] Beit-Hallahwi. B. *Cnolegomena to the Psychological Study of Religion*. London, England: Associated University, 1989

[177] Burton R. clark. The Organizational Saga in Higher Education. in M. Christopher Brown II (ed.). *Organization and Governance in Higher Education*, fifth edition, ASHE Reader Series, MA: Pearson Custom Publishing, 2000

[178] Readings, Bill. *The University in Ruin*. Cambridge, MA: Harvard University Press, Introduetion, 1996

[179] Brubacher, John S. *On the Philosophy of Higher Education*. San Francisco: Jossey — Bass Publishers, 1982

[180] Clark, Burton R. *Creating Entrepreneurial Universities: Organizational Pathways of Transformation*. Paris and Oxford: IAU and Elsevier Science 1998

[181] Peter M. Blau: *The Organization of Academic Work*,

Transaction Publishs, New Brunswick, New Jersey 08903, 1994

[182] William H. Bergquist. *The Four Cultures of the Academy: Insights and Strategies for Improving Leadership in Collegeate Organizations.* Jossey—Bass Publishers. Sanfracisco, 1992

[183] Burton R. Clark. A Carngie Foundation Special Report. *The Academic Life: Small Worlds, Different Worlds.* The Carngie Foundation for the Advancement of Teaching, 1987

[184] Geoffrey Madell. *The Identity of the Self.* Edinburgh : University Press, 1981.

[185] Edited by Pauline Anderson. *Identity and Difference in Higher Education: 'Outsiders Within'.* Aldershot, Hampshire, Burlington, VT : Ashgate, 2001

[186] Husen. *Action Research in the International Encyclopedia of Education.* Vol. 1. ed, 1985.

[187] Bloch E. *The Principle of Hope* [M]. Cambridge Massachusetts: The MIT Press, 1986

五、学位论文

[1]司洪昌. 嵌入村庄的学校——仁村教育的历史人类学探究[D]. 华东师范大学, 2006 届博士学位论文

[2]朱国仁. 西学东渐与中国高等教育近代化[D]. 厦门大学, 1995 届博士学位论文

[3]张素玲. 女大学生与中国现代教育——1900－1930 年代[D]. 华东师范大学, 2004 届博士学位论文

[4]林丹. 在互动中制衡：当代中国基础教育渐进主义改革研究[D]. 辽宁师范大学, 2008 届博士学位论文

[5]杨全印. 学校文化建设：组织文化的视角[D]. 华东师范大学, 2005 届博士学位论文

[6]范立君. 近代东北移民与社会变迁(1860－1931)[D]. 浙江大

学,2005届博士学位论文

[7]周玲.大学组织冲突研究——角色、权力与文化的视角[D].华东师范大学,2006届博士学位论文

[8]王喜旺.学术与教育互动:西南联大历史时空中的观照[D].华东师范大学,2006届博士学位论文

[9]孙崇文.抗战以前中国基督教大学及其学生生活研究[D].华东师范大学,2005届博士学位论文

[10]雷兵."改行的作家":市长李劼人角色认同的困境(1950—1962)[D].四川大学,2004届博士学位论文

[11]卢德生.民族文化传承中的社会教育运行机制研究——以嘉绒人"且索"仪式传承为个案[D].西南大学,2008届博士学位论文

[12]曾海洋.厦门大学与闽南区域文化变迁[D].厦门大学,2004届博士学位论文

[13]刘超.民族主义与中国历史书写——清末民国时期中学中国历史教科书研究[D].复旦大学,2005届博士学位论文

[14]苗素莲.中国大学组织特性历史演变研究[D].华东师范大学,2004届博士学位论文

[15]王彦斌.权力的逻辑——大学组织运行的社会学管窥[D].华东师范大学,2008届博士学位论文

[16]王李金.从山西大学堂到山西大学(1902—1937)[D].山西大学,2006届博士学位论文

[17]张丽剑."民家情":散杂居背景下的族群认同[D].中央民族大学,2007届博士学位论文

[18]王东杰.政治、社会与文化视野下的大学国立化:以四川大学为例(1925—1939)[D].四川大学,2002届博士学位论文

[19]鲍嵘.高深学问与国家治理——1949—1954中国大学课程政策与学科建制研究[D].厦门大学,2004届博士学位论文

[20]柳谦.教育承认与自我认同[D].南京师范大学,2008届博士学位论文

[21]程斯辉.中国近代大学校长研究[D].华中师范大学,2007届博士学位论文

[22]王兴亮.爱国之道,始自一乡——清末明初乡土志书的统纂与乡土教育[D].复旦大学,2005届博士学位论文

[23]唐胡浩.社会变迁中的民族认同研究－以来凤县土家族为例[D].中南民族大学,2007届硕士学位论文

[24]储德天.西南联大知识分子共同体研究[D].上海师范大学,2005届硕士学位论文

[25]吴福强.认同理论视角下的个体组织化过程分析——一项扎根理论的应用[D].哈尔滨工程大学,2007届硕士学位论文

[26]丁亚金.私立南开大学与私立厦门大学之比较[D].湖北大学,2004届硕士学位论文

六、期刊文章

[1]刘海峰.时代与人物的互动:77、78级大学生群体扫描[J].教育研究,2008,(12)

[2]刘海峰.院校合并、升格与发展中的更名问题[J].高等教育研究,2005,(11)

[3]许美德.中美教育交流:以复旦早期校史为例[J].复旦教育论坛,2005,(5)

[4]张亚群.中国近代高等教育的外来性与本土化[J].大连大学学报,2008,(2)

[5]张亚群.从探索规律到阐释文化——教育史研究的新路径[J].华南师范大学学报(社科版),2008,(5)

[6]郑若玲.高考对社会流动的影响——以厦门大学为个案[J].教育研究,2007,(3)

[7]余光中.无愧于缪思:朱一雄其人其艺[J].印刻文学生活志,2007,(2)

[8]纪蔚然.遗漏在自传里的血泪:朱一雄传奇[J].印刻文学生

活志,2007,(2)

[9]李秉忠.中世纪大学的社团性结构[J].摘自侯建新主编.经济—社会史评论2007(第三辑)

[10]刘再复.五千里恒河的游思[J].读书,2009,(1)

[11]孙敦恒.萨本栋与抗战时期的厦门大学[J].抗日战争研究,1993,(2)

[12]朱双一.王梦鸥与厦大剧运[J].台声杂志,1996,(7)

[13]朱双一.姚一苇学生时代的文学创作和戏剧活动[J].新文学史料,2003,(1)

[14]钱三强.我对吴有训、叶企孙、萨本栋先生的点滴回忆[J].摘自科坛漫话,1984

[15]钱理群.有承担的一代学人,有承担的学术——在田仲济先生诞辰百周年纪念会上的讲话[J].中国现代文学研究丛刊,2008,(1)

[16].曾在汀中(县中)兼职(课)的部分厦大师生业绩概略[J]. http://ctyz.ctw.cn/shownews

[17]金以林.战时大学教育的恢复和发展[J].抗日战争研究,1998,(2)

[18]黄晓凰,黄信安.机器人的"中国老爸"和中国"飞豹"之父——厦门大学航空工程系著名校友张启先、陈一坚院十[J].厦门科技,2005,(3)

[19]史轩.复员之后的国立清华大学[J].清华人,2008,(1)

[20]周济.萨本栋的科学观与科学方法论[J].厦门大学学报,2001,(1)

[21]吴合文,毛亚庆.新自由主义、全球化与高等教育发展[J].高等教育研究,2008,(12)

[22]王东杰.国中的"异乡":二十世纪二三十年代旅外川人认知中的全国与四川[J].历史研究,2002,(3)

[23]王东杰.民国高等教育中的国家:四川大学国立化进程(1925—1939)[J].中国社会科学,2004,(3)

[24]王东杰."故事"与"古史":贯通20世纪二三十年代"疑古"和"释古"的一条道路[J].近代史研究,2009,(2)

[25]王东杰."乡神"的建构与重构:方志所见清代四川地区移民会馆崇祀中的地域认同[J].历史研究,2008,(2)

[26]王东杰.走向多元动态的思想史——王森《中国近代思想与学术的系谱》读后[J].历史研究,2005,(6)

[27]王东杰.地方观念和国家观念的冲突与互助:1936年《川行琐记》风波[J].四川大学学报(哲社版),2004,(1)

[28]罗志田.林纾的认同危机与民初的新旧之争[J].历史研究,1995.5

[29]彭钢.讲述:困境中的教育美丽[J].教育学报,2008.8

[30]李弘祺.宋元书院与地方文化[J].湖南大学学报(社科版),2006,(11)

[31]李弘祺.驹场教养学部的传奇[J].科学文化评论,2008,(1)

[32]吴玉军,李晓东.归属感的匮乏:现代性语境下的认同困境[J].求是学刊,2005,(9)

[33]蒋凯.大学认同危机的人文反思:评比尔·雷丁斯的《废墟中的大学》[J].北京大学教育评论,2009,(4)

[34]周海涛.大学生对大学认同与满意度的同一性[J].大学研究与评价,2008,(7)

[35]陈平原.全球化时代的"大学之道"[J].文汇报,2009年3月14日

[36]欧七斤.教育叙事与大学校史研究[J].河北师范大学学报,2009,(1)

[37]邱荣坤,沈学习.英雄话题·英雄神话——民族危亡时期和公共政治情绪下军旅小说"英雄主义"叙事[J].安徽电子信息职业技术学院学报,2006,(5)

[38]何刚.忧患与批判[J].读书,2009,(1)

[39]熊贤君.论战时教育思潮与战时教育的发展[J].教育学(人

大复印资料),2007,(11)

[40]李露.论抗战时期的教育立法[J].集美大学学报,2002,(6)

[41]毕唐书.当我仰望星空[J].读书,2009,(2)

[42]王宁.林文庆在新加坡的早期报刊活动及其思想透视[J].八桂侨刊,2006,(12)

[43]李启宇.1924:旋涡中的林文庆[N].厦门晚报,2009年3月3日

[44]刘超.危机与认同:中国民族溯源研究——以清末民国时期中学本国史教科书为中心[J].安徽史学,2005,(4)

[45]胡国台.抗战时期教育经费与高等教育品质:1937—1945[J].中央研究院近代研究所集刊第19期,1990,(6)

[46]丁钢.叙事范式与历史感知:教育史研究的一种方法维度[J].教育研究,2009,(5)

[47]黄岳年.关于施蛰存[J].人物,2009,(6)

[48]伊继东,冯用军.中国西南联大研究三十年(1978—2008)——一种词频计量分析[J].清华大学学报(哲学社会科学版),2009,(4)

[49]杨柳新.大学的价值观教育与文化认同[J].北京大学教育评论,2008,(1)

[50]米庆成.进城农民工的城市归属感问题探析[J].青年研究,2004,(3)

[51]刘钊.组织认同的形成机制与衍变异化[J].科学学与科学技术管理,2009,(4)

[52]孙健敏,姜铠丰.中国背景下组织认同的结构——一项探索性研究[J].社会学研究,2009,(1)

[53]杨国桢.20世纪20年代的厦门国学院[J].厦门大学学报(哲社版),2006,(5)

[54]石中英.学校文化、学校认同与学校发展[J].中国教师,2006,(12)

[55]李彦花.教师专业认同与教师专业成长[J].课程·教材·教法,2009,(1)

[56]刘朝阳."认同"及其分层:对"认同"现象的再研究[J].青海社会科学,2009,(4)

[57]操太圣,卢乃桂.论学校组织变革中的教师认同[J].华东师范大学学报(教育科学版),2005,(9)

[58]陈祖兴.民国时期厦门大学的高等教育研究[J].教育评论,1996,(5)

[59]Shana Levin. Ethnic and University Identities across the College Years: A Common In-Group Identity Perspective. *Journal of Social Issues*. Vol. 65, No. 2, 2009, pp. 287−306

[60]Bauman, Z. From Pilgrim to Tourist - or a Short History of Identity In S. Hall and P. du Gay (eds). *Questions of Cultural Identity*. London: Sage. 1996

[61]沈之菲.近十年西方教师认同问题研究及启示[J].上海教育科研,2005,(11)

[62]孙华.大学公共危机的诱因研究[J].黑龙江高教研究,2010,(1)

[63]孙越生."野马轩"的由来[J].摘自李辉主编.历史的踌躇.中国华侨出版社,1995

[64]郑启五.汀江梅林梦难断——施蛰存先生与长汀时期的厦大学子[J]. http://www.jgxy.xmu.edu.cn/campus-culture/article/professorzqw/20050304.htm.

[65]李晴芳.首期"倾听·信任——校长有约"活动在漳州校区举行. http://www.xmu.edu.cn/news

[66]董阳.朱崇实:爱管"小事"的大学校长[N].人民日报,2009年6月11日

[67]刘丽英.厦大全校学生吃上免费米饭[N].厦门晚报,2008年4月1日

后　　记

本书是在我博士论文基础上，认真理解、虚心接受博士论文答辩委员会专家、出版评审专家的意见，并经过一年多的反复研磨、修改而成。

书稿付梓之际，首先浮现在眼前的是三年读博的日子：生命中有若干个三年，但读博三年，我时常能感受和体验到成长。知道自己的成长，是一种实实在在的"幸福"。需要感激的人和事，实在太多太多……

感谢导师潘懋元先生！有缘成为潘先生的硕士、博士弟子，忝列师门，亲炙师教，是我一生的幸运和幸福。在大师身边感悟学术、体验人生，不知是怎样的福气才能修来的缘份！对于我希望研究抗战时期的厦门大学，先生给予了最大的支持和理解。经过先生多次点拨、专题沙龙讨论、电话探讨，研究视角渐渐清晰。写作过程中，我多次游离于主题之外，先生及时将我拉回。回首论文写作之路，鼓舞我，使我有信心、有胆量开垦这一片研究的处女地的最大动力，是先生多次平实慈祥的鼓励、细致精要的指导和无声胜有声的行动！

感谢刘海峰老师！刘师将我带入教育史研究领域，使我有缘大量接触史学研究成果，度过了三年丰富充实的日子。温文儒雅、淡定执著，听刘师讲课，读刘师文章，都是一种难得的享受。曾经有些惧怕又轻视历史的我，在听、读刘师思想的过程中，明白了自己的无知、狭隘和浅薄，体会到历史的可敬、可畏、可叹、可爱！

感谢邬大光老师！当我体会到邬老师爱护青年人的又严厉又热诚的心之后，我看到的是更可敬的邬老师。印象最深的是在邬老师的课堂或沙龙上，他用深刻而独到的问题激发大家思想的交锋，用率真而热烈的表扬推进争论的升华，用深邃而全面的点评引发探索和思考的延续！

感谢张亚群老师！史学研究，最要紧的是平心、细心、耐心且甘于寂寞，张老师对学术研究的严谨、执著以及对我多次重要的指导，给了我莫大的鼓舞和支持，并使我逐步体会到史学研究的无限魅力！

感谢谢作栩老师！谢老师缜密而严谨的思维让枯燥而毫无生气的统计数字富有灵性。用数字来表达，谢老师只是躲在幕后为数据搭建了一个五光十色、令人着迷的舞台。使我钦佩不已的是，每次看到谢老师，他总是笑容可掬，学术生活胜似闲庭漫步！

感谢平易睿智的李泽彧老师，幽默乐观的杨广云老师，直爽深刻的王洪才老师，认真严谨的史秋衡老师，亲切随和的陈武元老师，智慧大气的郑若玲老师……谢谢厦门大学教育研究院的每一位老师，你们共同营造了理性、宽容、自由和开放的学术氛围！感谢院党委和办公室可敬可爱的老师们：宋毅书记、冯波老师、范孝平老师、叶燕老师、吴晓君老师、谢勇平老师。

感谢长汀厦大的校友们！你们对母校的深厚情谊，是我写作论文的动力之源和精神力量！感谢你们接受访谈并寄来大量回忆录，走入和体会你们的人生，让我感受到人在奋斗挣扎中所表现出来的智慧勇气和敢于"担当"的责任激情。请恕我没有在此一一列出每位学长的名字，在我心里，所有长汀厦大学长都值得我永远铭记和感谢！

感谢萨本栋校长之子——美国国家工程院院士萨支唐教授！论文写作过程中您给予了全方位的关心、支持和帮助！特别是您提供了大量珍贵老照片！写作过程中您还建议我做论文"周工作小结和下周工作计划"，采纳您的建议，每周向导师潘先生和您汇报我的论文进度和计划，使我在六个月的论文写作过程中，每天精神始终保持高度亢奋，并且在持续高效有条不紊的状态中完成了初稿写作！更加令我感激不已的是，您年近八旬，对我论文的英文摘要逐字推敲修改，您给予的关爱和帮助我只能用加倍的努力来回报！

感谢浙江大学教育研究院田正平老师,有缘先后三次就论文当中遇到的具体问题当面求教田先生,聆听田先生的教导,不仅让我对自己论文的方向有了更为清晰的把握,同时,田先生的鼓励和他对待学术研究一丝不苟的精神令我受益终生。

感谢厦门大学校史研究室洪永宏老师、人文学院朱水涌老师、法学院李琦老师、人口研究所郑启五老师、深圳大学高教所张祥云老师对我的重要帮助和指导!感谢信息科学技术学院史晓东老师、周民钦老师提供并指导使用词频分析软件!感谢陈兴德老师、覃红霞老师在论文写作始终给予的大力支持!

感谢徐萍博士后、管理学院石冠峰博士、人文学院严春宝博士后对论文框架给予了"画龙点睛"的帮助!感谢邱小云、梁燕玲、李枭鹰、刘小强、彭志武、王连森等师姐师兄对论文研究方法、研究视角以及研究中具体问题给予的关键点拨!感谢陈小伟对论文中数据统计分析的指导和帮助!

感谢众多学友对我学业的巨大支持和帮助,特别感谢张锐锋、肖娟群、车如山、董立平、王琪、冯用军、张宝蓉、葛喜艳、谷振宇、张颖、刘毳等学友,他们经常耐心地听我喋喋不休如"祥林嫂"似地反复唠叨论文,不时给予点拨,使我在倾诉中"顿悟",在交流中看到"柳暗花明"。

感谢厦门大学校友总会领导和同事的关心、支持!感谢厦门大学档案馆、清华大学校友会、清华大学档案馆诸位老师对查询史料提供的无私帮助!

2010年12月,我的博士论文顺利通过了答辩。然而,成书过程同样"痛并快乐着"。答辩委员会专家周谷平、刘海峰、李泽彧、张亚群、郑若玲和书稿评审专家李启宇、洪俊峰、张先清老师等为充实本书毫无保留地提出了宝贵的意见和建议!2011年8月,因工作需要,我从绿树成荫的海滨城市厦门到了瓜果飘香的边塞乌鲁木齐,开始一年的援疆历程。在感受祖国大西北的雄伟辽阔与柔美浪漫的同时,我反复琢磨专家建议,修正自己的观点,这是一段难忘的自我审视、自我反思、自我总结的经历,其中最大的收获是:学问的研思上少了些"技术"

味,更多注重还原历史真实的自然性、渐进生成性。需补充说明的是:本书对引文除必要外,即使有个别错别字等的差错,为体现史料原貌,并没有更正。

最后,谨向所有关心和支持该书出版的朋友们致以真诚的谢意!

谨以此书献给我的母校:厦门大学。

石慧霞

于乌鲁木齐援疆楼宿舍

2011年12月30日

再 版 说 明

本书曾于2012年6月由厦门大学出版社出版，书名为《抗战时期的厦门大学——民族危机中的大学认同》。此次能作为河南大学出版社"弦歌不辍——抗战烽火中的中国大学"系列丛书再版，深感荣幸。感谢时海老师在出版过程中的大力支持和帮助，再版使我有机会对书中史料进行了补充，并加入一些珍贵的老照片，这些多是首次面世，愿以此作为厦门大学抗战时期这段光荣史迹的怀想和补充纪念。

2015年2月16日